基督教文化研究丛书

主编 何光沪 高师宁

十编 第 **2** 册

自律、他律到神律：蒂利希文化神学研究

胡宗超 著

花木兰文化事业有限公司

国家图书馆出版品预行编目资料

自律、他律到神律：蒂利希文化神学研究／胡宗超 著 —— 初
版 —— 新北市：花木兰文化事业有限公司，2024〔民 113〕
目 2+202 面；19×26 公分
（基督教文化研究丛书 十编 第 2 册）
ISBN 978-626-344-615-1（精装）
1.CST：蒂利希（Tillich, Paul, 1886-1965）2.CST：学术思想
3.CST：神学 4.CST：文化 5.CST：基督教
240.8   112022494

基督教文化研究丛书
十编　第 二 册
ISBN：978-626-344-615-1

自律、他律到神律：蒂利希文化神学研究

作　　　者 胡宗超
主　　　编 何光沪、高师宁
执行主编 张　欣
企　　　划 北京师范大学基督教文艺研究中心
总 编 辑 杜洁祥
副总编辑 杨嘉乐
编辑主任 许郁翎
编　　　辑 潘玟静、蔡正宣　美术编辑 陈逸婷
出　　　版 花木兰文化事业有限公司
发 行 人 高小娟
联络地址 台湾 235 新北市中和区中安街七二号十三楼
　　　　　电话：02-2923-1455 ／ 传真：02-2923-1452
网　　　址 http://www.huamulan.tw 信箱 service@huamulans.com
印　　　刷 普罗文化出版广告事业
初　　　版 2024 年 3 月
定　　　价 十编 15 册（精装）新台币 40,000 元

自律、他律到神律：蒂利希文化神学研究

胡宗超 著

作者简介

胡宗超，男，外国哲学博士，2022 年 6 月毕业于武汉大学哲学学院，现为湖北中医药大学马克思主义学院讲师。主要研究方向为基督教哲学、道德哲学和新无神论。已公开发表期刊论文多篇，出版译著 1 部。

提　　要

　　宗教与文化的关系问题既是神学家和哲学家持久关注的传统理论问题，亦是亟需解决的现实实践问题。20 世纪的神学家和哲学家蒂利希的文化神学希望开辟一条解决宗教与文化关系问题的独特路径。本书从背景、梳理、重构、阐释和评价五个维度对蒂利希文化神学进行了综合考察，并指出：蒂利希文化神学不仅仅是针对时代危机的应激之作，而且是在其丰富的人生经历浸润下与 19 世纪神学整体态势影响下的自然生发；以两次世界大战为节点，其早期和晚期文化神学侧重不同，但在总体任务和目标上具有一致性；这种一致性体现在其文化神学始终期望在分析形式占主导的自律文化和实质占主导的他律文化及两者之冲突和危机的基础上寻求一种形式与实质相协调的神律文化；而蒂利希的系统神学以其文化神学的结构和目标为纲领进行展开，通过对传统基督教象征的重新阐释，展示了基督教神学如何通过对现代文化的分析，向现代心灵传递传统基督教信息，并构建一种关联宗教与文化的具体的文化神学和神律文化。在此过程中，蒂利希文化神学在整体上呈现出的对宗教与文化的"边界"和"关联"的强调，使得许多片面性的标签并不适合于蒂利希及其文化神学。蒂利希的文化神学始终在边界之上朝向新的领域开放。

"基督教文化研究丛书"总序

何光沪 高师宁

　　基督教产生两千年来，对西方文化以至世界文化产生了广泛深远的影响——包括政治、社会、家庭在内的人生所有方面，包括文学、史学、哲学在内的所有人文学科，包括人类学、社会学、经济学在内的所有社会科学，包括音乐、美术、建筑在内的所有艺术门类……最宽广意义上的"文化"的一切领域，概莫能外。

　　一般公认，从基督教成为国教或从加洛林文艺复兴开始，直到启蒙运动或工业革命为止，欧洲的文化是彻头彻尾、彻里彻外地基督教化的，所以它被称为"基督教文化"，正如中东、南亚和东亚的文化被分别称为"伊斯兰文化"、"印度教文化"和"儒教文化"一样——当然，这些说法细究之下也有问题，例如这些文化的兴衰期限、外来因素和内部多元性等等，或许需要重估。但是，现代学者更应注意到的是，欧洲之外所有人类的生活方式，即文化，都与基督教的传入和影响，发生了或多或少、或深或浅、或直接或间接，或片面或全面的关系或联系，甚至因它而或急或缓、或大或小、或表面或深刻地发生了转变或转型。

　　考虑到这些，现代学术的所谓"基督教文化"研究，就不会限于对"基督教化的"或"基督教性质的"文化的研究，而还要研究全世界各时期各种文化或文化形式与基督教的关系了。这当然是一个多姿多彩的、引人入胜的、万花筒似的研究领域。而且，它也必然需要多种多样的角度和多学科的方法。

　　在中国，远自唐初景教传入，便有了文辞古奥的"大秦景教流行中国碑颂并序"，以及值得研究的"敦煌景教文献"；元朝的"也里可温"问题，催生了民国初期陈垣等人的史学杰作；明末清初的耶稣会士与儒生的交往对话，带来了中西文化交流的丰硕成果；十九世纪初开始的新教传教和文化活动，更造成了中国社会、政治、文化、教育诸方面、全方位、至今不息的千古巨变……所有这些，为中国（和外国）学者进行上述意义的"基督教文化研究"提供了极其丰富、取之不竭的主题和材料。而这种研究，又必定会对中国在各方面的发展，提供重大的参考价值。

就中国大陆而言，这种研究自 1949 年基本中断，至 1980 年代开始复苏。也许因为积压愈久，爆发愈烈，封闭越久，兴致越高，所以到 1990 年代，以其学者在学术界所占比重之小，资源之匮乏、条件之艰难而言，这一研究的成长之快、成果之多、影响之大、领域之广，堪称奇迹。

然而，作为所谓条件艰难之一例，但却是关键的一例，即发表和出版不易的结果，大量的研究成果，经作者辛苦劳作完成之后，却被束之高阁，与读者不得相见。这是令作者抱恨终天、令读者扼腕叹息的事情，当然也是汉语学界以及中国和华语世界的巨大损失！再举一个意义不小的例子来说，由于出版限制而成果难见天日，一些博士研究生由于在答辩前无法满足学校要求出版的规定而毕业受阻，一些年轻教师由于同样原因而晋升无路，最后的结果是有关学术界因为这些新生力量的改行转业，后继乏人而蒙受损失！

因此，借着花木兰出版社甘为学术奉献的牺牲精神，我们现在推出这套采用多学科方法研究此一主题的"基督教文化研究丛书"，不但是要尽力把这个世界最大宗教对人类文化的巨大影响以及二者关联的方方面面呈现给读者，把中国学者在这些方面研究成果的参考价值贡献给读者，更是要尽力把世纪之交几十年中淹没无闻的学者著作，尤其是年轻世代的学者著作对汉语学术此一领域的贡献展现出来，让世人从这些被发掘出来的矿石之中，得以欣赏它们放射的多彩光辉！

2015 年 2 月 25 日
于香港道风山

导　论

第一节　选题理由

　　宗教与文化的关系问题是宗教哲学研究当中不可忽视的基本问题。在西方基督教传统中，耶稣被定罪处死这一事件本身就作为一种隐喻凸显出自宗教发展之始，宗教与文化的关系问题就成为不可绕过的根基性问题。2 世纪拉丁教父德尔图良（Tertullianus）的震耳之问"雅典与耶路撒冷何干？！"直白地表明了他在这一问题上的保守立场。虽然这一诘难背后蕴藏着贯穿于整个基督教发展的信仰与理性的关系问题，但这一深层问题却是呈现于基督教之作为一种宗教与希腊哲学之作为一种文化形式之间的关系这一显性问题之上的。20 世纪美国著名的神学家和哲学家理查德·尼布尔（Richard Niebuhr）就"基督与文化"的关系总结了五种不同的范式：第一，基督反对文化；第二，基督属于文化；第三，基督高于文化；第四，基督与文化处于悖论之中；第五，基督转化文化。暂且不论尼布尔的总结是否恰当，这一洞见至少展示出这一问题所具有的争议性与复杂性。不同时代、不同教派的诸多神学家、哲学家远没有在这一问题上达成统一的认识。

　　同时，宗教与文化的关系问题也是现代哲学家和神学家必须处理的现实问题。特别是启蒙运动之后，中世纪的神学文化逐渐暗淡，宗教与文化不分家的境况一去不复返，西方哲学、艺术、教育、政治等诸多文化领域、诸种文化形式愈来愈演化成一种自律（自治）的文化。然而，与此同时，长期形成的宗教传统依然萦绕在现代人心脑之间。这种纠缠被 20 世纪著名的神学家和哲学家保罗·蒂利希（Paul Tillich）[1]描述为"教理旁边站立着科学，团契旁边站立着社会，教会旁边站立着国家……所有这些都各自声称自己拥有独特的领地。"[2]现实当中存在着来自于文化合法性和宗教合法性的双重真理、双重道德和双重正义。这种分裂是现代人不得不置身其中的现实处境。在蒂利希看来，这种观念的分裂是人类意识所不可容忍的，因为双重性本身是摧毁追求统一性的意识的，因此亟需处理。这种分裂和冲突不仅表现为宗教在现代社会的式微和让位，宗教越来越从属于文化领域，成为其中一种愈发无关紧要的功能性的存在，而且也表现为现代文化在深度上的匮乏，甚至放弃意义的追问，相对主义、虚无主义在文化领域甚嚣尘上。因此，现实当中宗教的处境和文化的困境都需要神学家和哲学家就宗教与文化的关系问题展开讨论。

蒂利希的文化神学提供了一条解决宗教与文化关系问题的独特路径。蒂利希的文化神学是任何关于宗教与文化关系，特别是文化的宗教意义问题的严肃讨论所不可忽视的一环，这一点已成为众多研究者的共识。[3]"文化神学"这一概念是蒂利希的独创，但他所面对的基督宗教与文化的问题在其同时代也受到了其他诸多神学家和哲学家的关注。比如：以弗里德里希·施莱尔马赫（Friedrich Schleiermacher）、阿尔布雷赫特·利奇尔（Albrecht Ritschl）等为代表的古典自由神学，强调宗教对当代文化的适应，重视基督教信仰的伦理实践层面；以巴特（Karl Barth）等神学家为代表的新正统主义则认为自由神学太急于将信仰合乎现代思想，从而忽视了神的启示和话语，他们反对宗教对文化潮流的利用和迎合，希望构建一种依赖于启示的真正的"神学"。蒂利希希望发展出一条综合的道路。他反对那种完全对宗教进行世俗化解释的路径，也反对那种完全拒斥文化的选择。在处理宗教与文化的关系问题上，他提出了自律、他律和神律三个重要的范畴。在他看来，自律将自我视作自我与世界的独一法则，他律则接受一种外在于自我的异在法则。在自律文化中，宗教孤立为文化之一种并逐渐成为一种功能性的存在，整个文化缺失了对于意义和深度的

1　"Paul Tillich"在汉语世界中有"铁黎赫"、"田立克"、"蒂里希"、"蒂利希"等多个译名，本书在直接引用已出版的汉语著作中的相关片段时，仍保留原著作中使用的译名，除此之外，其他叙述中统一采用近年来广泛使用的译名："蒂利希"。

2　Tillich P. *Paul Tillich: Theologian of the Boundaries* [M]. Edited by Taylor M L. London / San Francisco: Collins, 1987: 40.

3　参见 Re Manning R. The Religious Meaning of Culture: Paul Tillich and Beyond: Religious Meaning of Culture [J]. *International journal of systematic theology*, 2013, 15 (4): 438.

追寻。在他律文化中，某种有限的文化形式，特别是具体的宗教以无限的名义发号施令，这种"宗教"或"准宗教"成为针对其他文化形式的压制性力量。而神律既非纯粹的自律，又非绝对的他律，而是承认自身有限性并意识到自身依赖于无限与终极的自律，是理性之结构与深度的结合。蒂利希企图通过重新定义宗教，重新阐释基督教中的诸多概念，揭示各种文化形式当中的宗教意义，在进行存在论分析的基础上，从神学的角度对各种文化形式，比如科学、哲学、艺术等所揭示出来的根植于人类有限性之中的问题进行回应，从而在文化与宗教之间建立一种问与答的关联，在自律和他律之间探寻一种"神律"的规范性体系。另外，虽然蒂利希直接讨论文化神学的文本并不算多，但是他在其最重要的著作《系统神学》当中宣称自己的文化神学可以作为系统神学的纲领性文本。其系统神学归根结底是按照文化神学所提出的原则和方法进行建构的，因此关注蒂利希的文化神学对于理解蒂利希的整个思想体系也是十分必要的。

蒂利希文化神学研究尚有讨论的空间。通过考察相关方面的研究，发现国内外的研究还存在或多或少的遗憾。比如，就国外而言，虽有比较重要的关于蒂利希文化神学的研究，但有些学者由于时代限制，忽略了蒂利希晚期文化神学的发展；有些学者因为关注点的偏重，只是讨论了蒂利希文化神学视域影响下的某个领域（如教会观念、视觉艺术等），从而缺失了对蒂利希文化神学整体的综合考察。而国内方面，特别是大陆地区，本身对蒂利希的关注度就远远与其影响力不符。除了极个别学者关注到蒂利希的文化神学外，其他则忽视了文化神学在蒂利希整个神学思想体系当中的基础地位，缺乏对蒂利希文化神学的深入探讨。

鉴于以上原因，本人选择蒂利希文化神学这一重要的课题进行研究，以期获得对蒂利希文化神学更为综合和深入的评估，恰当确定蒂利希文化神学在其个人思想体系当中的位置和发展，并明确蒂利希文化神学在解决宗教与文化关系问题上的价值。

第二节　国内外研究现状

一、国内研究现状

（一）国内蒂利希著作翻译情况

自上个世纪 50 年代，蒂利希的部分作品就开始进入国内学者的视野。新教神学家赵紫宸曾翻译了蒂利希（赵紫宸将其译为"铁黎赫"）《新教时代》（*The Protestant Era*，赵紫宸将之译为《抗议教的时代》）中的"哲学与命运"部分，刊发于 1950 年《真理与生命》月刊第 15 卷第 1 期，后收录于《赵紫宸文集》第四卷。[4]而之后陈新权、王平（1988）翻译了《文化神学》（*Theology of Culture*），这部著作的翻译使得国内研究者能够一窥蒂利希在文化神学方面的代表作之一。徐钧尧（1989）翻译的《政治期望》（*Political Expectation*）向国人展示了蒂利希的时代关切。但正如何光沪在该译本的序言中所言，蒂利希是像伊曼努尔·康德（Immanuel Kant）、托马斯·阿奎纳（Thomas Aquinas）等哲学家和神学家一样具有较高研究价值的人物，但国内学术界"不必说（对蒂利希）研究之落后，就是一般的了解之欠缺，都到了惊人的地步。"[5]鉴于此，何光沪（1999）编译了上下两卷本《蒂里希选集》，其中收录了蒂利希四部经典作品：《存在的勇气》（*The Courage to Be*）《政治期望》《爱、力量与正义》（*Love, Power, and Justice*）《文化神学》，和三部具有浓厚学术色彩的讲道集：《根基的动摇》（*The Shaking of the Foundations*）、《新存在》（*The New Being*）与《永恒的现在》（*The Eternal Now*），以及蒂利希作为神学家最重要的作品：三卷本《系统神学》（*Systematic Theology*）的前两卷。这一选集可谓涵盖了蒂利希大部分畅销作品，为国内特别是内地学者加深对蒂利希的了解和研究奠定了基础，至今仍是汉语学界最全面的译文参考。尹大贻（2008）翻译了《基督教思想史——从其犹太和希腊发端到存在主义》（*A History of Christian Thought: From its Judaic and Hellenistic Origins to Existentialism*），该书繁体版最早于 2000 年由香港汉语基督教文化研究所出版，展示了蒂利希对基督教发展历史中诸多学派和人物的精辟评介。

此外，港台地区除与大陆有所重合的翻译作品之外，尤其值得一提的是龚书森等（1971）、郑华志（1971）、卢恩盛（1988）分别翻译的《系统神学》第一、二、三卷，这是汉语学界唯一的蒂利希《系统神学》的完整译本。虽然这一译本不如《蒂里希选集》当中收录的部分译本通晓明畅，但两者相互比照，构成了解蒂利希系统神学思想的重要汉语资源。另外，由杨俊杰（2011）直接

---

4 参见赵紫宸，《赵紫宸文集》（第四卷）[M]，燕京研究院编，北京：商务印书馆，2010 年，第 391-403 页。在该译文的"译后的注解"中，赵紫宸对蒂利希的思想给予很高的评价，认为其道出了自己所思、所想、所向，认为该书是中国基督徒及思想者应当诵读之书。

5 蒂里希，《政治期望》[M]，徐钧尧译，成都：四川人民出版社，1989 年，序 4。

由德文翻译而来，由香港道风书社出版的《蒂利希论谢林选集》收录了蒂利希的哲学博士和神学学位论文，以及一篇论及谢林神秘主义的论文。蒂利希早年受谢林思想影响较深，该选集收录的论文对了解蒂利希早期思想以及其思想渊源具有不可替代的意义，可以说是近十年来蒂利希著作汉语翻译中最具学术价值的作品之一。

此外，近两三年中，钱雪松（2018，2019），成穷等（2019）都翻译了蒂利希《存在的勇气》和《信仰的动力（学）》两本著作，分别由中国轻工业出版社和商务印书馆出版。另外，宋志平（2020）导读注释了《存在的勇气》英文版。这些翻译作品的涌现展示出国内学界对蒂利希思想的持续关注。

（二）国内关于蒂利希及其文化神学的研究

大陆地区关于蒂利希的研究近些年虽持续推进，但一直处于不温不火的状态，尚未形成关于某一问题的集中争论。刘小枫（1991）在《走向十字架上的真》中简单提及蒂利希，他认为蒂利希作为新教神学中的"调合大师"，对汉语神学构建现代性文化形态具有重要的学术意义。何光沪（1999）在《蒂里希选集》中对蒂利希其人及其思想作了长达 28 页的推介，认为蒂利希"创造了一个博大精深的理论体系，广泛深刻地阐明了人类的实存以及宗教和文化所体现的人生。"[6]王珉（2000）的《终极关怀——蒂里希思想引论》以蒂利希"终极关怀"这一在国内最广为人知的概念为线索，全方位地展示了蒂利希在存在论、宗教观、道德观、社会历史观和方法论上的思想，在当时被评价为国内研究蒂利希思想的力作之一。陈树林（2004）的《危机与拯救——蒂利希文化神学导论》根据自己的博士论文修订而成，是国内首部以蒂利希"文化神学"为主题撰写的专著。王珉（2005）的《爱的存在与勇气》认为蒂利希的伦理学是一种存在论的伦理学，是人格主义的伦理学，更是一种原则主义的伦理学。王涛（2009）的《圣爱与欲爱：保罗·蒂利希的爱观》由其博士论文《思想史中的蒂利希爱观——兼论与虞格仁爱观之比较》修改出版。该书以"爱"这一基督教基本伦理准则为讨论对象，花费了近三分之一的篇幅讨论了瑞典神学家虞格仁（Anders Nygren，又译尼格仁）圣爱与欲爱分离的爱观，以及当代基督教神学家巴特、巴尔塔萨（Hans Urs von Balthasar）等人对圣爱与欲爱关系的讨论。在此基础上，他认为蒂利希持有的是圣爱与欲爱统合的爱观，其

---

6 何光沪，《编者前言：保罗·蒂里希及其哲学神学思想》//蒂里希、何光沪编，《蒂里希选集》（上）[M]，上海：上海三联书店，1999 年，第 28 页。

中圣爱作为圣灵的临在对欲爱的统一体具有治愈性功能，而欲爱则是圣爱的具体化表现，蒂利希的这种统合论正表现了他将哲学本体论分析与基督教神学关联起来的整体思想架构。作者认为蒂利希的统合论爱观对于纠正人文哲学当中过分重视欲爱的思想倾向，纠正过分乐观的人类中心主义具有重要的作用。区建铭（2012）的《保罗·蒂里希与朱熹——关于人类困境问题的比较研究》阐释了蒂利希和宋代理学家朱熹关于人类困境问题原因的分析和应对策略。陈树林等人（2013）的《20世纪西方文化危机宗教哲学批判》将蒂利希与别尔嘉耶夫（Nikolai Alexandrovich Berdyaev）、朋霍费尔（Dietrich Bonhoeffer）、尼布尔、莫尔特曼（Jürgen Moltmann）等神学家和哲学家并列，讨论他们各自应对西方文化危机的路径。杨钧（2013）的《焦虑：西方哲学与心理学视域中的焦虑话语》则梳理了蒂利希、海德格尔（Martin Heidegger）、克尔凯郭尔（Søren Aabye Kierkegaard）、弗洛伊德（Sigmund Freud）、罗洛·梅（Rollo May）五人关于焦虑的讨论，他指出在蒂利希那里人类的焦虑不单单是一种精神性疾病，其根源于人类自身的本体论地位，产生于人类对"非存在的惊骇"。此外杨俊杰（2011）翻译出版的《蒂利希：生命的诠释者》，是蒂利希研究专家、德国特里尔大学维尔纳·叔斯勒（Werner Schüßler）教授的研究文集，其中既包括蒂利希的生平介绍，也包括对蒂利希神学观、哲学观和文化观的概括，更有关于蒂利希所使用的"信仰""象征""上帝之上的上帝""自然的神学"等重要概念的细致分析。国内关于蒂利希研究的翻译引进尚不多见，这部译作为国内研究者了解国外学者的研究进展提供了便利和新的视野。

　　除了以上这些在大陆地区正式出版的著作之外，也有不少学者发表期刊论文对蒂利希思想中的相关主题进行讨论。其中关注的主题集中在蒂利希的存在论和艺术理论上。

　　对于蒂利希的存在论：袁义江等（1991）以《存在的勇气》为基础文本分析了蒂利希的神学存在主义，并针对蒂利希对马克思主义的歪曲进行了批驳；王珉（1999）探讨了蒂利希自我反思式的存在主义历史观；游冠辉（2001）对蒂利希的爱观进行了讨论，他认为只有在存在论基础上才能正确地理解蒂利希所说的爱，而蒂利希的爱观延承了柏拉图主义传统，将爱视作一种欲求，蒂利希所说的圣爱是以人的爱为原型，从人类的生存处境得出来的一个概念；刘新军（2003，2004）认为存在论方法是蒂利希最重要的思维方法，探讨了蒂利希对乌托邦思想的存在论分析，认为终极关怀是蒂利希乌托邦思想的核心，表现了有限的人类对无限的追求；董其号等（2008）将蒂利希在《存在的勇气》中关于人类生存处境的存在论分析和解答置于"上帝死了"，虚无主义盛行的语境下，认为蒂利希的解答有利于现代人之存在意义的发现和价值的自觉澄明。雒少锋（2011）认为蒂利希所说的广义的宗教即"终极关怀"是人本主义的存在论。

蒂利希的艺术理论也很受关注：谭敏（2003）指出蒂利希对现代艺术推崇的原因在于其中表现了对人类生存困境的强烈关注，其中蕴含着深刻的宗教精神；吴莉琳（2012）讨论了蒂利希艺术三要素的理论，特别是样式要素在题材和形式要素中起到的决定作用，但她指出蒂利希的划分并不十分准确，缺少艺术史的确证；成璨（2016）则关注蒂利希对建筑艺术的讨论，分析了建筑与人的生存，建筑的时空要素以及现代建筑及教堂的功能、特征和建造所秉持的原则；成璨（2017）考察了蒂利希对艺术风格的讨论，认为风格表现的是人与现实遭遇的不同方式，而在自然主义、理想主义和表现主义三大艺术风格中，表现主义最能反映现代人的心理和生存处境，而这也是蒂利希推崇表现主义的原因所在。

就博士论文方面，车桂（2001）的博士论文《"真光已经照耀"——保罗·蒂利希〈系统神学〉评论》从上帝论、基督论、圣灵论和上帝的国几个方面考察了蒂利希的系统神学思想。文章认为系统神学的本质是教义神学。该文章站在路德神学的基础上，以圣经为唯一依据，认为蒂利希的系统神学完全以摧毁圣经权威为前提，是对古典基督教教义神学的全面颠覆，是对路德神学遗产的践踏。全文对蒂利希的系统神学基本上持有一种否定的态度，这对于蒂利希这种处于边界之上，企图弥合文化的神学与教会的神学之间裂缝的神学家来说并不十分中肯。游冠辉（2001）的博士论文《欲爱与圣爱——基督教思想史上两种爱的关系类型研究》以奥古斯丁、尼格仁、蒂利希三人为代表阐释了基督教思想史上关于圣爱与欲爱关系的不同观点，认为蒂利希从存在论出发指出圣爱和欲爱在本体上具有统一性，是同一本质的爱的不同表现。他认为蒂利希将爱归结为分离者重新合一的欲求，实际上最终会把圣爱归结为欲爱。

特别值得一提的是，国内香港地区学者开展的蒂利希研究尤为亮眼，对蒂利希研究起到了很大的推介作用。香港道风山汉语基督教文化研究所曾于蒂利希逝世四十周年（2005 年）和五十周年（2015）年两次举办蒂利希学术研讨会，并先后出版了学术论文集《蒂利希与汉语神学》和《中心作边缘：纪念蒂利希辞世五十周年——神学论题引介》。以上文集收录的论文虽并非完全由香港地区学者撰写，实际上包括了内地和港台的学者，代表了汉语学界对蒂利希思想的集中消化和理解，但会议和文集毕竟由香港的研究机构和学者组织召开和出版，由此可见香港学者对蒂利希浓厚的研究兴趣。

此外，香港地区温伟耀、赖品超和陈家富等学者关于蒂利希的研究非常值得肯定。香港中文大学崇基神学院名誉高级研究员温伟耀在牛津大学读博士时，其博士论文（1984）深入探讨比较了蒂利希与巴特的人观。而温伟耀（1987）发表于《中国神学研究院期刊》上的两篇关于蒂利希的研究文章：《"你已经无条件地被接纳了！"——田立克论"因信称义"的心理治疗涵义》《理想社会之寻索——马克思、马斯劳（马斯洛）与田立克的科技对谈》也被认为一改汉语学界针对蒂利希"扣帽子"式的研究方法以及华人教会对蒂利希的误读曲解，使得"蒂利希在汉语神学界的思想深度得到了提升。"[7]赖品超（2000）的《开放与委身：田立克的神学与宗教对话》由其在 1991 年伦敦大学国王学院写就的博士论文 "Towards a Trinitarian Theology of Religions: A Study of Paul Tillich's Thought."（《指向一种三一论式的诸宗教神学：蒂利希思想研究》）修订翻译而来。该书不仅考察了蒂利希的思想如何影响宗教对话，而且考察了诸宗教的相遇如何影响蒂利希系统神学，认为蒂利希有关宗教多元的神学概念在三一论（而不是以上帝为中心或以基督为中心）的视角下更能得到理解。蒂利希虽然并未明确构建这一体系，但其思想具有这种潜在的指向，这种三一论式的诸宗教神学更有希望成为宗教对话的神学基础。而陈家富（2002）的博士论文《蒂利希思想中人与自然的关系：一种生态神学的研究》在赖品超教授的指导下完成。该论文探讨了蒂利希思想中有关人与自然关系的讨论，并将之置于生态伦理的讨论视域中，认为蒂利希的生态思想处于生态中心论和人类中心论的边界之上，强调人与自然的相互依存，在此基础上蒂利希思想在面对生态危机上具有适切性。陈家富（2008）出版的《田立克：边缘上的神学》是其关于蒂利希的论文集，其中涵盖蒂利希的神学本质、三一论、基督论、早期自然神学、历史神学等相关主题。陈家富的研究论文并非宏大论述，而是"稳扎稳打的学术工作，尤其是细心的理解与严谨的论述"[8]，"超越了纯粹去消化

7　陈家富编，《蒂利希与汉语神学》[M]，香港：道风书社，2006 年，第 30 页。
8　陈家富，《田立克：边缘上的神学》[M]，香港：基道出版社，2008 年，第 VI 页。

的层次，而及于神学家对垒的格局。"[9]陈家富等（2017）主编的《保罗·蒂利希与亚洲诸宗教》（*Paul Tillich and Asian Religions*）收录了一批学者关于蒂利希思想与佛教、儒教等亚洲宗教就"终极关怀"、"空"、"无"、道德伦理问题等展开对话的英文研究论文，该书由德国德古意特出版社出版，为中外学者就蒂利希研究上展开对话讨论提供了范例。

　　从以上关于蒂利希思想研究的梳理来看，国内对于蒂利希的研究主题相当分散，并没有形成相互对话的学术氛围。而国内关于蒂利希文化神学的专著更不多见。陈树林（2004）出版的《危机与拯救——蒂利希文化神学导论》是国内唯一一部以蒂利希文化神学为主题的专著。在其中，他将蒂利希文化神学视为对 20 世纪人类生存困境的一次回应，对蒂利希文化神学，特别是蒂利希晚期的文化神学作了概括性的总结。在肯定蒂利希文化神学理论价值的基础上，从马克思实践哲学视角对其进行了批判。作为国内首部相关专著，陈树林作品的开拓性价值值得肯定，但其中也难免存在一些遗憾。有些研究者指出该书未能认识到蒂利希与马克思、精神分析等理论的亲和度，忽略其实践维度，同时秉持一种过时的马克思的宗教鸦片论对蒂利希思想进行批评，未能认识到蒂利希文化神学的底蕴。[10]除此之外，张志刚（1991a）、邹广文（1992）在宗教与文化关系的视野下提及了蒂利希文化神学的应对方案。陈家富（2015）的《作为神律体系的神学：蒂利希神学的延续性》则认为蒂利希早期在《诸科学体系》中所构想的神学蓝图在晚年《系统神学》中得到延续。实际上，陈家富所说的延续就是蒂利希作为系统神学纲领的文化神学在早期和晚期上的延续，这一点是非常值得关注的主题。而如前所述，国内其他大多数论文，比如，王珉（2000, 2001）、谭敏（2003）、刘斌元（2009）、吴莉琳（2012）、成璨（2017）则是针对蒂利希文化神学中艺术层面的讨论。而栾芳（2009）虽以蒂利希《文化神学》为主要文本，但更专注于讨论蒂利希的文化观，只注意到蒂利希文化神学中对"文化"的解释部分，而未注意到或者并不关注"神学"的建构部分，因此对蒂利希文化神学的认识并不完整。

　　总而言之，自上世纪开始，国内研究者对蒂利希思想展示出较为浓厚的兴趣，翻译了一批蒂利希的代表著作。但其中存在的缺憾主要在于：首先，一些作品重复翻译，像《存在的勇气》《信仰的动力》这样的畅销书在国内存在

9　陈家富，《田立克：边缘上的神学》[M]，香港：基道出版社，2008 年，第 VIII 页。
10　陈家富编，《蒂利希与汉语神学》[M]，香港：道风书社，2006 年，第 32 页。

2-3 个不同的译本，但这些译本之间的区别并不大；其次，一些重要作品缺少翻译，特别是蒂利希早期作品的翻译极少，另外像《系统神学》这样重要的作品在大陆仅有前两卷的译文，缺少三卷五部的完整译本。与持续出版中的共计 30 余卷的德文蒂利希文集和补遗相比，国内可利用的蒂利希的著作资源还存在很大差距。

鉴于这一主要原因，国内特别是大陆地区的蒂利希研究尚处于分散性的研究阶段，大多数研究还只是概论性的讨论，并且存在片面化的理解。比如，将蒂利希定位成"存在主义神学家"或"自由主义神学家"等，然后站在相反的立场上大加批判。对于蒂利希这种自称站在"边界"之处，即综合型，并且极具个人独特性的哲学家和神学家而言，这种立场并不公正，极易造成误读，对大陆地区尚在进行的蒂利希思想的基础性研究并不十分有利。

此外，对于蒂利希文化神学的研究则处于比较边缘的地带。虽然存在直接以文化神学为主题的论文和专著，但主要是概括性的研究，并且其中很多概括并不符合蒂利希的原意，或者蒂利希本人并没有表达过相关观点。比如认为"文化神学的旨趣是终极关怀……蒂利希建构文化神学的目的是给人类以终极关怀。"[11]这种概括或相关概念的使用是否恰当是值得重新考虑的。另外一些论文则只是将蒂利希文化神学当作一种背景铺垫或研究视角，比如关于蒂利希艺术理念的讨论，在其中对于文化神学一带而过，缺少深入的探讨。香港学者的蒂利希研究虽为我们提供了很好的范例，但其研究与当代英美学界关于蒂利希的研究倾向比较一致，即比较重视蒂利希思想与时代问题，比如宗教对话问题、生态问题的关联，而对蒂利希思想特别是文化神学思想之于西方神学传统的延续和自身思想体系的建构则关注不足。因此，就贯穿于蒂利希整个生涯的宗教与文化的关系问题展开对蒂利希文化神学的研究在国内存在很大的空间，还有很多基础性的工作需要完成。

二、国外研究现状

蒂利希在国外，尤其在美国的影响自不必多言。从其 1959 年登上美国时代周刊封面，并于 1963 年参加时代周刊 40 周年庆祝会时从众多封面人物中被邀请作为主题发言人，便可见其社会影响力之大。而蒂利希对当代宗教哲

---

11 陈树林，《危机与拯救：蒂利希文化神学导论》[M]，北京：人民出版社，2004 年，
第 236 页。

学、神学的影响也不容小觑，"蒂利希的作品对当代神学的冲击并不是一种学派式的影响，而是一种弥漫式的临在。"[12]学界虽未形成所谓的"蒂利希学派"，但相关研究机构则层出不穷。比如，早在 1975 年美国就成立了"北美保罗·蒂利希学会"（North American Paul Tillich Society），1978 年法国成立了"法国保罗·蒂利希协会"（Association Paul Tillich d'expression française），1980 年德国正式成立了"德国保罗·蒂利希学会"（Deutsche Paul-Tillich-Gesellschaft e.V.），1995 年巴西也成立了"巴西保罗·蒂利希学会"（Sociedade Paul Tillich do Brasil），这些学会机构的成立为推广蒂利希的思想做出了巨大的贡献。

蒂利希研究主要集中在美国和德国。德国蒂利希学会积极整理蒂利希作品，推动出版了 14 卷的《蒂利希文集》（*Gesammelte Werke*）和 20 卷的《蒂利希文集补遗》（*Ergänzungs und Nachlassbände zu den Gesammelten Werken von Paul Tillich*）。另外，北美和欧洲的学者也在蒂利希诞辰 100 周年（1986 年）之际联合推动出版了 6 卷本的《蒂利希主要著作集》（*Paul Tillich: Main Works*），其中 6 卷内容分别是：哲学作品、文化哲学作品、社会哲学与伦理学作品、宗教哲学作品、宗教作品和神学作品。该著作集在出版时保留了蒂利希写作相关文章和书籍时所使用的原始语言，即德国时期的作品仍使用德语，美国时期的作品使用英语，为研究者探讨蒂利希思想的原始样貌和涵义提供了便利。而英语版本的蒂利希文集也在出版计划之中。此外，德国蒂利希学会联合美国等地的蒂利希学会，每年（2019 年后每两年出版一次）由德国德古意特出版社出版一本《国际蒂利希研究年鉴》（*International Yearbook for Tillich Research*），定期征集、刊发论文，为展示交流关于蒂利希的最新研究成果提供了平台，近十年来已出版 8 本，主题涵盖："拿撒勒的耶稣和历史中的新存在""神学和自然科学""历史的解释""正义，力量与爱""伦理与末世论""后现代中的信仰""关联法""存在的勇气""破碎与和解"等。这些都是蒂利希思想中至关重要的主题，该年鉴展示了学界关于蒂利希思想的前沿研究和持续关注。

当然，除了这些学会机构推动的研究外，学界关于蒂利希思想的研究早在

---

12 参见 Carey, John Jesse. *Paulus, Then and Now: A Study of Paul Tillich's Theological World and the Continuing Relevance of His Work* [M]. Mercer University Press, 2002: XI.

其生前就广泛展开。时至今日，相关研究作品更是数不胜数。举例来讲，根据美国神学图书馆协会（American Theological Library Association）1983 年主持出版的《保罗·蒂利希：完整的参考书目与一手和二手英文文献的关键词索引》（*Paul Tillich: A Comprehensive Bibliography and Keyword Index of Primary and Secondary Writings in English*）统计，仅英语世界就存在近 400 篇学位论文，700 篇期刊论文，200 本著作与蒂利希相关。当然，现在的数量更是远超于此。对此我们不再一一赘述，而仅就与我们的选题相关的蒂利希文化神学研究作简要的介绍。

国外蒂利希文化神学研究最为重要的著作要数詹姆斯·路德·亚当斯（James Luther Adams，1965）的《保罗·蒂利希关于文化、科学和宗教的哲学》[13] 和罗素·瑞·曼宁（Russell Re Manning，2005）的《文化之末的神学：蒂利希关于文化和艺术的神学》[14]。

亚当斯是蒂利希重要的学术伙伴，将蒂利希大量的德文作品比如《新教时代》《何为宗教》《政治期望》翻译成英文。蒂利希曾夸赞其比自己还要了解自己的思想。《保罗·蒂利希关于文化、科学和宗教的哲学》一书由亚当斯在芝加哥大学的博士论文修改而成，可以说是最早以蒂利希文化哲学为研究对象的学位论文和学术专著。该书指出在当时时代背景下神学也需要经历一场如同哲学领域的"语言学转向"，要将基督教信息与新的文化相结合，而这就是蒂利希整个职业生涯处理的基本问题。因此，该书探讨了蒂利希所提出的基本概念，在此基础上讨论了蒂利希关于具体的人类智识领域，如文化、艺术、宗教的观念，并在最后分析了蒂利希关于宗教与神学的关系的论述。但正如该书题目所提醒的那样，该书主要探讨的是一种文化哲学，在内容上很少涉及蒂利希思想中的神学部分。因而，这样的安排并不能完整地呈现蒂利希思想的整个架构。在蒂利希看来哲学是一种关于意义原则的理论，而宗教哲学将之与一种宗教的本质理论联系起来，神学则将这些原则和具体的宗教结合起来提供一套规范性的体系，因此作者本人也承认蒂利希关于神学与哲学的结合是更需要进一步研究的主题。此外，作者参考的资料主要是 1945 年之前的蒂利希作品，特别是早期的德文作品，因此也忽视了蒂利希之后就此论题的讨

13 Adams J L. *Paul Tillich's Philosophy of Culture, Science, and Religion* [M]. New York: Harper & Row, 1965.
14 Re Manning R. *Theology at the End of Culture: Paul Tillich's Theology of Culture and Art* [M]. Leuven: Peeters, 2005.

论和发展。

　　曼宁是北美蒂利希学会的前主席，他的《文化之末的神学：蒂利希关于文化和艺术的神学》是近年来研究蒂利希文化神学的力作。作者认为蒂利希的文化神学并非无根源的激进构想，而是具有 19 世纪德国新教神学中施莱尔马赫-特洛尔奇（Schleiermacher-Troeltsch）这一调和路线的倾向，并且在哲学上吸收了谢林（Friedrich Wilhelm Joseph Schelling）的积极哲学思想。在锚定宗教、文化和神学这三个主要范畴的基础上，该书重构了蒂利希的早期文化神学，并以艺术作为范例分析了文化神学思想在艺术领域的具体应用。在此基础上，作者认为一种蒂利希式的后现代文化神学可以弥合当前文化与宗教的孤立。但是，该书为了给蒂利希文化神学寻找哲学和神学上的根基，其着眼点主要集中在蒂利希移民美国前的德语作品，对移民后的作品并不过多涉及。此外，曼宁（2013）重点阐释了蒂利希文化神学当中的神律概念，探讨了蒂利希关于文化的宗教意义的分析的发展变化，并尝试将其分析应用于当代的宗教文化形势。

　　除此之外，沃尔特·莱布雷希特（Walter Leibrecht，1959）编辑的《宗教与文化：敬祝蒂利希文集》（*Religion and Culture: Essays in Honor of Paul Tillich*）也探讨了蒂利希文化神学中的诸多重要议题，比如宗教与现代生存困境问题，宗教语言问题，理性与信仰的关系问题等等。

　　除了这些概括性的研究以外，还存在其他一些探讨蒂利希文化神学的独特视角。比如，罗伯特·埃里森·代亚尔（Robert Allison Dyal，1968），黄敏孝（Minhyo Hwang，2007）分别探讨了蒂利希文化神学视域下的圣灵观和教会观。有些学者则锚定文化神学中的某个部分展开讨论，比如爱丽丝·科琳·林奇（Alice Coleen Lynch，1998）探讨了蒂利希文化神学与视觉艺术的关联，认为蒂利希的童年和战争经历，尤其是艺术的影响构成了他倡导文化神学的基础。该文在介绍蒂利希的关联法和相关神学概念的基础上探讨了蒂利希文化神学中出现的与视觉艺术相关的关键主题。蒂利希与其他神学家在文化神学上的比较研究也是学者们关注的主题，凯尔顿·亚历山大·科布（Kelton Alexander Cobb，1994）比较了蒂利希、特洛尔奇、保罗·利科（Paul Riceur）在文化神学领域以及伦理学观念上的异同，探究了文化神学对神学伦理学的启示，认为一种在文化神学视野下的神学伦理学特别适合规避后结构主义和后自由主义对于从神学角度看待价值的拒斥，从而可以开辟一条新的伦理路径；苏珊·伊丽莎白·温尼米尔（Susan Elizabeth Wennemyr，1995）则比较了蒂利希与泰勒（Mark Taylor）两人何者提出的神学路径更能应对后现代时期人的异化和压迫问题；威廉·埃弗里特·阿伯郡（William Everett Abshire，1996）认为在二十世纪二十年代早期，"危机"（Krisis）的概念在卡尔·巴特、弗里德里希·戈加滕（Friedrich Gogarten）和蒂利希的思想中占据重要地位，他们都希望通过对神学理念的新阐释来解决当时的文化危机，因此"危机神学"（Krisis Theology）很适合概括他们三人在神学与文化领域的探讨，并且三者早期的思想具有一定的一致性；大卫·格罗斯（David Cross，2010）则比较了蒂利希与巴尔塔萨（Hans Urs Von Balthasar）从宗教角度对文化所作的批判。有些学者则进行了更为处境化的研究，比如，凯尔顿·科布（Kelton Cobb，1995）探讨了蒂利希文化神学与当今大众文化的融合和协调；西尔维斯特·伊霍马（Sylvester I. Ihuoma，2004）则关注蒂里希文化神学对非洲处境神学可能作出的贡献。

总的来说，国外自蒂利希生前至今，关于蒂利希思想的讨论在持续进行。这本身就表明了蒂利希思想的生命力，而这种生命力很大程度上源于蒂利希思想本身始终处于对古老的宗教与不断前行的文化的关系问题的关切中。可以说国外，尤其是当今英美世界对蒂利希的讨论（比如关于大众文化、视觉艺术的讨论），本身就是蒂利希文化神学思想的拓展和具体应用。但是值得注意的是，关于蒂利希文化神学的主要研究或由于时代限制（比如亚当斯的相关研究），或由于个人关注点的不同（比如曼宁的相关研究），都比较偏向于探究蒂利希早期文化神学思想，并且普遍认为蒂利希早期和晚期的文化神学构想发生了明显的、实质性的转变。另外，由于蒂利希的作品，特别是一些早期的德文文本还在不停的整理出版中，因此国外关于蒂利希早期作品的关注度还在增加，这在一定程度上造成了对蒂利希晚期文化神学的忽视。这就为我们重新完整地认识和思考蒂利希早期和晚期的文化神学思想提供了空间。而且其早期和晚期的思想是否真的发生了转变，抑或只是其在文化神学当中构想一种"神律文化"时提出的不同任务阶段的不同偏向，蒂利希在处理宗教与文化的关系问题时究竟有没有保持一致性，这本身就是值得讨论的问题，也成为我们以自律、他律和神律三个范畴重构蒂利希文化神学，探讨其文化神学的一致性的重要出发点。

第三节　主要内容

　　本研究的主要工作在于考察现代神学家和哲学家蒂利希在宗教与文化关系问题上提出的文化神学思想。我们拟从背景、梳理、重构、阐释和评价五个方面开展研究，当然这几个方面的内容常常不可避免地交织在一起。其中的重点内容在于梳理、重构和阐释部分。首先，在介绍蒂利希文化神学背景的基础上，本研究拟对蒂利希早期和晚期文化神学思想进行梳理，发掘蒂利希早期和晚期文化神学的一致性，而不单单将其视为不同时代危机的不同应对之策。其次，在此基础上，从自律（Autonomy）、他律（Heteronomy）和神律（Theonomy）三个基本范畴出发对蒂利希文化神学进行重构，呈现蒂利希文化神学希望构建一种神律文化，一种神律的规范性体系的设想。最后，从神学认识论、上帝论、基督论、圣灵论、终末论等方面对蒂利希系统神学进行分析阐释，认为其系统神学是以文化神学作为纲领所展开的对神律的规范性体系的具体内容之构想。总之，本研究认为蒂利希早期和晚期的文化神学并未发生决定性的转变，其思想具有延续性，其目标都是要提供一套"神律"的规范性体系，而其系统神学则是对这一体系的具体内容的展开。

第一章　蒂利希文化神学的生发背景

第一节　个人经历：宗教与文化的边界之上

　　"宗教象征并非天堂坠落的石头"[1]，蒂利希用这句话表明宗教象征是根植于整全的人类经验之中的东西。而这句关于宗教象征的断言同样适用于他自己的思想。在他看来，概念、观念以及建基于此的思想体系绝非纯粹的玄思妙想，一切神学和哲学的生命力隐藏于神学家和哲学家背后的实存经验以及触发思想的实存上的紧急状态之中，"没有一个伟大的哲学家（神学家）只是坐在他的书桌后边说：'在早饭和中饭之间的时间里让我做点哲学（神学）研究'。"[2]暂且不论蒂利希关于一众神学家和哲学家研究活动的评判是否客观，至少对于他本人来讲，持有这样一种思想立场——无论是他的实存经验塑造了这一思想立场，还是这一思想立场导致了他对实存经验的关切——使得对于蒂利希个人经历和经验的探讨成为理解蒂利希思想不可忽略和跨越的程序。

　　在探讨蒂利希的整个人生及其学术生涯上，有丰富可靠的资源可供利用。这一方面得益于蒂利希的影响力，另一方面也得益于他个人参与撰写传记作品的热情。[3]尽管如此，我们也不至于淹没在诸多生平细节之中。在描绘蒂利

1　Tillich P. *The Future of Religions* [M]. Edited by Brauer J C. New York: Harper & Row, 1966: 93.

2　蒂利希，《基督教思想史：从其犹太和希腊发端到存在主义》[M]，尹大贻译，北京：东方出版社，2008 年，第 362 页。

3　蒂利希的传记作者保克夫妇（Wilhelm and Marion Pauck）就指出在告知蒂利希传

希的生存图景时，"边界之上"（on the boundary）已经成为学界普遍接受并使用的意象，而蒂利希及其神学体系也被形象地称为"边界之上的神学家"和"边界之上的神学"。[4]其中的缘故在于蒂利希本人使用这一意象对于自身生存和神学处境的准确描述。他坦言："当被请求对我的观念如何生发于我的生命给予解释时，我认为'边界'这一概念也许是最适合来描述我的整个人生和思想发展的象征。"[5]在他看来，"边界"既是一个丰硕多产之地，亦是一个危险艰难之地，其丰硕多产在于它为思想提供了多面向的可能性，其危险艰难在于它促使生命必须不断地做出抉择并排除掉其他可能。而这种处境以及其中所蕴含的张力则成为塑造蒂利希命运及其作品的决定性因素。

尽管蒂利希为我们提供了理解其经历与思想之间互动关系的核心象征，但这个象征在蒂利希那里却具有非常宽泛的涵义。"边界"的前提在于"界限"的存在，因此讨论蒂利希的"边界"处境，亦是在讨论蒂利希置身并抉择于何种"界限"之间。而蒂利希在其自传《边界之上》（*On the Boundary*）明确地提出自己伫立于十二对"界限"之间，即"父亲与母亲所代表的两种气质""城市与乡村""不同社会阶层""实在与想象之间""理论与实践"

记撰写计划时，"尽管事实上，他（蒂利希）已经撰写过三篇简洁而又生动的自传性质的作品，但他热情地回应，而且随后与其他人一样也对计划进行了讨论。"参见 Pauck W, Pauck M. *Paul Tillich, His Life & Thought (Vol.1): Life* [M]. New York: Harper & Row, 1976: vii. 蒂利希自传性质的作品可以参考：Tillich P. *On the Boundary: An Autobiographical Sketch* [M]. New York: Charles Scribner's Sons, 1966.; Tillich P. "Autobiographical Reflections" in *The Theology of Paul Tillich* [M]. Edited by Kegley C W, et al. New York: Macmillan, 1961: 3-21.; Tillich P. "Frontiers" in *The Future of Religions* [M]. Edited by Brauer J C. New York: Harper & Row, 1966: 52-63.; Tillich P. "Who am I" in *My Search for Absolutes* [M]. New York: Simon and Schuster, 1967: 23-54.; Tillich P. *My Travel Diary: 1936 - between Two Worlds* [M]. Translated by Brauer. J C. Edited by Brauer J C. New York: Harper & Row, 1970. 除此之外，蒂利希妻子的两本自传以及蒂利希在哈佛大学期间的秘书撰写的相关传记：Tillich H. *From Time to Time* [M]. New York: Stein and Day, 1973.; Tillich H. *From Place to Place: Travels with Paul Tillich, Travels without Paul Tillich* [M]. New York: Stein and Day, 1976.; Calí G. *Paul Tillich, First-Hand: A Memoir of the Harvard Years* [M]. Chicago: Exploration Press, 1996., 也向我们展示了蒂利希更为丰富的生平细节。

4　例如，蒂利希作品选集：Tillich P. *Paul Tillich: Theologian of the Boundaries* [M]. Edited by Taylor M L. London / San Francisco: Collins, 1987. 蒂利希研究论文集：陈家富，《田立克：边缘上的神学》（*Paul Tillich: Theology on the Boundary*）[M]，香港：基道出版社，2008 年。相关表述广泛见于蒂利希研究者的作品，在此不再过多罗列。

5　Tillich P. *On the Boundary: An Autobiographical Sketch* [M]. New York: Charles Scribner's Sons, 1966: 13.

"他律与自律""神学与哲学""教会与社会""宗教与文化""路德宗教义与社会主义""观念论与马克思主义""故国与他乡"之间。虽然蒂利希在这里展示了他生命之中的丰富面向，但不难发现，除了那些一眼望去直接与"宗教与文化"这一"边界"处境相关的"边界"之外，其他诸种"边界"实际上也是以宗教与文化这两种"界限"之间的张力为基础和核心的。比如，蒂利希在论及父母不同的气质时，实际上是在谈论德国东部和西部之间宗教气质上的差异。同时，即便谈到乡村的土地、海洋、草木，他也不是在谈与宗教和文化无关，甚至与之相对立的所谓纯粹的自然物。比如，他认为海洋为他关于"绝对"（Absolute）的理论"提供了必要的想象力元素"[6]。而他所欣赏的人与自然整体的关系是一种美学-沉思的关系，而不是科学-分析的或者技术-控制的关系[7]，他常常强调的是个体对自然神秘主义式的与浪漫主义式的参与。

因此，下面在探究塑造蒂利希文化神学的个人传记背景时，将以蒂利希处在"宗教与文化"边界之上的处境为主线，辅以时间线索来进行梳理，展示蒂利希文化神学的生发背景中具有个人特色的要素，以此说明蒂利希以文化神学为志业，成为文化神学家绝非一种偶然。

一、青少年时期的宗教生活背景

宗教与文化的纠缠从一开始就渗透于蒂利希的生活之中。蒂利希出生在1886 年德国东北部的施塔泽德尔（Starzeddel）。他的父亲约翰纳斯·蒂利希（Johannes Tillich）是其家族当中第一个路德宗牧师，而其母亲玛蒂尔德（Mathilde Dürselen Tillich）则来自德国西部的莱茵兰（Rhineland）地区，持有加尔文宗信仰。蒂利希曾非常明确地指出其父母在宗教气质上所展现出来的差异：前者带有一种忧郁的沉思倾向，具有高度的责任感和深刻的罪疚意识，对权威和传统保留着极高的尊重；而后者则带有一种对生活的热情，相比更热爱具体，更理性和民主。虽然蒂利希的家庭中充满诸多温暖，比如其母亲会鼓励孩子每天进行户外活动，其父亲会当众表扬自己的孩子，甚至敦促自己的女儿自由选择喜欢的职业，以致蒂利希的传记作者保克对此评价认为这种

6　Tillich P. *On the Boundary: An Autobiographical Sketch* [M]. New York: Charles Scribner's Sons, 1966: 18.

7　参见 Tillich P. "Autobiographical Reflections" in *The Theology of Paul Tillich* [M]. Edited by Kegley C W, et al. New York: Macmillan, 1961: 4.

开明的思想在当时亦并不多见。[8]但是，生活在这样一个宗教家庭，其父母在宗教信仰上的坚持依然让他压力倍增。在他看来，其父亲对路德宗教义的绝对信仰造就了其超乎日常实际的威权形象，而其母亲虽然并没有展示出太多威权形象，但她深受加尔文主义严苛的道德规范的影响。因此，建基于宗教之上的威权体系就成为蒂利希人生初始所不得不面对的一种实存处境。其结果是让蒂利希在思想上和行动上都感受到了限制性的压力，而对此种限制的"每一次尝试性突破都被出自对父母以及神圣权威的认同的无可避免的罪疚意识所阻挡。"[9]

虽然蒂利希在早年就体会到了来自宗教方面的压力，但面对这种压力，他并没有成为一个宗教的逃离者，甚或成为一个宗教的反叛者。毕竟，宗教氛围弥散于蒂利希早年生活的周围：拥有宗教信仰虔诚的父母、就读于教会学校、长期居住在一切都以古老的哥特式教堂为中心的具有厚重历史感的中世纪特色小镇（无论是 1890 年由于其父亲升迁担任新的教区牧师而全家搬迁至的肖恩弗里斯（Schönfliess），还是蒂利希就读弗里德里希·威廉中学（Friedrich-Wilhelms-Gymnasium）时所在的哥尼斯堡（Königsberg）。甚至，深入其心的"有限可承载无限"（*finitum capax infiniti*）的路德宗立场也使得蒂利希在面对身边的草木自然、江河湖海、历史古迹以及繁华都市（1900 年蒂利希全家随父搬迁至柏林生活）时都拥有一种浪漫主义式的经验与神秘主义式的参与。在他看来，他正是"经由对神圣的经验才进入到上帝的观念之中的，而不是相反。"[10]

尽管如此，沉浸于浓郁的宗教氛围之中亦没有让蒂利希成为一个盲目的信仰者或者宗教上的狂热者。他不仅拒斥宗教上的"权威"，甚至拒绝成为宗教上的"权威"。在他看来，蕴藏于基督徒群体中的一种悲剧就是"所有人都时不时地想要抛弃或旧或新的诸种教义或教条，但不久之后我们便重返旧态，将自己和他人再次置于它们的奴役之下。"[11]蒂利希在描述这种带有循环性质的悲剧命运时指出，有些人"在一种自我折磨的狂热之中重新背负起这旧轭，

8　Pauck W, Pauck M. *Paul Tillich, His Life & Thought (Vol.1): Life* [M]. New York: Harper & Row, 1976: 4.

9　Tillich P. *My Search for Absolutes* [M]. New York: Simon and Schuster, 1967: 32.

10　Tillich P. *My Search for Absolutes* [M]. New York: Simon and Schuster, 1967: 28.

11　Tillich P. *The Shaking of the Foundations* [M]. New York: Charles Scribner's Sons, 1953: 98.

并且试图将之加诸于他人，加诸于他的孩子或学生。他被一种无意识的复仇之欲所驱使……许多家庭被痛苦的悲剧所破坏，许多心灵被他们父母、老师和牧师的这种态度所摧毁。"[12]当然，蒂利希的生活处境可能并没有如此严峻，但这种感觉和体察一定在其幼小的心灵中早已萌发。一个极易被忽视的人生细节可以说明这一点。在其 15 岁参加作为信仰公开申明的坚振礼仪式，被要求选择圣经中的段落以阐明对圣经的意义以及对基督教会的个人理解时，他当众背诵了包含"凡劳苦担重担的人，可以到我这里来，我就使你们得安息……因为我的轭是容易的，我的担子是轻省的。（马太福音 11：28-30）"[13]在内的相关经文。当时众人对年轻无忧、生活美满的蒂利希所选择的经文表示诧异甚至嘲讽，但他坚信自己并没有理解错。甚至，在多年后题为"宗教的重轭"的讲道中，蒂利希依然认为耶稣的这段教导无论对于孩子还是成年人都是正确的，它普遍适用于每一个人和每一种人的处境。根据他的理解，作为基督教之中心的耶稣基督的担之所以是轻省的，原因在于耶稣并非新的宗教的缔造者，也不是新的法规的订立者，而是宗教与法规的战胜者和克服者，耶稣首先要卸下的就是所谓权威加诸于人们身上的宗教的重担。

基于对宗教压力的体察以及对基督教核心的理解，蒂利希认为反抗其父母以及其他宗教信仰者所展现出来的那种带有他律性的宗教威权体系的方式只可能有一种，也就是"通过使用我父亲之威权体系所构建的原则来对抗这个体系本身。"[14]在蒂利希眼中，耶稣基督代表了基督教本身的批判性要素和原则，但他并非律法的彻底颠覆者，反而是律法的成全者。因此，在此意义上，蒂利希并非要成为一个"激进"人物，基督教传统仍会是之后蒂利希神学体系中不可缺少的要素和始终坚守的成分。但坚守传统并非要简单地重复已有的传统，简单地重复传统并非真正的神学。[15]真正的神学本质上是调解的，必须要在宗教传统和现代文化之间做出调解。对神学本质的这一理解虽然是蒂利希思想成熟时期的见解，但毕竟已然在蒂利希年轻的心灵中萌生。根据蒂利希的回忆，其父亲热爱音乐和哲学，特别是其父亲深信哲学追求的真理与启示

12 Tillich P. *The Shaking of the Foundations* [M]. New York: Charles Scribner's Sons, 1953: 97.

13 本文所引用圣经文本主要采用中文和合本译文。

14 Tillich P. *My Search for Absolutes* [M]. New York: Simon and Schuster, 1967: 32.

15 蒂利希，《基督教思想史：从其犹太和希腊发端到存在主义》[M]，尹大贻译，北京：东方出版社，2008 年，第 440-441 页。

的真理并不可能冲突，而与父亲的哲学讨论是蒂利希最为愉快的记忆之一。正是这种对艺术、哲学等文化形式的开放使得一种独立的立场在蒂利希的思想和实践上逐渐蔓延开来。但在一定程度上，他也接受了其父亲的观念。早在中学时期，他就明确意识到自己所接受的人文教育中的文学、哲学、历史等文化信息与传统基督教宗教信息之间的潜在冲突。这种紧张关系并没有让蒂利希产生用其中一种反对另外一种的立场或者一种普遍怀疑的态度，反而使其产生一种走上建设性地克服这种冲突的综合之路的冲动。[16]总之，蒂利希早年生活的点滴戏剧性地揭示了他走上调和宗教与文化之路的某种必然，为我们悄然掀开了其文化神学之幕的一角。

二、一战前后：从宗教转向文化

中学之后，蒂利希前往大学神学系接受神学教育。在当时的德国，神学教育通常要持续 3-4 年时间，一般在第一年学习神学释经学和神学历史的部分，接下来是系统神学，之后还要进行实践神学（教牧神学）的学习与锻炼。整个学习过程具有相对的灵活性，允许学生跨校流动。因此，1904 年冬季学期蒂利希首先在柏林大学学习, 之后 1905 年夏季学期在图宾根大学学习, 而从 1905 年冬季学期开始，之后两年时间都在当时最负盛名的神学系之一哈勒大学神学系学习。在此之后的 1907 年 10 月蒂利希又返回柏林大学，因为作为来自勃兰登堡的学生，蒂利希必须于学习之末接受当地教会理事会组织的神学考试（首先是理论上的，其次是实践上的），以便获得相应的神学学位（theologiae candidatus），进而拥有进入教会理事会的资格。而这也凸显了蒂利希人生之中宗教与文化、神圣与世俗之间的张力。因为教会所组织的考试与大学考试并不相同。在考核上，大学教授通常会被教会人士认为太过自由，而教会人士则会被大学教授认为太过保守。[17]因此，可以想见如何平衡两者便成为希望通过考试的学生所不能不考虑的因素。

在通过教会理事会的理论考试之后，蒂利希的人生进入了一段相对平静和自由的时期。在这一时期内，蒂利希一方面意识到宗教语言"转向"的迫切，另一方面展示出他对文化的浓厚兴趣。而这两者都推动蒂利希在宗教和文化之间进行调解融合的尝试。

---

16 Tillich P. *My Search for Absolutes* [M]. New York: Simon and Schuster, 1967: 35.

17 Pauck W, Pauck M. *Paul Tillich, His Life & Thought (Vol.1): Life* [M]. New York: Harper & Row, 1976: 28-29.

首先，宗教牧养实践逐渐开展。蒂利希在通过神学理论考试后，并未按照惯例继续进行神学实践上的训练，而是接受了其父亲的朋友恩斯特·克莱因（Ernst Klein）的邀请，于 1909 年 1 月至 9 月期间代理克莱因在柏林郊区附近的希滕拉德（Lichtenrade）的牧养工作。其后，1911 年 4 月至 1912 年 3 月在瑙恩（Nauen）担任助理牧师。在 1912 年 7 月通过教会组织的最后的神学考试后，8 月蒂利希出任柏林圣马太教会（St. Matthew's Evangelical Church）牧师，8 月底至一战爆发期间主要在柏林的莫阿比特（Moabit）工人区协助布道。在牧养实践过程中，蒂利希接触到了大量底层人民，特别是无产者的艰苦处境，这种经历常常被理解为蒂利希政治上主张宗教社会主义的动因[18]，但更重要的是要意识到这种经历实质上也决定了他的神学进路。在最早开展布道活动时，蒂利希所要面对的是那些相对贫穷的，缺乏归属感的人，而不是富裕的，具有自我意识的基督徒。而在面对前者时，蒂利希就发现他们并不能理解自己在神学系所学习到的传讲福音的语言。这一严肃的事实激发蒂利希在自己的宣讲以及构建自己的神学体系上转换表达方式，使用非传统的宗教语言。在与底层工人的接触中，他更是意识到要发掘人类的问题与基督教的回答之间必然的关联与协同，否则，宗教语言将会沦为空洞无意义的表达。

其次，文化主题对话广泛进行。在牧养实践期间，蒂利希与文化各界人士进行了广泛的交流。蒂利希曾认为在希滕拉德的时光是"不受干扰地享受自然和精神放松的黄金时光"[19]，原因很大程度在于这段时间里蒂利希可以与诗人、艺术家、演员、哲学家、电影制作人等愉快地交流。他经常坐在艺术家常聚集的乔斯蒂咖啡馆（Café Josty）与来往的各色人士进行交谈并在此公开场合进行写作。而 1912 年夏季在柏林，蒂利希更是延续了自己对文化的关注。他与朋友理查德·魏格纳（Richard Wegener）组织了一系列被冠以"理性之夜"（Vernunft-Abende）的聚会活动。这些活动面向包括艺术家、商人、社会人士、学生、哲学家、律师等在内的不同职业身份地位和不同宗教背景的人开放。蒂利希与这些人就"宗教与文化""艺术和宗教中的神秘主义""神秘主义与过错意识"等主题展开讨论。而在这些活动中，蒂利希及其朋友通过理性来阐释基督教信仰，并且希望训练发展出新的"卫道士"和护教形式，有意识地在

18 [德]维尔纳·叔斯勒，《蒂利希：生命的诠释者》[M]，开封：河南大学出版社，2011年，第 2 页。

19 Pauck W, Pauck M. *Paul Tillich, His Life & Thought (Vol.1): Life* [M]. New York: Harper & Row, 1976: 32.

传统的基督教和现代的世俗文化之间做出调解。

对文化的热情关注，对宗教与文化关系的系统思考在蒂利希的一战经历中得以触发。虽然蒂利希在 1910 年和 1912 年凭借两篇关于谢林的研究论文[20]顺利拿到了布列斯劳大学（University of Breslau）哲学博士学位与哈勒大学（University of Halle）神学硕士学位，并且他也开始在牧师和教师之间考量抉择，最终决定着手准备教职论文，以便在哈勒大学神学系任教。

但是，1914 年一战的爆发，使得蒂利希的抉择发生转变。与其说一战打断了蒂利希的学术之路，倒不如说蒂利希信仰上的使命感促使他更积极地参与相对远离学术研究的神学实践。而这一参与过程构成了蒂利希人生和思想上的重要转折。最初，一股民族主义的狂热之火燃烧在蒂利希的心头，新婚不久的他志愿成为随军牧师中的一员，而这种热情背后是他在宗教信仰上的坚定。按蒂利希的回忆，他与其他大多数德国士兵一样抱有"一个善良的上帝会使一切成为最好的安排"[21]这样一种普遍的信念。然而，战争的残酷使得这种"乐观主义"化作灰烬，绝望的情绪弥漫于蒂利希与家人朋友的诸多信件之中。[22]在此之中，他表达了对秩序崩坏和时代衰落以及传统上帝观念大受冲击的忧虑，甚至怀疑自己是否有权将自己的命运与教会联系在一起。为了规避战争带来的痛苦和绝望，蒂利希开始在文化当中寻求慰藉。一方面，他广泛阅读哲学作品，特别是像许多战士一样开始阅读尼采的作品，在一种自我意识觉醒的鼓舞下，开始恢复生活的热情和确认自我的位置。另一方面，开启了对艺术作品的持久关注。他热烈地欣赏各种艺术杂志、收集艺术图片、学习绘画历史。在战时，这种对艺术，特别是绘画作品的关注成为他规避战争之恐怖的首要手段。而在战后，则成为他提出文化神学设想的主要动因。1919 年，他通过业已成为艺术史家的老朋友埃卡特·冯·西多（Eckart von Sydow）系统地学习了艺术史，并钟情于表现主义（Expressionism）的作品。在这种作品中，蒂利

20 哲学博士论文题为《谢林肯定哲学的宗教史构造：前提假设和原则》（*Die religionsgeschichtliche Konstruktion in Schellings positiver Philosophie, ihre Voraussetzungen und Prinzipien*）；神学硕士学位论文题为《谢林哲学演进中的神秘主义和过错意识》（*Mystik und Schuldbewusstsein in Schellings philosophischer Entwicklung*）。

21 Tillich P. *The New Being* [M]. New York: Charles Scribner's Sons, 1955.

22 Tillich P. Paul Tillich to Maria Klein, 27 November 1916; Paul Tillich to Johannes Tillich, 10 December 1916. in Harvard Archive. 转引自 Pauck W, Pauck M. *Paul Tillich, His Life & Thought (Vol.1): Life* [M]. New York: Harper & Row, 1976: 51.

希体会到了"艺术作品的实质如何能够摧毁其形式以及在此过程中所蕴含的创造性的迷狂"[23]，"在表现背后，一股强烈的宗教情感在涌动"[24]。同时，这种对于现代绘画作品的经验也开启了蒂利希对德国现代文学的关注。在他看来，诸如赖内·马利亚·里尔克（Rainer Maria Rilke）的诗歌以其"深刻的精神分析上的现实主义，神秘的丰富性以及一种充满形而上学内容的诗歌形式，使其成为那些我只能通过我的宗教哲学的概念来抽象表达的洞见的载体。"[25]

基于这样一种体验，1919 年任职于柏林大学神学系的蒂利希在康德学会的演讲"论文化神学的理念"（*On the Idea of a Theology of Culture*）中提出文化神学的构想便不足为奇。在其中，他明确表示一种广义的宗教概念，即宗教作为对无条件/无限（the Unconditioned）的经验，"真实地存在于每一种精神领域之中"[26]，这种意义上的宗教只有通过与诸种文化形式结合才能实现其具体性和现实性。

而以此为重要的起点，文化与宗教之关系成为蒂利希学术研究以及教育教学关注的中心。在柏林大学期间，蒂利希"讲授涵盖宗教与政治、艺术、哲学、深层心理学和社会学的关系等诸多主题"[27]，而这些都被其视作是"文化神学"的具体展开。1923 年蒂利希出版的《诸科学体系：根据对象和方法》（德文：*Das System der Wissenschaften nach Gegenständen und Methoden*，英文：*The System of the Sciences according to Objects and Methods*），可视作蒂利希第一部系统性的著作。一方面，作为一位哲学家，蒂利希在其中企图根据自己的术语架构对人类科学（human science）体系进行分类；但另一方面，更重要的是，作为一位神学家，他希望在世界的世俗化进程和整个科学体系中重新定位神学。在他看来，作为规范性科学的神学之重要性并不在于它超越于其他诸种

23 Tillich P. *On the Boundary: An Autobiographical Sketch* [M]. New York: Charles Scribner's Sons, 1966: 28.

24 Tillich P. *Visionary Science: A Translation of Tillich's "on the Idea of a Theology of Culture," with an Interpretive Essay* [M]. Translated by Nuovo V. Wayne State University Press, 1987: 30.

25 Tillich P. *On the Boundary: An Autobiographical Sketch* [M]. New York: Charles Scribner's Sons, 1966: 29-30.

26 Tillich P. *Visionary Science: A Translation of Tillich's "on the Idea of a Theology of Culture," with an Interpretive Essay* [M]. Translated by Nuovo V. Wayne State University Press, 1987: 24.

27 Tillich P. *My Search for Absolutes* [M]. New York: Simon and Schuster, 1967: 41.

科学之上，而在于它内蕴于其他诸种科学之中。

1924 年蒂利希不太情愿地离开自由的大都市柏林，前往相对闭塞的马堡，担任马堡大学神学副教授。由于马堡大学大多数学生深受巴特新正统主义神学的影响，并且当时马堡大学神学系的研究重心在于"如何归整传统"[28]，基于关注重心的差异，蒂利希曾感叹到"文化问题在神学思想中被排除；像施莱尔马赫、哈纳克、特洛尔奇、奥托等神学家被蔑视；社会观念和政治观念在神学讨论中被禁止。"[29]对此，蒂利希一方面感到失望，另一方面又为探寻与此不同的神学之路所振奋。1925 年蒂利希放弃吉森大学（University Of Giessen）教授神学的机会，选择前往德累斯顿萨克森技术学校（die Sächsische Technische Hochschule Dresden）新成立的人文学院任教。德累斯顿当时是汇聚视觉艺术、绘画、建筑、舞蹈、歌剧的文化中心之一。蒂利希之所以愉快地选择前往德累斯顿的一大原因就是德累斯顿作为大城市在文化上的开放性，而吉森则没有这种优势。在开放的氛围之中，蒂利希穿梭于宗教与文化，传统与现实之间，为其学生提供了"基督教的主要问题""存在的宗教意义""宗教与艺术""历史的宗教意义""社会条件之于精神生活的意义""作为期望和需要的国家"等课程与讲座。但是，蒂利希阐释基督教神学的新路径也使其面临"异端"的指责，甚至其朋友也质疑他是否可以真正称作基督徒。按照蒂利希传记作者保克夫妇的说法[30]，正是这种脱离主流基督教神学思想圈子的危险促使蒂利希于 1927 年接受莱比锡大学（University of Leipzig）的邀约，成为系统神学的兼职教授，尽管他"在莱比锡大学的课程与在德累斯顿的完全一样，至多在名称上微有变化。"[31]1929 年蒂利希前往法兰克福大学（University of Frankfurt）哲学系担任"哲学和社会学"教授，其职位的任务在于通过将哲学与时事结合来提供哲学入门。尽管在此期间，他的主要教学任务在于社会教育，其课程和讲座也主要围绕社会伦理、历史行动与政策导向等方面，但他也开设了关于阿奎那、康德、黑格尔、谢林等哲学家的哲学课程以及相关的哲学

28 Tillich P. *Ergänzungs Und Nachlassbände Zu Den Gesammelten Werken (Band V)* [M]. Edited by Albrecht R, et al. Stuttgart und Frankfurt: Evangelisches Verlagswerk, 1980: 166.

29 Tillich P. *My Search for Absolutes* [M]. New York: Simon and Schuster, 1967: 42.

30 Pauck W, Pauck M. *Paul Tillich, His Life & Thought (Vol.1): Life* [M]. New York: Harper & Row, 1976: 107.

31 [德]维尔纳·叔斯勒，《蒂利希：生命的诠释者》[M]，杨俊杰译，开封：河南大学出版社，2011 年，第 7 页。

史课程。在他看来，法兰克福大学是当时最现代和自由的大学，同时由于没有神学系，这种没有神学传统羁绊的自由环境，"相当适合于我在哲学与神学的边界之上开展讲座并尝试使哲学对于那些不得不上哲学课的诸多学生成为实存性的。"[32]

总的来说，一战前后的经历，特别是给个人和社会造成剧烈动荡的一战本身，被蒂利希视作其"个人的凯若斯"（personal *kairos*）[33]，亦即某些新的东西突入其人生之中的"恰当时机"（the right time）。这种时机表现为死板的神学教条不再能提供人生意义，多样的文化形式却蕴含着深刻洞见。因此，蒂利希希望构建一种区别于"教会神学"的"文化神学"，朝向一种人类所有文化形式中都内蕴着宗教意义的宗教-文化处境。正如1925年其被哈勒大学神学系授予名誉神学博士学位时的评语所言："凭借概念上的敏锐和辩证法上的熟练，他已经发展出一个宗教哲学纲领……通过他的教学，学生已被他的目标所吸引和振奋，而这一目标就是将哲学和社会学同活的宗教相结合的目标。"[34]所以，在这一时期蒂利希逐渐转向对诸种文化领域的关注，而这种转向并非只是蒂利希个人的休闲逸趣，而是作为其学术思想上的使命，通过对文化的宗教分析，为神学寻找一条新的路径。

三、二战前后：宗教对文化的应答

在将宗教与文化结合的道路上，蒂利希遭遇了纳粹的驱逐。在蒂利希看来，广义的宗教作为全部文化之根基渗透于全面的社会生活之中，而宗教应该

---

32 Tillich P. *My Search for Absolutes* [M]. New York: Simon and Schuster, 1967: 43.

33 古希腊语 Kairos（καιρός）是蒂利希经常使用的概念，带有"时机"、"时间完满"、"关键时刻"等意涵。汉语学界或直接音译为"凯若斯""凯洛斯"，或译为"时刻"、"时机"或"时候"。下文个别地方根据蒂利希本人使用时的语境直接音译为"凯若斯"以表示强调，其他地方主要采用杨俊杰老师的翻译"时候"，一方面这一翻译与中国基督新教普遍使用的中文和合本圣经的翻译较为契合；另一方面，相较于"时机"、"时刻"这样的翻译，"时候"一词更为典雅丰富，而不容易被误解为具体历史当中的某一特定的时间点。该词在蒂利希那里具有浓厚的神学色彩，关于蒂利希以"Kairos"为中心的历史哲学与神学的集中讨论可以参考：杨俊杰，〈蒂利希的"时候"与"时候意识"：论蒂利希的巴特批评的历史神学之维〉[J]，《道风：基督教文化评论》，2012年第37期，第141-159页；陈家富，《田立克：边缘上的神学》[M]，香港：基道出版社，2008年，第183-209页。

34 Tillich P. *Gesammelte Werke (Band XIII)* [M]. Edited by Albrecht R. Stuttgart: Evangelisches Verlagswerk , 1972: 582.

为社会生活提供深度，为社会历史走向提供指导。一战之后，蒂利希就积极加入由包括经济学家、社会学家以及神学家等一批知识分子组成的"凯若斯圈子"（Kairos Circle）并活跃于其主要刊物《宗教社会主义》（*Blätter für Religiösen Sozialismus*）之上。这个圈子既非政治组织，亦非宗教组织，旨在推行"宗教社会主义"的理念，弥合神圣与世俗的区分，提倡将基督教与社会主义相结合。而之后蒂利希在法兰克福大学期间参与创办的《新社会主义》（*Neuen Blätter für Sozialismus*）亦秉持类似的理念。而他于1933年出版的《社会主义抉择》（*Die Sozialistische Entscheidung*，英文：*The Socialist Decision*）则直接导致其被宣扬所谓"民族社会主义"的纳粹停职驱逐。在此书中，他呼吁德国民众在政治经济危机时考虑社会主义这一选择，同时更重要的是在做出这一抉择之前，思考何为真正的社会主义，思考何为社会主义信仰的最深层根源。在他看来，正是一种根植于人类实存处境的超越性的无条件（无限）的期望（unconditional demand）及"无条件的期望对起源之神话的打破是政治中自由、民主和社会主义思想的来源。"[35]实质上，这种"无条件（无限）的期望"将直接影响到有限之纳粹威权的塑造。

1933年蒂利希离开德国，移民美国。可以说，蒂利希在美国公众面前的首次亮相就是以"文化神学家"的身份来亮相。原因在于，初来美国，耶鲁大学基督教伦理学教授理查德·尼布尔（Richard Niebuhr）为了向民众介绍蒂利希，就在众多作品当中选择翻译了《宗教处境》（英译本题为 *The Religious Situation*，德文原文为 *Die religiöse Lage der Gegenwart*，即《当前的宗教处境》）。而正如莱茵霍尔德·尼布尔（Reinhold Niebuhr）给这部作品撰写的介绍性导言中所言："这本书并非是关于诸教会中的那种宗教，而是试图从一个不断探究诸种文化形式中所表达的基本信仰的人的角度去解释当前的整个处境。蒂利希更感兴趣的是世俗化之中以及艺术、科学、教育和政治之中的宗教价值，而不是追随教会内部，甚至神学上的趋势。"[36]

移民美国之后，蒂利希在纽约协和神学院持续工作了23年（1933-1955），在此期间他主要讲授的是宗教哲学、系统神学以及基督教史课程。尽管如此，蒂利希在1959年出版的《文化神学》中坦言："虽然成年之后，我主要是一个

35 Tillich P. *The Socialist Decision* [M]. Translated by Franklin Sherman. New York: Harper & Row, 1977: 5.

36 Richard Niebuhr. "Translator's Preface" in *The Religious Situation* [M]. New York: Meridian Books, 1956: 9.

系统神学的老师，但宗教与文化之间的问题一直居于我兴趣的中心。"[37]而这种兴趣在美国任教期间得以强化，蒂利希虽然曾遗憾于美国神学学生在形而上学训练上的欠缺，但也被他们在文化观念上的开放性所感染。当然，这种欠缺与开放实际上也反映出德国和美国神学地位的不同：在德国，神学曾是科学的女王；在美国，神学主要是社会伦理的婢女。在当时自由神学和社会福音占据美国神学地盘的情势下，蒂利希并没有放弃他的综合之路。他的神学任务就是向现代的心灵传达古老的福音，而在其中，无论是对现代文化形式的精确分析，还是对古老基督教信息的重新阐释，都是不可缺失的环节。只不过来到美国之后，对文化的分析更多地与深层心理学联系起来。由于客观的原因，蒂利希到美国之后虽然失去了像一战后那段时间可以频繁地与文化圈子交流的机会，但在美国与诸多心理分析师和咨询师的友谊使深层心理学成为其神学思想的重要资源。在他看来，现如今抛开深层心理学资源去发展一套关于人的基督教理论是不可能的。加之第二次世界大战的爆发，蒂利希对人类精神文化发展的态度较之前变得悲观，他不再像一战之后认为人类历史出现了"凯若斯"，出现了进步发展的恰当时机，而认为人类社会出现了"神圣的虚空"（sacred void）。在此种背景下，蒂利希认为文化的宗教价值不在于诸种文化形式直接承载意义，而在于诸种文化形式实际上揭示了人类的实存困境。他着眼于人类文化整体的存在论分析，说明文化进程中所必然蕴含的问题以及当前文化所呈现出的问题。在此基础上，运用他所谓的"关联法"（the method of correlation），在对传统基督教信息的重释中寻找问题的答案。在蒂利希移民美国的诸多作品中，无论是在像《存在的勇气》这种精辟的作品中，还是三部五卷的《系统神学》这样的大部头中，抑或是蒂利希的众多讲道中，这种路径始终贯穿于其间，一种不接受文化的信仰抑或一种不接受信仰的文化，都是蒂利希所不能容忍的。

　　蒂利希自纽约协和神学院退休之后，先后被哈佛大学和芝加哥大学续聘。在蒂利希人生的最后十年，他进行了广泛的游历，而在此期间，宗教与文化依然是他所关注的重点，"自然与宗教的统一，自然与文化的统一，人类之悲剧与伟大的统一，无不渗透于其意识之中。"[38]在 1956 年访问希腊时，他感叹于希腊神庙建筑，体会到异教诸神的实在性；在 1960 年访问日本时，他前往

37 Tillich P. *Theology of Culture* [M]. Edited by Kimball R C. New York: Oxford University Press, 1959: V.

38 Pauck W, Pauck M. *Paul Tillich, His Life & Thought (Vol.1): Life* [M]. New York: Harper & Row, 1976: 258.

十余所大学演讲，并在各大教会布道，同时与佛教学者进行了深入沟通，倾心于佛教的神秘主义[39]；在 1963 年访问埃及时，他震撼于金字塔所表现的超人的力量，更称赞木乃伊所展示出的人类对于获取无限生命的渴望。毫无疑问，在蒂利希的晚年，基督教之外的诸宗教及其历史成为蒂利希的兴趣点之一，在他看来，"不能将人类宗教划分为一种真宗教和其他许多假宗教。"[40]而这正是蒂利希文化神学的内在蕴含，因为在蒂利希广义的宗教视野下，狭义的诸宗教恰恰成为一种文化形式，人类社会存在诸种宗教显示了人类某种超越性的终极关切，而诸种宗教之间的对立压制同时显示了人类有限性的悲惨命运。诸种宗教一方面试图对人类困境给予回答，另一方面其历史也揭示了作为人类困境的问题本身。正如 1965 年蒂利希在其生前所做的最后一场演讲中所言，"宗教陈述之普遍性并不存在于一种会摧毁宗教本身的统揽万象的抽象之中，而是存在于每一种具体宗教的深层。"[41]神学家的任务就是运用呈现于具体历史之中的传统宗教的材料，分析其中显露的神学工作者以及整个人类的实存经验与处境问题，发掘传统宗教现象和宗教概念与这些经验和问题的联结，并通过尝试将其安放在当前的宗教与文化处境之中重新阐释这些现象与概念，力图为当前处境蕴含的问题提供一种回答和一种"新的真理元素"。

　　总之，通过以上对蒂利希人生经验的简单勾勒，可以发现无论是在其早年，还是在其由两次世界大战构成的两次人生转折点前后，抑或是在其晚年，宗教与文化的关系始终是蒂利希人生与思想的重心。正如德国蒂利希研究专家维尔纳·叔斯勒所言："蒂利希的思想是（文化神学）这个纲领的现实体现"[42]，在对实存处境的敏锐感知、抽象概括和辩证分析中，文化神学则成为蒂利希整全人生经验的思想呈现。

---

39 蒂利希访问日本的情况，可以参考 Tillich P. *Paul Tillich - Journey to Japan in 1960* [M]. Edited by Danz C, et al. Boston: De Gruyter, 2013. 该书对蒂利希日本之行的行程、演讲、对话及相关信件都进行了整理收录，并且其中的介绍性部分甚至透露了蒂利希在私人时间的一些活动安排及相关人士的看法，可以为我们提供一种关于蒂利希的比较立体化的形象。

40 Tillich P, On the Boundary Line [J]. *Christian Century*, 1960, 77 (49): 1435. 转引自 Tillich P. *Paul Tillich - Journey to Japan in 1960* [M]. Edited by Danz C, et al. Boston: De Gruyter, 2013: 1.

41 Tillich P. The Significance of the History of Religions for the Systematic Theologian, in *The Future of Religions* [M]. Edited by Brauer J C. New York: Harper & Row, 1966: 94.

42 [德]维尔纳·叔斯勒，《蒂利希：生命的诠释者》[M]，开封：河南大学出版社，2011年，第 12 页。

第二节 神学背景：综合的兴起与掉转

蒂利希的文化神学提出于第一次世界大战结束之后的 20 世纪初期。尽管文化神学理念的提出带有应对战后具体时代危机的神学使命。但是，如果从更为广阔的问题视角看，文化神学不仅仅是神学面对战后世界的应激反应，而是从基督教神学的角度提出的对于宗教与文化关系的一种处理策略。当代神学家葛伦斯（Stanley J Grenz）和奥尔森（Roger E Olson）曾指出"只要将焦点集中于超越性和临在性，就等于已经掌握住观察本世纪（20 世纪）神学中心思潮分分合合的关键。"[43]这种论断无疑显示出两位学者的审慎和谦虚，实质上，如果从基督教所接受的上帝在"万有之上"又"充满万有"的本性出发，那这种悖论式的、充满张力的认识所导致的必然后果就是宗教与文化的关系问题成为基督教神学所不得不处理的根本性问题。无论在任何时候，宗教神学对上帝本性不同侧面的强调都会导致宗教与文化关系上的震动，"过度强调超越性的后果，使神学与它面对的文化环境失去交集；而过度强调临在性，也会使神学受制于某些特定的文化。"[44]

当然，在这里我们要关注的并非整个基督教历史上宗教与文化之间的纠缠，虽然这种纠缠贯穿于基督教发展的各个时期，与理性与信仰的关系、上帝之城与世俗之城的关系等各式各样的讨论交织在一起。但必须意识的是，蒂利希本人是一战的参与者，而其文化神学的理念在一战结束后就旋即提出。如果将一战作为 20 世纪及 20 世纪神学的起点的话，那毫无疑问，我们可以往前追溯这种文化神学所赖以生发的 19 世纪的德国神学土壤。并且，宗教与文化关系的处理本身就是 19 世纪基督教神学的重点。相较于 18 世纪，19世纪神学之"新"关键在于"使得在启蒙运动中分道扬镳的科学与信仰、知性和思辨又和好了"[45]，而这种"和好"实质上反映出神学家在宗教与文化之间所作的调和与平衡。因此，在这一部分，我们将简要考察 19 世纪前后基督教神学的主要态势，将蒂利希的文化神学置于更加广阔的背景下加以讨论，因

---

43 [美]葛伦斯、奥尔森，《二十世纪神学评介》[M]，刘良淑、任孝琦译，上海：上海三联书店，2014 年，第 2 页。

44 [美]葛伦斯、奥尔森，《二十世纪神学评介》[M]，刘良淑、任孝琦译，上海：上海三联书店，2014 年，第 2 页。

45 [德]潘能伯格，《近代德国新教神学问题史：从施莱尔马赫到巴特和蒂利希》[M]，香港：道风书社，2010 年，第 10 页。

为"伟大的神学家并不总是要通过第一次世界大战这种扭曲的视角才能得到解读。"[46]

一、19 世纪前的新教神学态势：隐秘的平衡到显性的分裂

19 世纪新教神学是其母亲宗教改革的产儿。肇始于宗教改革的基督新教一开始带有宗教与文化的巧妙平衡。从某种程度上，宗教改革秉持的"因信称义"和"唯独圣经"两大原则就体现了这种微妙的平衡。"因信称义"与"唯独圣经"毫无疑问是 16 世纪以路德为代表的宗教改革者所秉持的并对之后基督教历史发展产生直接影响的重要原则。"因信称义"在于表明信仰是人获得恩典的渠道，而不是原因。信仰不能被视作人类获得恩典所需的"善功"，否则就与宗教改革的基本精神背道而驰。"唯独圣经"也并不意味着平信徒可以直面圣经作出任意的解释，并不意味着用个体的判断取代集体的判断。相反，主流的宗教改革家希望用圣经的权威取代教会的权威，而不是取消权威，希望用传统教父的圣经解释取代当时教会的圣经解释，而不是否认传统。"事实上，改教家关注的是如何除掉对圣经见证的人为增添或歪曲。'圣经的传统解释'这一观念，完全受到宪制的改教家所接纳，只要这传统的解释有合理的支持。"[47]因此，也就不难理解蒂利希所言："在宗教改革时期，是神学建筑的下层对上层的反叛"[48]，亦即一种基于理性的"自然神学"对"启示神学"的反叛。总的来说，在以马丁·路德为代表的宗教改革家那里，上帝"隐藏在自己威严中"[49]，"上帝必须在祂自己的威严中自由自在，从这点考量，我们与祂无关，祂也没有定意让我们与祂的这部分有任何关联。"[50]对此，我们的理性应该保持缄默，而不是去妄加揣测，"至高无上之上帝的密旨，不

---

46 Chapman M D. *Ernst Troeltsch and Liberal Theology: Religion and Cultural Synthesis in Wilhelmine Germany* [M]. Oxford: Oxford University Press, 2001: vii. 转引自 Re Manning R. *Theology at the End of Culture: Paul Tillich's Theology of Culture and Art* [M]. Leuven: Peeters, 2005: 10.

47 [英]阿利斯特·麦格拉思，《宗教改革运动思潮》[M]，北京：中国社会科学出版社，2009 年，第 149 页。

48 蒂利希，《基督教思想史：从其犹太和希腊发端到存在主义》[M]，尹大贻译，北京：东方出版社，2008 年，第 279 页。

49 [德]马丁·路德，《论意志的捆绑》//路德文集中文版委员会，《路德文集》（第二卷）[M]，上海：上海三联书店，2005 年，第 418 页。

50 [德]马丁·路德，《论意志的捆绑》//路德文集中文版委员会，《路德文集》（第二卷）[M]，上海：上海三联书店，2005 年，第 417 页。

是应辩论之事。"[51]平信徒能做的只有"因信称义",亦即保持对上帝恩典的开放性。但主流的宗教改革家所呼吁的并非狂热的信仰甚或是一种迷信。在对上帝的意志不妄加揣度之时,信徒必须关注上帝为人类外显的耶稣基督事件,必须依据圣经的见证以及作为神学传统与文化遗产而被保留下来的传统教父(尤其是奥古斯丁)对于圣经的合理阐释。就此而言,在文化上宣称"回到本源"的人文主义与宗教改革可以视作同路人,他们一道克服了中世纪基督教的僵化与贫瘠,通过研读圣经,借鉴文化传统而赋予基督教一种更具活力的形式。因此,如果说"因信称义"的原则更多地确立了宗教本身特有的超越性质,那"唯独圣经"的原则无疑为文化留下了空间。在这个空间中,一种内向化的个人信仰拒斥教会的权威,而企图在文化遗产中寻求对自身信仰更为合乎传统与合乎理性的支持。

但是,自然神论的出现打破了宗教与文化之间的微妙平衡,而使两者的关系逐渐显性化。自然神论构成了17-18世纪基督教神学的鲜明特征,尽管它在接受范围和人数上并非主流,甚至被贵族阶级视作只是坚持了一种粗陋简单的理性。[52]但是,正是它对理性和文化,尤其是科学文化的尊崇使其从根本上改变了基督教的发展进程,其表现就在于文化逐渐从宗教的统摄下分离出来,甚至成为宗教建基的基础。总的来说,16世纪的宗教改革依然根植于上帝的启示,宗教改革相较于人文主义的一大特点就在于它更关注于文化传统中阐明的观念本身,而非观念的表达。因此,宗教改革者的目标在于发掘上帝透过圣灵呈现于圣经之中的特殊启示。而自然神论则将关注点放在了人类的精神和人类的理性能力之上。之所以出现这种关注的转向,原因在于时代文化氛围的转变。17世纪是理性主义兴起和发展的时代,理性作为认识工具,其背后承载着寻求普遍性和确定性的目标和诉求。这种目标和诉求突出地表现在近代科学和哲学以及由此兴起的文化运动之中。17世纪近代科学得到了飞速的发展,一个个科学家,如开普勒、伽利略、惠更斯、牛顿等等都在那个时代留下了光辉的色彩,他们通过实验观察,通过理性思考,敢于向旧权威提出质疑,不断追寻着自然当中的普遍性和确定性。而在哲学当中,无论是经验论哲学

51 [德]马丁·路德,《论意志的捆绑》//路德文集中文版委员会,《路德文集》(第二卷)[M],上海:上海三联书店,2005年,第423页。

52 像敬虔主义、清教运动依然继承之前宗教改革的遗产并加以更新完善,从而具有广泛的影响力。

（比如，培根提出"新工具"，弃绝"假象"，寻求"真相"），还是唯理论哲学（比如，笛卡尔通过普遍怀疑寻找不可怀疑的起点），都以寻找普遍性、确定性作为自己哲学的重要目标。而启蒙运动的兴起更是使之成为弥漫于整个社会的文化氛围。但是，在 16 世纪宗教改革之后，自然神论兴起之前，这种普遍性和确定性并没有出现在神学上。因为"宗教改革运动虽然动摇了罗马教会和教皇的权威地位，但它却把《圣经》和信仰确立为检验一切真理的绝对标准。"[53]但是，值得注意的是，信仰是充满激情，甚至可能是盲目的，而《圣经》也是有待进一步解释的，并且是可能存在不同解释的，所以宗教改革运动客观上导致了各种教派和教义的出现，甚至成为欧洲长期战争的导火索。所以说，自然神论是面对神学中存在的不确定性、不普遍性，在近代科学和哲学中出现的寻找确定性和普遍性的精神氛围影响下出现的一种思潮，它不单是当时神学状况作用的结果，更是时代文化的产物。宗教，就像自然神论者宣称的那样，"上帝要求我们认识、信靠、承认和实践的，其本身一定是合乎理性的事业。"[54]从这种角度看，宗教逐渐丧失了塑造文化的地位，文化，尤其是当时科学与哲学当中推崇的理性要素，反而成为宗教信念的试金石。在这种境况之下，宗教与文化冲突甚至对立就变得难以避免，法国启蒙思想家运用启蒙理性对宗教的大加挞伐无疑将这种冲突和对立搬上台面，康德这位启蒙的巨匠虽然更为保守，但也只有在理性的道德需要时才将宗教拿来补充。因此 19 世纪宗教面临的一大课题便是如何回应文化甚至如何确立或修复自身与文化的关系。

二、施莱尔马赫：综合的兴起

19 世纪的神学在自然神论和启蒙运动的刺激下展开了综合之路。施莱尔马赫可以说是这条道路的"开路人"。他于 18 世纪最后一年（1799 年）发表的《论宗教》预告了 19 世纪神学整体态势。实际上，其副标题"对蔑视宗教的有教养者的讲话"就明确显示出 19 世纪初基督教神学所面临的态势——当时的神学家必须回应自启蒙运动以来弥漫于整个社会之中的理性文化氛围，

---

53 赵林，《英国自然神论的兴衰》（代序）//[美]格雷汉姆·沃林著，《自然神论和自然宗教原著选读》[M]，李斯、许敏译，武汉：武汉大学出版社，2007 年，第 2 页。
54 [英]马修·廷得尔，《基督教与创世同龄》[M]，李斯译，武汉：武汉大学出版社，2006 年，第 5 页。

抛弃像自然神论以及泛神论、道德神学等建基于理性文化基础之上的带有依赖性的神学范式，而去重新寻找宗教的独立性地位。基于此，施莱尔马赫之所以被视为"现代神学之父"，之所以被认为创造了现代神学的典范就在于他直面 17-18 世纪宗教逐渐依附于文化的趋势，开始思考秉持现代文化的人类如何继续葆有宗教信仰以及应该葆有何种宗教信仰，利用神学各因素去建构一个综合体系，而不是回到正统神学的传统仅仅在理论上做出些许修改[55]，他期望"一个新的宗教典范再次以其宗教性而非形而上学和道德的形式进入到现代人的精神生活之中。"[56]

在施莱尔马赫看来，宗教的本质在于对宇宙的直观（或者其在后期著作中提出的"绝对依赖感"）。这种直观并非像科学观察物理宇宙一样表达一种认识上的途径，而在于说明有限的人类对无限的渴望与寻求，以及在这种渴望和寻求中达至的"对超越于主体的客体的东西的直接认知，对在我们之内的任何事物的根据的直接认知。"[57]宇宙作为上帝的代名词无时不刻地以一种动态的、活生生的方式向我们展示自身，而现时的宗教就在于"把世上的所有事情展示为一个上帝的行为……它表达出了宗教同一个无限的整体的关系。"[58]同时，由于直观本身所带有的个别性、特殊性和具体性，因此，"如果你们上千个人能够拥有这样的宗教直观，那么每个人无疑都会得到不同的轮廓。"[59]面对这种宗教直观的多样性，施莱尔马赫也提醒宗教信仰者"你们不能说，你们的视域也是包罗万象的最宽阔的，在此视域的彼岸再也不能直观到什么了，或者说你们的眼光是最锐利的，在此视域内没有什么能够逃脱它。你们发现不了任何的界限，你们也不会思想。宗教适合于一个比此还要宽阔，还要更高的感官中。"[60]施莱尔马赫这里的提醒具有两重意义：一方面对于宗教信仰者个体而言，要意识到自身直观视域的有限性并且始终对无限保持开放，视域的单调会掩盖掉神性的丰满；另一方面，对于特定的宗教信仰群体或者某一宗教来

---

55 蒂利希，《基督教思想史：从其犹太和希腊发端到存在主义》[M]，尹大贻译，北京：东方出版社，2008 年，第 342 页。

56 邓安庆，《中译本导言》//[德]施莱尔马赫，《论宗教》[M]，邓安庆译，北京：人民出版社，2011 年，中译本导言部分第 30-31 页。

57 蒂利希，《基督教思想史：从其犹太和希腊发端到存在主义》[M]，尹大贻译，北京：东方出版社，2008 年，第 346 页。

58 [德]施莱尔马赫，《论宗教》[M]，邓安庆译，北京：人民出版社，2011 年，第 34 页。

59 [德]施莱尔马赫，《论宗教》[M]，邓安庆译，北京：人民出版社，2011 年，第 36 页。

60 [德]施莱尔马赫，《论宗教》[M]，邓安庆译，北京：人民出版社，2011 年，第 36 页。

讲，要始终意识到历史中的宗教的具体性，而不是寻求抽象的普遍性以致教派间以及宗教间的相互争论指责甚至冲突迫害。

基于这样一种宗教观，施莱尔马赫实际上抛弃了 17-18 世纪将宗教理性化和道德化的老路，开启了 19 世纪宗教与现代文化的综合。一方面，克服了自然主义和超自然主义的区分。在无限呈现于有限之中，在上帝出现在人的意识之中这层意义上讲，自然主义和超自然主义的区分变成了直观上的不同，超自然事件或者所谓的"自然事件"都是人类对上帝在宇宙中的临在的体认，人们并不能像自然神论者一样把凡是看似不合理性的事件都视作宗教的敌人而抛弃掉，也不能像某些启蒙运动者一样进一步将此视作骗术而加以斥责。重要的不是自然与超自然的划分，而是要将自然和历史中发生的一切事情都视作神的作为。另一方面，更重要的是，克服了宗教对文化的依赖并将两者综合起来。施莱尔马赫明确表示"并不排斥伦理，也不排斥哲学，毋宁说，正是由于伦理和哲学，才使我参考你们固有的经验——人的思想和追求（据称这也是要以伦理和哲学为准的）引出了一个环绕于他的紧密圆圈，他的最高之物就是被封闭在这个圆圈之中，对他而言，在这个圆圈之外的所有东西都显得是平庸的和不重要的。"[61]在这种意义上，伦理学、哲学等诸种文化形式恰恰是人类直观无限的一种方式，恰恰展示了这些有教养、有文化的人独特的直观视域。但是，并不能将这种文化形式等同于宗教本身，部分只是整体的一部分，任何企图将宗教受制于某种知识体系或道德体系的尝试都将沦为一种迷信，任何一种抽象的体系化的建构都将与实在的宗教相距甚远，"宗教是一切自明不凡和片面性的唯一死敌。"[62]

总之，在施莱尔马赫那里，宗教的精髓并不在于提供关于上帝的理性证据，也不在于为道德行动提供保障，自然神论和道德神学并没有揭示宗教的本质。对于施莱尔马赫的宗教观念，蒂利希亦有精辟的总结，在他看来，"施莱尔马赫的宗教概念的否定方面是认为，宗教从本质上说不是思考，也不是行为。它的肯定方面则认为，宗教……是在一个人的自我中对无条件的东西的直接意识。"[63]蒂利希之所以称施莱尔马赫为神学领域内的"伟大的综合者"，关键就在于施莱尔马赫对宗教的重新阐释并没有否定经由启蒙运动所塑造的

61 [德]施莱尔马赫，《论宗教》[M]，邓安庆译，北京：人民出版社，2011 年，第 38 页。
62 [德]施莱尔马赫，《论宗教》[M]，邓安庆译，北京：人民出版社，2011 年，第 39 页。
63 蒂利希，《基督教思想史：从其犹太和希腊发端到存在主义》[M]，尹大贻译，北京：东方出版社，2008 年，第 356 页。

诸种文化，而是将其视作宗教精神展示的场域。同时，宗教又不等同于文化，它被认为是"一种充分的、全面完善的人之存在除了知识和行动之外不可或缺的和独立的主题"[64]，一个既不依赖于理论理性，也不依赖于实践理性，而是诉诸于一种直观，诉诸于一种来自心灵深处的对无限的直接感受。就此，宗教重新在现代文化中获得了独立的地位，传统的宗教不必固守僵死的教条和仪规，毕竟这些东西只是记录和反映了前人对上帝的经验及其模式，而不是上帝本身，重要的是借之唤醒处于现代文化之中的人类心灵对上帝的直观和感受，而不是将之作为现代心灵的枷锁辖制它们对上帝个体化的、独立的渴望和追寻。因此，宗教应该与现代文化始终处在综合调试之中，当一些陈规教条无法唤醒对上帝的直观和感受时，就应该被重释或抛弃。总之，在一种无限出现在有限之中这种"神秘主义"深层结构上，宗教与诸种文化形式保持着协调而不是冲突。

三、利奇尔与哈纳克：综合的掉转

如果说施莱尔马赫是 19 世纪新教主流，即面向现代文化进行神学建构的自由神学的奠基者，那所谓自由神学及其学派的盛行则要归功于阿尔布雷赫特·利奇尔（Albrecht Ritschl）和阿道夫·哈纳克（Carl Gustav Adolf von Harnack）等人。尽管施莱尔马赫和利奇尔、哈纳克等神学家都被视作自由主义神学的代表人物，但后面两位并没有沿着施莱尔马赫的综合之路继续前行，甚至采取了一种保守分离的策略。虽然利奇尔、哈纳克也认同施莱尔马赫所说，无限的上帝彰显在有限之物中，尤其通过耶稣基督的启示而为人所感知。但在施莱尔马赫眼中，耶稣基督的独特性在于"他具有绝对强有力的上帝意识（God-consciousness）"[65]，他始终处于对上帝的绝对依赖感之中，始终在有限之中直观到无限。援引施莱尔马赫之前在《论宗教》中的诗意描述，耶稣始终能够直观到上帝如同"最崇高的艺术作品的一个永无止境的画廊，通过千万面光辉的镜子而永远无限倍增。"[66]耶稣基督的最终目的在于"借着他的生与死，吸引信徒融入他自己的神（上帝）的意识所散发出的力量，并且把这种意识加

---

64 [德]潘能伯格，《近代德国新教神学问题史：从施莱尔马赫到巴特和蒂利希》[M]，香港：道风书社，2010 年，第 51 页。

65 Schleiermacher F. *The Christian Faith* [M]. Edited by Paul T. Nimmo. London: Bloomsbury Academic, 2016: 367.

66 [德]施莱尔马赫，《论宗教》[M]，邓安庆译，北京：人民出版社，2011 年，第 102-103 页。

在信徒身上。"[67]但是，在利奇尔和哈纳克那里，耶稣基督更多成为了伦理道德上的典范，而缺乏施莱尔马赫所说的具有强有力的上帝意识的耶稣基督所达到的一种超越主体与客体，有限与无限合一的本体上的理解。原因就在于利奇尔与哈纳克从一开始就走上了"回到康德"的路子。

"回到康德"首先意味着接受人类的有限性，为人类的各种活动划界。在利奇尔看来，科学、哲学（尤其是哲学当中对上帝存在的各种证明）等文化形式与宗教的关键不同在于：前者是一种客观中立的事实判断，后者是一种带有立场的价值判断，"关于宗教事物的每一种认知都是关于价值的一种直接判断。"[68]基于这种理解，利奇尔认为宗教、神学的目的在于阐明上帝对人类的影响，并以此为基础建构一套价值判断体系，帮助人类达至至善之境。在他看来，上帝就是爱，而上帝之国就是通过爱而结合起来的全人类，基督宗教的整个目的就在于藉着作为人类至善之代表并完成上帝之国在历史中之体现的耶稣基督，凭借"他作为强有力的道德形象，不断为属于上帝之国的团体灌注活力"[69]，进而再一次将上帝之国呈现出来。哈纳克也持有类似的观点，在他看来，"福音"是基督教的精义所在。那关乎父神，借由耶稣宣讲的"福音"，在于"经由耶稣为我们打开的人类合一的希望，这种合一，不是通过任何法规戒令，而是通过爱的诫命，在爱之中，已有一人以温柔战胜了仇敌。"[70]总之，基于事实判断和价值判断的区分，利奇尔、哈纳克等人再次将宗教与文化尤其是与科学文化拉开，通过将基督宗教视作一种独特的价值体系赋予其现代社会生活中的地位。两人的方案更多地将基督宗教嵌入日常生活，并且认为基督教可以为人们的具体行动提供指导，从而规避掉了人们对基督教只关心"天国"而忽视世俗生活的批评，因而在19世纪末产生了极为广泛的社会影响。

但是，他们抛弃了关于诸如上帝、耶稣之本性等问题的讨论，同时还宣称这些形而上学的讨论与作为价值判断体系的基督教关系不大，这又使人不禁怀疑传统的基督教信息能在两人的方案中保留多少。正如蒂利希所说，利

67 [美]罗杰·奥尔森，《基督教神学思想史》[M]，吴瑞诚等译，上海：上海人民出版社，2014年，第570页。

68 Rtischl A. *The Christian Doctrine of Justification and Reconciliation* [M]. Translated by Mackintosh and Macaulay. Edinburgh: T. & T. Clark, 1902: 398.

69 Richmond J. *Ritschl: A Reappraisal* [M]. London: Collins, 1978: 203.

70 Harnack A. *What is Christianity* [M]. Translated by Saunders T B. New York: Harper & Row, 1957: 113.

奇尔、哈纳克自一开始要"回到康德"，就意味着对 19 世纪初便初露锋芒的施莱尔马赫的综合路径的反叛。因为神学上"回到康德"便意味着人首先将自身限制在有限性之内而不要企图爬到神的地位，然而"大综合的企图最后是神秘主义的产物，是神与人之间的同一性的产物。因此，这个'回到康德去'的运动极端敌视一切神秘主义的形式，包括经验神学的形式，因为在施莱尔马赫的宗教意识观念和其他形式的经验神学中都有神秘主义的因素存在。"[71]

以利奇尔、哈纳克为代表的新教自由主义者的退回，再次使得宗教的功能仅仅局限在使道德成为可能。当他们勇敢地将历史方法运用于基督教圣典仪规之上时，也仅仅是在挖掘和储存其中的道德因素。回到我们最初面对的问题，宗教应如何面对现代文化？利奇尔、哈纳克等人的回避分离策略，是企图使宗教依附于道德这种文化形式，而与科学、哲学等文化形式保持距离，互不干涉的策略。但就像新正统派神学家理查德·尼布尔对这种天真的乐观精神的批评："没有忿怒的神，藉着没有十字架的基督的事奉，把没有罪的人，领进没有审判的国度。"[72]

当这些自由神学家将基督教降格为一种道德生活来取代基督教面对现代文化所要做出的变革时，一种危机和悲观便在一些神学家那里油然而生：在一种愈来愈推崇人类自律的现代文化中，道德是否还需要宗教提供指导和保障？这样一种建基于道德或降格为道德的宗教形态如何应对道德文化的潮起潮落，是否会直接湮没于文化大潮之中？蒂利希在对利奇尔神学进行评介时，也深切地表达了这种不安："当我们祈祷的时候，我们通常以'全能的上帝'开始我们的祈祷。在这样做时，我们立刻就把能力和权力归于上帝。"[73]在他看来，这种宗教的超越维度在利奇尔神学中难觅踪影而成为其神学体系最薄弱的环节。而在悼念哈纳克去世的纪念文章中，蒂利希也指出："哈纳克所谓的基督教的本质中，具有决定性意义的是自然与道德生活的区分，而不是自然与超自然世界的区分。它并不依赖于被拣选的共同体，而是依赖

---

71 蒂利希，《基督教思想史：从其犹太和希腊发端到存在主义》[M]，尹大贻译，北京：东方出版社，2008 年，第 446 页。

72 Niebuhr R. *The Kingdom of God in America* [M]. New York: Harper and Row, 1959: 193.

73 蒂利希，《基督教思想史：从其犹太和希腊发端到存在主义》[M]，尹大贻译，北京：东方出版社，2008 年，第 448 页。

于每一个独立的人类灵魂的价值……重要的并非是最后的救赎，而是爱以及由爱而来的公义。它（哈纳克所谓的基督教）彻彻底底地变成冷静、理性和此世的了。"[74]实质上，"哈纳克调和基督宗教与文化的努力最终导致了将基督教的本质直接等同于盛行的文化风气"[75]，给盛行的人文主义道德观念披上了一层基督教色彩的外衣。蒂利希对此种做法不无尖锐地指出，"在那个时候，它们对许多人有意义"，但是，"它没有真正的系统神学。"[76]对此，一种强调神与人的差别，强调上帝的启示，而非现世之文化的新正统神学，作为对此种神学进路的一种反抗，将开启 20 世纪神学的大幕并逐渐成为主流。

总之，19 世纪的新教神学在一方面需要于现代文化中保持自身的独特地位，另一方面又要与现代文化和平共处的整体态势下，经由施莱尔马赫拉开了宗教与文化综合调解的帷幕。尽管蒂利希在 20 世纪初明确提出的文化神学将会继承这一遗产，但是，施莱尔马赫的路径显然并不能令其满意。在蒂利希写于 1923-1924 年之间的一篇名为《施莱尔马赫和在情感中把握神性》[77]（*Schleiermacher und die Erfassung des Göttlichen im Gefühl*）的手稿中，蒂利希在手稿的第二部分总结了施莱尔马赫《论宗教》的主要内容，紧接着在"阐释"部分就涉及到他对施莱尔马赫方案的忧虑。在他看来，首先，施莱尔马赫"宇宙"的概念是模糊不清的；其次，对于这样一种作为宗教"情感"的对象，可以理解为"无限""整全"的"宇宙"概念，"一种纯粹的美学理解将是不可避免的。"[78]一方面这与施莱尔马赫时代浪漫主义思潮对美学的重视有直接的关联。同时，由于"施莱尔马赫关于上帝教义的康德式的不可知论的立场，使得他很难在宗教的和美学的之间做出区分，结果是他的神学很容易滑向

---

74 Tillich P. Adolf von Harnack: Eine Würdigung Anlässlich Seines Todes. In *Gesammelte Werke (Band XII)* [M]. Edited by Albrecht R. Stuttgart: Evangelisches Verlagswerk，1971: 161.

75 Re Manning R. *Theology at the End of Culture: Paul Tillich's Theology of Culture and Art* [M]. Leuven: Peeters, 2005: 38.

76 蒂利希，《基督教思想史：从其犹太和希腊发端到存在主义》[M]，尹大贻译，北京：东方出版社，2008 年，第 452-453 页。

77 Tillich P. *Ergänzungs Und Nachlassbände Zu Den Gesammelten Werken (Band X)* [M]. Edited by Albrecht R, et al. Belin, New York: De Gruyter, Evangelisches Verlagswerk, 1999: 375-386.

78 Tillich P. *Ergänzungs Und Nachlassbände Zu Den Gesammelten Werken (Band X)* [M]. Edited by Albrecht R, et al. Belin and New York: De Gruyter, Evangelisches Verlagswerk, 1999: 384.

一种美学的神秘主义。"[79]；更重要的是，在施莱尔马赫那里，宗教"就像美学一样，是由那些向它敞开自己的人直接体验到的。由此，所有的历史联系都被推到一边。"[80]一方面这使得宗教从权威之中解放出来，但另一方面也挤压到了宗教传统的位置。这再一次让人们的思绪退回到初始的状态，即古老的基督教信息与现代文化的关系究竟如何，它在现代文化当中究竟能保存多少。当然，蒂利希也不会接受利奇尔和哈纳克等人"回到康德"的路径，就像之前谈及的，这种路径一开始就带有将宗教与科学、哲学等诸多文化形式分离的属性，但是在蒂利希看来，"了解康德就意味着超越康德"[81]，他必然要走上宗教与文化的综合之路。

79 Re Manning R. *Theology at the End of Culture: Paul Tillich's Theology of Culture and Art* [M]. Leuven: Peeters, 2005: 52.

80 Tillich P. *Ergänzungs Und Nachlassbände Zu Den Gesammelten Werken (Band X)* [M]. Edited by Albrecht R, et al. Belin and New York: De Gruyter, Evangelisches Verlagswerk, 1999: 385-386.

81 蒂利希，《基督教思想史：从其犹太和希腊发端到存在主义》[M]，尹大贻译，北京：东方出版社，2008 年，第 446 页。

第二章　蒂利希文化神学的发展

第一节　蒂利希早期文化神学思想

蒂利希于 1919 年在柏林大学的康德学会讲座中第一次提出"文化神学"的观念。这次讲座是其一战后第一次就自己的思想发表公开演讲，并且一战作为随军牧师的经历确实为其心灵带去了极大的震撼和创伤，使其从天真的爱国主义者和人性的乐观主义者的身份中脱离出来。就这一点而言，有些研究者将蒂利希在战后不久提出的文化神学视作一种"救世的方案"或者面对危机的"入世参政"[1]，确实不可谓不正确。但是，通过对蒂利希提出文化神学思想之前的背景分析，我们认为北美蒂利希学会的前主席曼宁先生提供了更为精准的论断，在他看来，蒂利希文化神学的计划是"对第一次世界大战之前的新教神学之破产的克服。"[2]实质上这里所说的"破产"指的就是以施莱尔马赫和利奇尔与哈纳克为代表的神学路径的破产，其破产要么表现为宗教的孤立，为宗教划定不可越出同时也隔绝文化批判与参与的界限，或者表现为宗教的淹没，以一种实证主义的方式将宗教视作为人类文化（比如道德）所设下的工具。之所以认为这种论断更为精确，除了思想史背景的缘故，还因为：一方面，从蒂利希《论文化神学的理念》的整个文本看，他并未在其中强调一战对

1　陈树林，《危机与拯救——蒂利希文化神学导论》[M]，北京：人民出版社，2004年，第 46 页。

2　Manning R R. *The Cambridge Companion to Paul Tillich* [M]. Cambridge University Press, 2009: 155.

其文化神学观念提出的促动因素，他关注的是整个神学的发展方向和架构，我们不必过度地揣测和解读；另一方面，蒂利希对神学的功能具有独特的定义，在蒂利希眼中"神学按照它的定义就是调解的"[3]，不从事"调解"活动的神学和神学家，就不是真正的神学和神学家。而这种"调解"就意味着促成宗教和文化之间的综合，在传统信仰和现代思想之间找到平衡，而不是简单地重复传统；更为基本的是，这样一种神学观建立在其对人类科学的总体划分上，而这实际上也是蒂利希在提出文化神学的观念前所作的预备性工作。因此下文也将按照蒂利希的思路，依据蒂利希《论文化神学的理念》《诸科学体系》[4]等早期作品来说明在其早期文化神学思想中宗教的地位，宗教与文化的关系处理，以及在此定位下，一种文化神学所要承担的任务。

一、科学的分类

（一）经验科学与文化科学

在《论文化神学的理念》讲座中，蒂利希并没有一上来就去界定什么是文化神学，而是首先谈及他对整个科学的划分。在他看来，科学至少可以划分为两种，一种是经验科学，一种是文化科学。两者划分的依据在于它们对"立场"（standpoint）的态度上。在经验科学中，"立场"是应该摒弃的东西，其真假由客观的事实决定，而在系统的文化科学中，"系统思想家的立场本身就是事物本身……（文化科学）要么是一种立场的表达，要么是一个无用的外壳。"[5]因此，抽象的普遍概念对于文化科学来说是不必要的，也是不可能的。就像蒂利希所指出的那样，任何宗教或艺术都不能以抽象的方式来体验，因为它总是在历史中以一种具体的形式呈现出创造性，也由此不具有像经验科学那样严格意义上的真假之分。

但是，文化科学也并非一个人的任性独语。虽然其中的立场往往通过个体得到具体的表达，但是个体处在不同的精神圈子之中，这个精神的圈子又被其历史上的创造以及其他精神圈子所环绕，由此"最个人的立场牢牢地植根于

3　蒂利希，《基督教思想史：从其犹太和希腊发端到存在主义》[M]，尹大贻译，北京：东方出版社，2008 年，第 441 页。

4　Tillich P. *The System of the Sciences: According to Objects and Methods* [M]. Lewisburg: Bucknell University Press, 1981.

5　Tillich P. *Visionary Science: A Translation of Tillich's "on the Idea of a Theology of Culture," with an Interpretive Essay* [M]. Translated by Nuovo V. Detroit: Wayne State University Press, 1987: 19-20.

客观精神（objektiver Geist, objective spirit）的土壤之中。"[6]在其中，个人立场一方面意识到了一种历史凝固下来的精神实在的普遍形式，一方面也觉察到自身身处具体-客观的边界而越来越被其限制，换句话说，这将导致立场的逐渐僵化。一种新的立场只有经由普遍形式和具体内容的创造性"自我设定"（self-positing），才能得以生发。对于这样一个过程，研究者维克多·诺沃（Victor Nuovo）根据黑格尔"客观精神"的概念以及费希特"自我设定"的概念点出蒂利希在这里可能受到德国观念论传统中知识体系划分的影响。但是诺沃对此也并不肯定，因为他认为蒂利希只是在很宽泛的意义上使用这些词。比如，他认为蒂利希在这里所说的"客观精神"实际上就是文化的同义词。[7]

　　蒂利希这里的划分以及对文化科学的形成过程的概括似乎更直接来源于其神学上的老师马丁·卡勒（Martin Kähler）和特洛尔奇的影响。卡勒是蒂利希在哈勒大学时最为崇敬的老师，他在校时就曾向周边朋友力荐该老师的课程[8]，并且认为卡勒是 20 世纪神学的"先知式先驱"[9]。其之所以这样评价在于卡勒在其代表作《所谓历史的耶稣与历史上圣经中的基督》（*Der sogenannte historische Jesus und der geschichtliche, biblische Christus*）中对"历史上的耶稣"和"信仰上的基督"作了区分。这种区分拒斥了一些自由主义神学家过分注重耶稣生平的历史考究，将耶稣基督还原为历史呈现的某种典范的做法，认为对历史上的耶稣的探寻和批判并不会影响信仰上的基督。他认为基督教信仰不可能建基于对耶稣的历史记载上，当时耶稣的门徒对耶稣都信心不足，况且福音书中的记载本身就是以信仰为基础的记录，而不能作为纯粹的史料参考。相反，基督徒的信仰是透过世代门徒所宣讲的基督而来的。对于基督宗

6　Tillich P. *Visionary Science: A Translation of Tillich's "on the Idea of a Theology of Culture," with an Interpretive Essay* [M]. Translated by Nuovo V. Detroit: Wayne State University Press, 1987: 20.

7　维克多·诺沃是蒂利希《论文化神学的理念》这篇演讲的译者。在该演讲的译文之后，诺沃附上了对该演讲极为详尽的个人解读。相关观点参见 Tillich P. *Visionary Science: A Translation of Tillich's "on the Idea of a Theology of Culture," with an Interpretive Essay* [M]. Translated by Nuovo V. Detroit: Wayne State University Press, 1987: 60.

8　Pauck W, Pauck M. *Paul Tillich, His Life & Thought (Vol.1): Life* [M]. New York: Harper & Row, 1976: 19.

9　蒂利希，《基督教思想史：从其犹太和希腊发端到存在主义》[M]，尹大贻译，北京：东方出版社，2008 年，第 445 页。

教和神学而言，重要的是关注宣讲的基督以及其对信徒信仰的激发，而不是耶稣的生平历史。蒂利希在其演讲中对科学的两分法典型地带有卡勒这种区分的影子。在他看来，将历史批判运用于圣经之上确实有可能进行一种事实考察，比如，对于耶稣的活动，或者某些经卷的作者究竟是谁，即便现在没有定论，但作为一种经验科学的考察，它确实具有真假之分。相反，信仰中的基督作为文化科学当中的一个范畴，则不能简单地定义真假，而更应该关注其在历史中的具体呈现。另外，特洛尔奇也被蒂利希视作自己特殊的老师，其后来出版的《诸科学体系》一书就直接点明纪念特洛尔奇。但从《论文化神学的理念》这一更早的文本中，我们就可以发现特洛尔奇对其的影响。特洛尔奇早在1906年出版的《新教对现代世界形成的意义》[10]就曾追问面对历史主义导致的文化统一价值的丧失，新教可以提供什么。在其中，他指出要区分"现存的宗教"与"新教的宗教性"，前者是历史考察的问题，而后者则是伦理和宗教哲学的问题。对此，蒂利希指出"特洛尔奇的方法是双向的道路"[11]：一方面，现存宗教及其教义之理解必须诉诸于其社会文化条件；另一方面，人们的社会文化条件又很大程度上为他们的宗教信仰和伦理，也就是特洛尔奇所说的"新教的宗教性"所决定。任何一种新的宗教或者文化的形成都依赖于这种"可以带来深刻和内在的力量，并由此将这种力量注入造就事实的行动意志之中"的"独立的宗教形而上学基础"[12]，加之具体所处的社会文化因素而得到生发。由此，我们可以看到蒂利希对于文化科学及其具体立场的生发过程与特洛尔奇在这里的描述如出一辙。

基于文化科学与经验科学的以上区分，蒂利希认为一门文化科学至少要分为三个部分，并且各个部分具有不同的任务侧重：第一部分是文化哲学部分，它关注于文化当中的普遍形式；第二部分是文化价值史的部分，它关注于从普遍形式到立场的历史建构，并从中证明立场的正当性；第三部分是一种文化科学的规范性部分，它代表了立场本身并且将这种立场系统地表达出来。就

10 Troeltsch E. *Die Bedeutung des Protestantismus für die Entstehung der modernen Welt* [M]. In Kritische Gesamtausgabe, Band 8. Edited by Rendorff T. Berlin 2001, S.183-316. 中译本参考：[德]特洛尔奇，《克服历史主义》[M]，刘小枫编，陈湛等译，北京：华夏出版社，2021年，第23-106页。

11 蒂利希，《基督教思想史：从其犹太和希腊发端到存在主义》[M]，尹大贻译，北京：东方出版社，2008年，第461页。

12 [德]特洛尔奇，《克服历史主义》[M]，刘小枫编，陈湛等译，北京：华夏出版社，2021年，第105-106页。

像我们关于道德的讨论一样，一方面要去追问道德本身是什么，这是道德哲学的任务；一方面也要去追问道德的发展，去探讨"道德"概念在历史进程中究竟如何以及形成了何种具体的道德观念，而这就是关于道德价值史的部分；最后，还要追问究竟什么才是道德的，而这是规范伦理学的任务，其目的就是阐发一种带有规范性的立场和体系。

但是，这三个部分又不是截然分立的。在蒂利希看来，"在每一个普遍性概念中都有一个规范性概念，在每一个创造性的规范性概念中都有一个普遍性概念。这就是文化的系统科学的辩证法。"[13]对于文化对象而言，其本质在于其具体性。文化哲学从文化价值史呈现的诸多文化现象中抽象出来的概念和原则如若不能在创造新的文化现象当中起作用，那将是空洞无用的概念和原则。文化哲学和规范科学之间的区别"在于它们作用的方向不同。哲学在最广泛的经验基础上，在与其他价值观和本质概念的系统关系中，制定出普遍的、先天的、范畴化的概念。规范科学将决定价值的特殊内容和原则加工成每个人的特殊系统"[14]，而这一过程将会最终凝固为可供哲学抽象利用的文化价值史上的材料。总的来讲，最普遍的文化哲学概念在创造性的规范性体系那里获得了具体性，规范性的体系则在最普遍的概念那里获得了客观性，文化价值史的部分则展示了这种具体性与客观性的统一，并构成了文化哲学抽象的基础和新的规范性体系萌发的土壤。

（二）思维科学、存有科学与精神科学

值得注意的是，蒂利希在时隔四年之后出版的《诸科学体系》中改变了《论文化神学的理念》中对科学的二分，而将科学大致分为三种。《诸科学体系》是蒂利希第一本正式出版的著作，但是这部著作并没有引起太大的反响[15]，尽

13　Tillich P. *Visionary Science: A Translation of Tillich's "on the Idea of a Theology of Culture," with an Interpretive Essay* [M]. Translated by Nuovo V. Detroit: Wayne State University Press, 1987: 21。

14　Tillich P. *Visionary Science: A Translation of Tillich's "on the Idea of a Theology of Culture," with an Interpretive Essay* [M]. Translated by Nuovo V. Detroit: Wayne State University Press, 1987: 21。

15　《诸科学体系》的英文本译者保罗·维比（Paul Wiebe）认为这部著作不受重视的原因是多方面的：就文本而言，蒂利希对非本领域的了解和划分显得粗糙甚至牵强，概念使用模糊而反复；更重要的是，就整个哲学和神学环境而言，该书出版时，哲学上，德国观念论已经被胡塞尔、海德格尔等现象学潮流所淹没，然而蒂利希却在其中经常使用德国观念论的概念。神学上，巴特及其后继者的新正统主

管蒂利希在其中对整个科学知识体系进行了更为详尽的分类和说明。实质上，蒂利希在以上两个文本中提出的总体分类并没有太大差别而具有很强的延续性。

在《诸科学体系》中，蒂利希认为面对科学，我们可以有两种考察方式：一种是将科学视作一种事实，将其视作一种历史现象，以一种经验的方式去考察；一种是将科学视作精神创造（creations of the spirit），因而受制于精神的规范和批判，以一种非经验的方式进行考察。也就是说，"我们不仅可以在一种经验的背景中排布它们，也可以在一种规范性的背景中排布它们。"[16]

从蒂利希对科学本身的这两种考察方式的分类上，就可以看出他延续了《论文化神学的理念》中的分类方式，一种类似于经验科学的方式，一种类似于文化科学的方式。而蒂利希在这部著作中显然采取了后者。他对科学的分类是一种形式的分类，他并不关心科学的质料因素。从形式上看，科学的体系"被设想为思维和存有之间一种动态的对立和动态的统一。"[17]其实，蒂利希在该书接下来部分对科学的分类本身就蕴涵着他所谓的在文化科学中不可抛弃的思想家的"立场"，这种立场坚持"诸科学体系的建立需要一个能联系对象和方法的规范性结连。"[18]虽然这种立场关心诸种科学的形式，但它不是形式主义的，"一种诸科学的体系是每一个时代科学自觉的必要活动……它是对一个时代的科学意识的一种动态的因而也是持续变化的表达。"[19]这就意味着，蒂利希在这里提供的诸科学的体系，并不是要为诸种科学划定各自的疆界，而是要寻求诸科学背后的关联性和统一性。在他看来，"即便在今天，各院系的划分以及高等教育机构的区隔也掩盖不了科学背后的本质关联性和统一性。"[20]因为科学体系最重要的任务在于确定知识掌握对象的方法与对象本

义正在扩散，关于宗教、哲学与文化关系之类的讨论不再受到太多的重视。参见 Tillich P. *The System of the Sciences According to Objects and Methods* [M]. Translated by Wiebe P. Lewisburg: Bucknell University Press, 1981: 22-23。

16 Tillich P. *The System of the Sciences According to Objects and Methods* [M]. Translated by Wiebe P. Lewisburg: Bucknell University Press, 1981: 29.

17 Tillich P. *The System of the Sciences According to Objects and Methods* [M]. Translated by Wiebe P. Lewisburg: Bucknell University Press, 1981: 41.

18 陈家富，〈作为神律体系的神学：论蒂利希神学的延续性〉[J]，《道风：基督教文化评论》，2015 年第 43 期，第 95 页。

19 Tillich P. *The System of the Sciences According to Objects and Methods* [M]. Translated by Wiebe P. Lewisburg: Bucknell University Press, 1981: 32.

20 Tillich P. *The System of the Sciences According to Objects and Methods* [M]. Translated by Wiebe P. Lewisburg: Bucknell University Press, 1981: 33-34.

身的对应关系，但是这种对应也并非确定的，"相反，同一种方法适用于多种对象，同一种对象也接受不同的方法。"[21]

因此，蒂利希抛开诸种科学的具体内容，纯粹从方法和对象对应的形式的角度建构起其所谓的科学体系。在他看来，科学体系分类的原则依赖于认知本身。他指出"每一种认知行为包含两个要素：行为本身以及被行为指向的要素，或者说意向本身以及被意向的东西。"[22]前者蒂利希称之为"思维"（thought），后者称之为"存有"（beings）。因此，在认知的两种因素之间就存在三种关系，蒂利希用三个命题来表示这三种关系：第一，思维决定存有（绝对思想的原则）；第二，存有与思维对立（绝对存有的原则）；第三，思维本身被视作存有（精神的原则）。对于第三种，蒂利希强调思想在指向存有的同时，也指向自身并使自身服从于存有的条件和决定，而溶解在存有之中，呈现为人类的精神生活。因此，蒂利希找到了作为科学体系基础的三种要素和对象：思维、存有与精神。

根据思维、存有与精神三种对象的区分，蒂利希将科学划分为三种：（1）思维科学，在其中，思维局限于自身，通过自觉的意识将自身的形式和结构视作对象，而不关心外在于思维的存有对象。其主要指的是逻辑学和数学。（2）存有科学，它研究的是存有的规律（Law）、结构（Gestalt）以及序列（Sequence）。具体包括研究存有的规律的物理学，研究存有的结构的生物学（有机的结构）和社会学（技术性的结构），研究存有的序列的历史学。（3）精神科学，或者说人文科学，它是关乎意义、目的和有效性的科学。每一种精神活动都是追寻意义的活动，精神科学的目的在于提供规范性，具体包括理论性的哲学、艺术与形而上学以及实践性的法律、社群学说（the doctrine of community）[23]以及伦理学等。尤其要指出的是，将精神科学划分为理论性的和实践性两类，在《论文化神学的理念》中，蒂利希就已经给出了依据。在他看来，文化功能基本上

21　Tillich P. *The System of the Sciences According to Objects and Methods* [M]. Translated by Wiebe P. Lewisburg: Bucknell University Press, 1981: 32.

22　Tillich P. *The System of the Sciences According to Objects and Methods* [M]. Translated by Wiebe P. Lewisburg: Bucknell University Press, 1981: 34.

23　在蒂利希看来，社会学的任务在于掌握社会结构的实存形式，而社群学说则关心社群关系的意义形式。社会学必须将自身限制在描述实存形式上，因而属于存有科学。而社群学说虽然离不开实存的社会结构的限制，但它企图发现社群功能的范畴，根据精神实在的普遍法则，对社群提出规范性的要求。参见 Tillich P. *The System of the Sciences According to Objects and Methods* [M]. Translated by Wiebe P. Lewisburg: Bucknell University Press, 1981: 194-195.

包括两类：一类是精神接受客体的功能；一类是精神试图进入客体使其适应自身的功能。因此，前者就包括理性的（认知意义上的接受）哲学和审美的（直觉意义上的接受）的美学，后者就包括诸多实践活动。

可以发现，蒂利希在《论文化神学的理念》和《诸科学的体系》中对科学的划分并没有太大差别。除了提出一种"思维科学"来安置在前者的两分法中难以确定的逻辑学和数学的位置，实质上，前者之中的"经验科学"对应于后者之中的"存有科学"，"文化科学"对应于"精神科学"。在《诸科学体系》中，蒂利希认为精神科学与存有科学的区别在于前者本身就是一种规范性的科学，但是"规范并非被给予和被发现的，它是随着个体在历史中的位置而被创造的，依此，'立场/位置'不应在诠释过程中被排除，反而是诠释的重要功能。"[24]这种观念与其在《论文化神学的理念》中以对待"立场"的态度作为区分文化科学和经验科学的标准的理路是一致的。而在具体分析精神科学（人文科学）的要素时，他也指出其中包含三个部分：第一是关于意义的原则的学说，也就是哲学部分；第二是关于意义的质料的学说，也就是精神史部分；第三是关于意义的规范部分，也就是综合前两部分而提出的一种规范性的体系部分。而这种分析与之前演讲提及的文化科学的三个分支"文化哲学-文化价值史-文化科学的规范性部分"亦是一一对应的。

总之，对于蒂利希来讲，无论是对科学的两分还是三分，并不会对其目的造成实质性的影响，其目的都是要在自启蒙运动开始西方知识体系日益世俗化的背景下，确立宗教，尤其是神学在整个知识体系当中的科学地位。但是其限制条件在于："神学只在人文科学（文化科学、精神科学）中具有卓越性，并且，这种卓越性并不是指神学凌驾于其他人文科学之上，而是指作为一种神律态度的规范性科学存在于它们之中。"[25]

二、宗教科学作为文化科学

在讨论宗教科学之前，我们必须对蒂利希所谓的"宗教"概念有一个基本的了解。在蒂利希那里，"宗教"有广义和狭义之分。狭义的宗教指的就是我们通常所理解的教会意义上的宗教，它由某些特定的神话、教义、仪规、戒

---

24 陈家富，〈作为神律体系的神学：论蒂利希神学的延续性〉[J]，《道风：基督教文化评论》，2015 年第 43 期，第 100 页。

25 Tillich P. *The System of the Sciences According to Objects and Methods* [M]. Translated by Wiebe P. Lewisburg: Bucknell University Press, 1981: 22.

律以及相关的机构人员构成。如果在这种意义上讨论宗教之于文化的意义，那么"问题将会相当简单，也就是去追问文化作品在多大程度上准确描述反映了该具体宗教的核心主张、制度和实践。"[26]但是蒂利希在其文化神学体系中讨论的显然不是这种狭义的宗教。而广义的宗教实质上就等同于信仰本身，虽然"终极关切"（ultimate concern）是蒂利希最被人熟知的关于广义的宗教或信仰的界定，但在蒂利希早期文本中的宗教的定义早已有了"终极关切"所具有的含义。在《论文化神学的理念》中，蒂利希就指出"宗教是对无条件（Unconditioned）的经验，亦即建立在关于绝对虚空的经验之上的关于绝对实在的经验"[27]，它将一个人从绝对的"否"（No）的虚空状态转变为一种绝对的"是"（Yes）的实在状态。这种广义的宗教并非人类文化当中的某种具体宗教，也不是人类精神的某种功能，而是人类精神的基础，是"意义的最终和最深刻的实现问题，它动摇了一切，重建了一切。"[28]在 1925 年的《宗教哲学》（Religionsphilosophie）中，蒂利希对此有了更为准确的表述，"假如意识指向特定形式的意义及它们的统一，那我们就有了'文化'；假如意识指向无条件（无限）的意义，那我们就有了宗教。"[29]而每一种文化活动作为人类精神在历史中的呈现都"包含无条件的意义。它建立在意义的根基之上"[30]，因为就其"指向形式的统一来讲，它必定从属于意义之统一的无条件要求。"[31]同时，宗教活动也只有通过意义的诸种形式的统一才能指向无条件的意义，因为"缺乏形式（form）的实质（import）不能成为意义活动的对象。"[32]这种观念在其晚年最为出名的文化神学著作亦即《文化神学》中明确地表述为"作

26 Re Manning R. The Religious Meaning of Culture: Paul Tillich and Beyond [J]. *International journal of systematic theology*, 2013, 15 (4): 439.

27 Tillich P. *Visionary Science: A Translation of Tillich's "on the Idea of a Theology of Culture," with an Interpretive Essay* [M]. Translated by Nuovo V. Detroit: Wayne State University Press, 1987: 25.

28 Tillich P. *Visionary Science: A Translation of Tillich's "on the Idea of a Theology of Culture," with an Interpretive Essay* [M]. Translated by Nuovo V. Detroit: Wayne State University Press, 1987: 25.

29 Tillich P. The philosophy of Religion. In *What is Religion* [M]. Translated by James Luther Adams. New York: Harper & Row, 1973: 59.

30 Tillich P. The philosophy of Religion. In *What is Religion* [M]. Translated by James Luther Adams. New York: Harper & Row, 1973: 59.

31 Tillich P. The philosophy of Religion. In *What is Religion* [M]. Translated by James Luther Adams. New York: Harper & Row, 1973: 59.

32 Tillich P. The philosophy of Religion. In *What is Religion* [M]. Translated by James Luther Adams. New York: Harper & Row, 1973: 60.

为终极关切的宗教是文化当中给予意义的实质，而文化则是基本的宗教关切得以表现自身的形式的总和。简而言之，宗教是文化的实质，文化是宗教的形式。"[33]

在对整个科学体系进行大致划分的基础上，蒂利希认为宗教科学属于文化科学（精神科学或人文科学）。因此，宗教科学同其他文化科学一样，将由三个部分构成，也就是宗教哲学、宗教的精神历史（文化史）以及宗教的规范性体系亦即神学构成。在蒂利希看来，"宗教越是强健、纯粹和原初，那么它将越会宣称拒绝所有普遍性的概念框架。"[34]也就是说，当"宗教"越来越接近广义上的宗教，而不是狭义上的宗教时，它会越来越拒绝哲学概念框架对其的约束限制，因为广义的宗教本身是对无条件、无限制的一种关切。但是（狭义）宗教又不同于启示，"启示言说的是神圣的活动，宗教言说的是人类的活动。启示是一种绝对的、独特的、排他性的和自足性的发生。而宗教只是相对的事件，总是重复出现，从不具有排他性……宗教言说文化，而启示则超越文化。"[35]总之，（广义的）宗教作为人类精神的根基总是在历史文化当中呈现出来，但呈现的过程，尤其是以一种狭义的宗教形式呈现时，恰恰又是对（广义的）宗教的最本质的东西的一种攻击。面对宗教的这种独特地位，蒂利希认为宗教哲学既不能无视宗教对启示的宣称，完全把宗教当作一个经验历史中的对象，也不能将宗教等同于完全的启示而放弃普遍化的尝试。否则，前者将导致偏离真正的宗教，后者将导致哲学的解体，因为如若某一领域因其独特性而宣称与哲学隔绝，那其他领域也会对哲学提出类似的要求和质疑。因此，宗教哲学必须担任起综合宗教启示与哲学的任务，而避免将宗教直接纳入哲学所追寻的意义的整体联合框架之下，"仅当宗教被理解为在所有文化功能中蕴含的一种态度，而不是与其他功能并列的其中一种时"[36]，这种综合才得以可能。在这样的理解下，作为文化科学或规范性科学的一部分，它是关乎宗教功能及其范畴的理论，"它以一种创造性和富有成效的综合方式阐述了什么

33 Tillich P. *Theology of Culture* [M]. Edited by Kimball R C. New York: Oxford University Press, 1959: 42.

34 Tillich P. The philosophy of Religion. In *What is Religion* [M]. Translated by James Luther Adams. New York: Harper & Row, 1973: 60.

35 Tillich P. The philosophy of Religion. In *What is Religion* [M]. Translated by James Luther Adams. New York: Harper & Row, 1973: 28.

36 Tillich P. The philosophy of Religion. In *What is Religion* [M]. Translated by James Luther Adams. New York: Harper & Row, 1973: 34.

之于宗教是有效的……它的任务不是去考虑宗教具体是什么，而是去考虑宗教应该是什么。"[37]而宗教的文化史"批判性地掌握了历史上的个体对于宗教概念的领会，以及由此提出的一种具体的系统性方案（既可以是一个团体的、也可以是一个"学派"的，抑或是一所教堂的解决方案）。"[38]一方面可以为宗教哲学提供将被其概念化的历史素材，也为新的系统性的、规范性的神学体系的提出提供客观而具体的环境，构成其生成的处境与背景。从而宗教的文化史构成了宗教哲学与神学沟通的桥梁。而最后，神学将依随所有文化科学（精神科学）都将有意或无意踏上的发展进路，即"从精神的一种普遍功能出发，通过形式将诸对象进行陈构。然后以一种批判性的方式展示这些基本功能在历史发展过程中诸种方向上的实现。最后，它在对事物本质概念化和文化史所提出的问题的基础上，给出自己的体系性的解决方案。"[39]在宗教哲学和宗教文化史的基础上，一种神学将给出自己的立场，给出自己的一套规范性体系。总之，宗教哲学、宗教文化史与神学三者是紧密相连的，"每一种神学都依赖于对宗教本质的一种概念预设。每一种宗教哲学都依赖于宗教的规范概念。而这两者又都依赖于对文化-历史材料的领会。"[40]

三、文化神学的任务

（一）从教会神学到文化神学

在蒂利希看来，通常意义上的神学指的是由教会所表明的一套具体的宗教观念，它是一种立基于特定的宗教之上的信仰表达，其教义部分具有明显的护教性质，其伦理规范部分则具有一种强制性。在这种意义上，教会神学家对待文化的态度是将其纳入到"世俗"之中，并用教会宣称的"上帝之国"来反对和压制它，蒂利希认为这是典型的天主教的做法。但是，近代以来，新教国家中的教会早已放弃了这种主导性的地位，而承认在教会之外可能存在另外的文化共同体。因此，"教理旁边站立着科学，团契旁边站立着社会，教会

37 Tillich P. The philosophy of Religion. In *What is Religion* [M]. Translated by James Luther Adams. New York: Harper & Row, 1973: 31-32.
38 Tillich P. The philosophy of Religion. In *What is Religion* [M]. Translated by James Luther Adams. New York: Harper & Row, 1973: 33.
39 Tillich P. The philosophy of Religion. In *What is Religion* [M]. Translated by James Luther Adams. New York: Harper & Row, 1973: 32.
40 Tillich P. The philosophy of Religion. In *What is Religion* [M]. Translated by James Luther Adams. New York: Harper & Row, 1973: 33-34.

旁边站立着国家……所有这些都各自声称自己拥有独特的领地……这产生了双重真理、双重道德以及双重正义。"[41]这种分裂是追求统一的意识所不能接受的。但是，我们就处在宗教完全形成他律的力量和诸文化形式完全获得自律的力量之间，因此宗教与文化的冲突不可避免。

从之前的分析，我们可以了解到蒂利希调和宗教与文化的冲突的做法在于重新给予宗教和文化以新的定义，从而发现其中的协调。在蒂利希那里，宗教与文化都代表了人类精神对意义的追寻和关切，只不过宗教是实质，它关切的是"无条件"的意义，而文化则给予意义以有限的形式。蒂利希强调其中的法则在于"形式越多，越自律；实质越多，越神律。但是，两者不可分割。没有什么可塑形的形式和没有形式的实质一样不可思议。"[42]对此，蒂利希特别指出"任何试图理解形式之外的实质的尝试都是对最糟糕的他律的回归"[43]，这一点显然是针对 20 世纪初兴起的新正统主义采取一种防守性的超验主义而拒斥文化的一种不满和批评。因此，蒂利希的应对策略在于从教会神学转向文化神学，在对宗教和文化进行新的界定基础上，广义的宗教透过有限的文化形式（其中包括狭义的宗教）而在历史现实之中得到呈现。神学因此必定以文化神学的形态出现，其目的在于提供一种综合的神律体系，在有限的文化形式之中发掘无限的宗教实质，在相对之中确认绝对的当下临在。

（二）文化神学的三重任务

作为一种文化科学，文化神学的任务就在于将"伟大的文化表现中的具体的宗教经验表达和凸显出来"[44]，追踪呈现一种宗教实质被赋予形式，之后形式不再适应实质而被实质粉碎，从而实质又被赋予新的形式的循环诠释过程。其与文化哲学的区别在于文化哲学"从纯粹的形式和范畴的立场实现文

---

41 Tillich P. *Visionary Science: A Translation of Tillich's "on the Idea of a Theology of Culture," with an Interpretive Essay* [M]. Translated by Nuovo V. Detroit: Wayne State University Press, 1987: 24.

42 Tillich P. *Visionary Science: A Translation of Tillich's "on the Idea of a Theology of Culture," with an Interpretive Essay* [M]. Translated by Nuovo V. Detroit: Wayne State University Press, 1987: 26.

43 Tillich P. *Visionary Science: A Translation of Tillich's "on the Idea of a Theology of Culture," with an Interpretive Essay* [M]. Translated by Nuovo V. Detroit: Wayne State University Press, 1987: 26.

44 Tillich P. *Visionary Science: A Translation of Tillich's "on the Idea of a Theology of Culture," with an Interpretive Essay* [M]. Translated by Nuovo V. Detroit: Wayne State University Press, 1987: 26.

化的统一"[45]，比如，卡西尔的文化哲学认为从形式上看，人类文化本质上是一种符号的活动，而文化神学则希望从实质的立场实现文化的统一。

在此过程中，蒂利希认为文化神学要承担三项任务：第一，对文化的一种普遍的宗教分析；第二，对文化史的一种宗教的类型学和哲学分析；第三，一种关于文化的具体的宗教体系化。也就是说，"（文化神学）要对所有文化创造进行一般性的宗教分析，并从宗教实质的角度对伟大的文化创造进行哲学-历史的和类型学的分类，进而从其自身的宗教立场为文化的宗教性实现提供理念上的设计。"[46]从中可以发现，蒂利希在这里所说的文化神学的三项任务与之前所说的宗教科学的三项任务是重合的。但是，这也体现了蒂利希在论述上的不严谨。实质上，如果从文化是宗教的形式的立场出发，那作为文化-宗教科学的任务才是蒂利希在这里所提及的三项任务，即文化-宗教哲学、文化-宗教史和文化神学，而这才与宗教科学的划分是一致的，文化神学只是最后的体系化的步骤。前两者与其说是文化神学的两项任务，倒不如说是文化神学的两项预备性步骤。同时，有学者指出"宗教哲学这门科学似乎再没有在晚期的蒂利希思想中出现"[47]，之所以蒂利希会给人造成这种印象，原因同样在于蒂利希在概念使用上的不严谨和变换。在这里蒂利希就用文化的宗教性分析取代了"宗教哲学"的概念，因而当蒂利希在晚期思想中通过分析人类文化中所展现的结构性问题，以便在神学上给予该问题以答案时，他所作的很大程度上就是"宗教哲学"，就是文化创造的哲学分析，只不过前者更多是从"实质"的角度观察，后者是从"形式"的角度分析。

由于宗教与文化的辩证关系，蒂利希认为在文化神学的第一项任务中要特别注意分析两组关系：形式与实质的关系和"是"与"否"的关系。为了更好地说明形式与实质的关系，蒂利希又引入了"内容"的概念。在他看来，"实质是通过形式被捕获到内容之中并被表达出来的。"[48]其中实质是本质性

45　Tillich P. *Visionary Science: A Translation of Tillich's "on the Idea of a Theology of Culture," with an Interpretive Essay* [M]. Translated by Nuovo V. Detroit: Wayne State University Press, 1987: 29.

46　Tillich P. *Visionary Science: A Translation of Tillich's "on the Idea of a Theology of Culture," with an Interpretive Essay* [M]. Translated by Nuovo V. Detroit: Wayne State University Press, 1987: 27.

47　陈家富，〈作为神律体系的神学：论蒂利希神学的延续性〉[J]，《道风：基督教文化评论》，2015 年第 43 期，第 101 页。

48　Tillich P. *Visionary Science: A Translation of Tillich's "on the Idea of a Theology of*

的，形式是中介性的，而内容则是偶然性的。但是，形式与内容站在一起，两者相互适应，其对面站立着实质。实质对形式的破坏就意味内容的实质性的丧失，也就是说，它将变成无意义的堆砌。援引艺术的例子可以很好地说明这一点。比如，对于一幅宗教题材的绘画来讲，其之为艺术品并不在于它在何种精细的程度上描绘了实际的情景，而在于艺术家通过色彩、色调、笔触以及整体布局等等形式而使之具有表现力，从而呈现出某种意义。当一种意义不再能为形式所承载时，比如一种关于宗教题材的绘画形式的固化使其仅仅成为技法的炫耀甚至引发人们对作品本身的崇拜时，在追寻"无条件/无限"之意义的宗教面前，这种形式就应该被批判和抛弃，而其内容也变得无关紧要，即便它描绘的是某一宗教内具体的宗教情景。对于第二组关系，蒂利希并没有着墨太多，实际上，按照他对宗教是在绝对的"否"之基础上体验到绝对的"是"的定义，"否"与"是"的交替运动恰恰展示了宗教实质不断被赋予文化形式又不断突破其限制的过程。蒂利希在讨论个人伦理时引入的对尼采的讨论精辟地解释了这一点。通常来讲尼采的作品以一种重估一切价值的勇气去粉碎既有道德体系的"是"，认为个人首先只有达到一种虚无的状态才能获得更新，固有的"是"只有在一种对"无条件"、"无限"的关切的情况下才能显现出其局限性而获得更新的力量，"到最后，每每都在十分令人恐怖的爆炸中，在乌云密布中见出一种全新的真理"[49]，"很快，人们就以前所未有的热情听到了'是'。"[50]从当前的"是"，当前的文化形式，当前的道德形式来讲，尼采是最坏的，最不善的，最不正当的，但是从其关切作为宗教之"否"的一面，从真正的宗教拒斥一切普遍化的抽象来讲，他恰恰是最接近宗教，最虔诚的，而那些他所批判的，将文化之中的某一有限宗教视为绝对并誓死捍卫的卫道士反而是最不虔诚的。

　　文化神学的第二项任务在于对文化史的分析。援引文化神学第一项任务中所使用的概念范畴，蒂利希认为文化史中呈现的文化创造大致可以分为三种类型："一种是世俗的和形式的文化创造，一种是实质占主导的宗教-文化

Culture," with an Interpretive Essay [M]. Translated by Nuovo V. Detroit: Wayne State University Press, 1987: 27.

49 [德]尼采，《瞧，这个人》[M]//《尼采著作全集》第六卷，孙周兴译，北京：商务印书馆，2015 年，第 451 页。

50 Tillich P. *Visionary Science: A Translation of Tillich's "on the Idea of a Theology of Culture," with an Interpretive Essay* [M]. Translated by Nuovo V. Detroit: Wayne State University Press, 1987: 32.

创造，一种是以平衡与和谐为特征的古典文化创造。"[51]而在此类型中间有着无数的过渡形式和中间阶段，呈现出文化形式的多样性。在蒂利希看来，现实存在的异乎寻常多样的具体的宗教形态就说明了这一点。

对于文化神学的第三项任务，蒂利希认为首先要从消极的意义上去理解。具体来讲就是，文化神学不能等同于文化创造。文化神学家并不直接进行文化创造活动。文化神学并不是要成为文化形式中的一种，成为现存科学、道德、法学、艺术等文化领域的竞争者，甚至成为辖制其他文化学科的一种他律性的学科。虽然在这种情况下，神学可能获得了自身在科学知识体系中的独特地位，但结果将导致整个科学知识体系的割裂，导致宗教与文化的冲突。从积极的一面看，文化神学的对象正是对意义，对绝对具有某种程度指向的诸种文化形式本身，它要从它自身具体的神学立场出发，对历史中呈现的自律的文化形式及其产物给予一种或否定或肯定的批判性考察。"文化神学家可能会责备手边的文化，指责在文化的创造物中没有发现任何他可以承认的内在实质的表达。他可能会指出他感知到的真正的宗教性文化的实现方向，但他不能自己创造这个系统。"[52]文化神学家必须将自身的工作限制在这个界限之内，在此之内"文化神学家通过其独立的力量进入到对文化形式丰富而又完全自律的批判之中，依此重复进行，最终将他导向与他想要达到的目标完全不同的目标。"[53]文化神学家的批判之所以是独立而自律的，就在于他并非将一种文化神学视作意义的完满和权威表达，因为它本身作为带有立场的文化科学也根植于具体的神学立场之中。然而，就其不意图使宗教神学成为一种与诸种文化形式并列的领域，并通过反复提醒自身宗教对无限之意义的寻求的实质，而对诸种文化形式进行反复的批判而言，文化神学家将会意识到诸种文化形式所表现出来的，在其实质上的根基统一性。正如蒂利希乐观地指出，在这样一种文化神学视角中，"一种本身具有宗教性质的科学取代了科学与教条的对立，一种本身具有宗教性质的艺术取代了艺术与宗

51 Tillich P. *Visionary Science: A Translation of Tillich's "on the Idea of a Theology of Culture," with an Interpretive Essay* [M]. Translated by Nuovo V. Detroit: Wayne State University Press, 1987: 28.

52 Tillich P. *Visionary Science: A Translation of Tillich's "on the Idea of a Theology of Culture," with an Interpretive Essay* [M]. Translated by Nuovo V. Detroit: Wayne State University Press, 1987: 28-29.

53 Tillich P. *Visionary Science: A Translation of Tillich's "on the Idea of a Theology of Culture," with an Interpretive Essay* [M]. Translated by Nuovo V. Detroit: Wayne State University Press, 1987: 29.

教艺术的区分，一种本身具有宗教性质的国家取代了国家和教会的二分，等等。"[54]

　　总之，蒂利希早期文化神学的直接目标在于为神学在科学体系之中寻找位置。蒂利希将着眼点放在人类的精神活动之上，因为在他看来，即便是自然"也只有通过人类精神功能才是有意义的……大自然的'自在'是我们绝对无法触及的。"[55]而人类精神的本质在于意义的追寻，"精神生活就是意义的生活或不断赋予意义的生活。"[56]通过人类的诸种精神功能和活动，我们赋予世界以逻辑的、伦理的、美学的，同时也包括具体宗教的意义，从而创造出诸种文化形式。而在基督教历史的发展进程以及第一次世界大战的背景下，文化处于空虚、分裂以及世俗化的趋势之下，宗教亦在世俗化的浪潮之中逐渐丧失地位甚至成为世俗文化的对立面。而蒂利希的早期文化神学就试图解决这样的问题。在蒂利希看来，关键在于对宗教的重新认识，真正的、广义的宗教作为对无条件之意义的寻求，应该与具体的、狭义的宗教相区分。在前者的意义上，宗教成为整个人类精神活动的基础，因此，在所有文化形式中都蕴涵着宗教实质。而文化神学作为一门文化科学以宗教实质为基准，批判性地考察承载宗教实质的诸种文化形式，对扭曲甚至将其自身等同于其宗教维度的文化创造进行否定，即便它本身就是某种具体宗教中的创造，对那些积极地表达了宗教意义的文化创造进行肯定，即便它本身并不属于传统宗教生活所利用的形式。蒂利希通过文化神学，一方面意图拒斥将某种具体宗教视为无条件之意义寻求的完满实现，而使自身成为他律性的力量，因为宗教实质只有通过形式才能得以呈现，具体宗教亦是宗教实质在历史之中所呈现的文化形式之一。另一方面也拒斥将包括具体宗教在内的诸种文化形式统统视作是绝对自律而相互割裂的，因为从实质的角度看，它们都以无条件之意义为根基，都是宗教实质之形式，尽管形式总是有限的。在这两种拒斥之下，宗教与文化实现了神律式的综合与统一。

54 Tillich P. *Visionary Science: A Translation of Tillich's "on the Idea of a Theology of Culture," with an Interpretive Essay* [M]. Translated by Nuovo V. Detroit: Wayne State University Press, 1987: 29.

55 Tillich P. *Visionary Science: A Translation of Tillich's "on the Idea of a Theology of Culture," with an Interpretive Essay* [M]. Translated by Nuovo V. Detroit: Wayne State University Press, 1987: 34.

56 Tillich P. *Ergänzungs Und Nachlassbände Zu Den Gesammelten Werken (Band VI)* [M]. Edited by Albrecht R, et al. Frankfurt: Evangelisches Verlagswerk, 1983: 125.

第二节 蒂利希晚期文化神学思想

一、晚期文化神学转变的原因

以第一次世界大战和第二次世界大战，或者蒂利希 1933 年移民美国前后为重要的标志，将蒂利希文化神学划分为早期和晚期两个阶段已经成为学界的共识。[57]这种转变最直接的表现在于蒂利希一改早期从文化形式中发现宗教实质并进而达至一种宗教与文化和谐的神律的乐观精神，而对文化的价值进行了重新的评估，进而建构宗教与文化的新关系。

（一）"时候意识"的消失

蒂利希长期对历史的关切决定了历史因素成为其文化神学发展的动力因素。在对历史的关注中，蒂利希特别强调基督教中的上帝的国得以成全的"时候"（Kairos）概念以及他所说的"时候意识"（Bewusstsein um Kairos）[58]。在他看来，"时候，时间的完满，永恒的突入，总会到来，但时候意识则不常有。当某个时代以其神圣的或世俗的文化形式，完全圣礼地或自律地操控世界，而忘记了先知式的精神对其所依靠的东西的动摇之时，这种意识就会发生。因为当永恒突入，先知式的精神开始萌动，固化在自身之上的有限形式被震动时，它就在调转历史的特殊意义上成为了'时候'。"[59]显然，面对第一次世界大战的结束，蒂利希认为这种"时候意识"出现了。他在 1919 年 1 月就职柏林大学之后，讲授的第一门课程"基督教与当前的社会问题"（Christianity and the Social Problems of the Present）中指出，一战后的社会文

---

57 相关观点可以参考 Adams J L. *Paul Tillich's Philosophy of Culture, Science, and Religion* [M]. New York: Harper & Row, 1965: 256；Re Manning R. The Religious Meaning of Culture: Paul Tillich and Beyond [J]. *International journal of systematic theology*, 2013, 15 (4): 444；[德]维尔纳·叔斯勒，《蒂利希：生命的诠释者》[M]，开封：河南大学出版社，2011 年，第 38 页；陈家富，〈作为神律体系的神学：论蒂利希神学的延续性〉[J]，《道风：基督教文化评论》，2015 年第 43 期，第 109 页。另外，德语学界关于蒂利希文化神学的论文集中亦有多篇文章以此为节点分别对蒂利希早期和晚期的文化神学思想进行讨论 Danz C, Schüßler W. *Paul Tillichs Theologie Der Kultur: Aspekte, Probleme, Perspektiven* [M]. Berlin, Boston: De Gruyter, 2011。

58 参考杨俊杰，〈蒂利希的"时候"与"时候意识"：论蒂利希的巴特批评的历史神学之维〉[J]，《道风：基督教文化评论》，2012 年第 37 期，第 141-159 页；陈家富，《田立克：边缘上的神学》[M]，香港：基道出版社，2008 年，第 183-209 页。

59 Tillich P. *Gesammelte Werke (Band VI)* [M]. Edited by Albrecht R. Stuttgart: Evangelisches Verlagswerk, 1963: 35.

化处在一个特殊时期，"我确信，我们正处于一个时代转折点的开端，这种转折点自宗教改革或基督教战胜日耳曼民族以来从未曾出现过。"[60]"在所有领域经历分裂，经历激烈的矛盾，经历精神和社会的原子化之后，我们将朝向精神和社会上的一种新的统一。"[61]而达至统一的方法就在于"在抽象部分，朝向社会生活的各种形式和各个方面说出伟大的'是'与'否'，亦即宗教的悖论；在具体部分，展示宗教社会和世俗社会的辩证关系；在理念部分，在将所有价值统一到独一的绝对之中以克服这种辩证。"[62]不久之后（1919年4月），蒂利希便发表了《论文化神学的理念》的演讲。可以推测，蒂利希在彼时希望达至统一的方法正是他文化神学方案的雏形。在当时，他就热情洋溢地号召学生们"希望你们为了这个新理念添砖加瓦，来上我们的课，来参加我们的研讨会，以此作为研究对象，将之作为你未来生活的任务！"[63]同时，蒂利希不仅在理论上持有这种综合宗教与文化的乐观精神，而且他还希望将这种理念运用于实践之中。蒂利希在一战后便加入了所谓的"凯若斯圈子"。在他看来，在当时，无阶级社会已经取代了上帝之国的象征，并且人们普遍相信前者并不只是象征，它终将会实现而成为事实。但蒂利希认为这样一种观念缺乏垂直维度的批判，而"凯若斯圈子"支持的宗教社会主义运动则更为可取。宗教社会主义其实就是蒂利希早期文化神学理念的一种展现。在他们看来，"社会主义不是宗教，但是社会主义运动需要一种垂直的、宗教的维度……即便在这种运动的世俗化语言和行动中，有些东西是隐藏的，一种宗教关切，一种对人生之意义的关切，一种对人民大众而非个别选民的人生之意义的关切。"[64]总之，蒂利希早期文化神学沉浸在一种"垂直维度与水平维度，终极的与暂时的，实在的转化与实在的超越可以重

60　Tillich P. *Ergänzungs Und Nachlassbände Zu Den Gesammelten Werken (Band XII)* [M]. Edited by Albrecht R, et al. Belin, New York: De Gruyter, Evangelisches Verlagswerk, 2001: 81.

61　Tillich P. *Ergänzungs Und Nachlassbände Zu Den Gesammelten Werken (Band XII)* [M]. Edited by Albrecht R, et al. Belin, New York: De Gruyter, Evangelisches Verlagswerk, 2001: 28.

62　Tillich P. *Ergänzungs Und Nachlassbände Zu Den Gesammelten Werken (Band XII)* [M]. Edited by Albrecht R, et al. Belin, New York: De Gruyter, Evangelisches Verlagswerk, 2001: 66.

63　Tillich P. *Ergänzungs Und Nachlassbände Zu Den Gesammelten Werken (Band XII)* [M]. Edited by Albrecht R, et al. Belin, New York: De Gruyter, Evangelisches Verlagswerk, 2001: 81.

64　Tillich P. The Basic Ideas of Religious Socialism. In *Paul Tillich-Journey to Japan in 1960* [M]. Edited by Danz C, et al. Boston: De Gruyter, 2013: 63.

新得以联合"[65]的乐观的"时候意识"中。

希特勒的上台以及世界大战的再次到来使得蒂利希意识到"时候意识"的消失，从而成为促成蒂利希文化神学转变的直接原因。尽管二战之中蒂利希亦积极地参与政治，参与社会文化活动，比如为号召德国民众拒绝在道德和精神上破产的纳粹德国，在美国通过电台发表了逾百篇演说。[66]但两次战争的经历使得蒂利希更多地注意到人类文化社会当中的负面，"二战之后，我在历史实存当中感受到的悲剧要素要多于其积极要素，同时我也丧失了关于积极的政治的灵感以及与其的接触。"[67]在蒂利希晚年回忆其早年"大胆地相信一战的结束，尤其是德国的战败，是永恒进入时间的一种突入，是一个特定的KAIROS，一个特定的时刻，一个特定的正确时间"[68]时，他不无悲观地承认，"我们误判了时间"[69]。对此，著名神学家朋霍费尔在二战时亦曾在狱中这样评价："蒂利希试图在一种宗教意义上阐释世界的进化，一种违背其自身意义的进化，进而通过宗教为其完整塑形。他十分勇敢，但是世界将其掀翻，自行离去：蒂利希试图将世界理解得比其自身还要好，但世界仍觉得被完全误解了，并且拒绝了这种无理要求。"[70]因此，蒂利希在一战后希望通过文化神学的理念，通过宗教的积极作用来构筑文化上的统一的设想，在残酷的现实面前被击碎了。再次经历战争以及离开故土而进入新的文化环境，使得蒂利希不得不重新思考自己文化神学的方案。

（二）文化上的虚空

二战带给包括蒂利希在内所有基督教神学家的现实问题在于"奥斯维辛之后"如何言说上帝与从事神学的问题。蒂利希反思自己早期的文化神学思想时指出，"我们关注新的开始胜过旧的结束……我们依然相信没有灾难的

65　Tillich P. The Basic Ideas of Religious Socialism. In *Paul Tillich-Journey to Japan in 1960* [M]. Edited by Danz C, et al. Boston: De Gruyter, 2013: 63.

66　可参考 Tillich P. *Against the Third Reich: Paul Tillich's Wartime Addresses to Nazi Germany* [M]. Translated by Weaver M L. Edited by Stone R H, et al. Louisville: Westminster John Knox Press, 1998.

67　Tillich P. "Autobiographical Reflections" in *The Theology of Paul Tillich* [M]. Edited by Kegley C W, et al. New York: Macmillan, 1961: 19.

68　Tillich P. The Basic Ideas of Religious Socialism. In *Paul Tillich-Journey to Japan in 1960* [M]. Edited by Danz C, et al. Boston: De Gruyter, 2013: 64.

69　Tillich P. The Basic Ideas of Religious Socialism. In *Paul Tillich-Journey to Japan in 1960* [M]. Edited by Danz C, et al. Boston: De Gruyter, 2013: 64.

70　Bonhoeffer D. *Prisoner for God: Letters and papers from prison* [M]. New York: The Macmillan Company, 1959: 147-148.

转变……因此，我们关于历史的神律式解释具有一些浪漫主义的色彩，尽管它极力避免任何形式的乌托邦主义。"[71]其言下之意在于，二战之后蒂利希更多地关注于文化的终末，而不是新的开始，对人类文化持有一种实存主义上的悲观。事实上，这也是整个20世纪上半叶的主要思想氛围，二战以及二战之后世界大国之间的相互对立使得人类意识到科技和物质的极大丰富并不一定带来文化上的进步，甚至会造成文化的分裂与毁灭。人类也意识到在自身能力得到极大凸显和发展的同时，人类自己也获得了摧毁自身的能力。因此，经历两次世界大战，在20世纪上半叶，以巴特为代表的对人类能力和文化持有警戒和消极态度的新正统主义神学成为新教神学主流也在意料之中。当然，此种社会文化氛围亦成为蒂利希文化神学新的处境。在他看来，二战之后，一种终末的气氛在社会上四散开来，"任何一个敏感的头脑都能在我们当前的文明中看到这种虚空的存在，在我们的语言、教育、政治、哲学、人格发展和社群生活中都缺乏一种终极的和实质的力量。"[72]

（三）文化价值的重新评估：揭示实存困境

基于这种对文化的"终末"与"虚空"的体验，蒂利希开始对文化的价值进行重新评估。在蒂利希看来，在这样一种缺乏终极的关切的文化虚空氛围中，反而"只有那些表达了这种虚空的文化创造才具有伟大之处。"[73]因为终极关切之终极性只有在一种超越于文化的基础上才能得以表达，即便它与具体的宗教文化相对，否定了有限的意义，而肯定了虚空。蒂利希认为也许只有通过这样来自于神圣的虚空的经验并被之限定的文化作品才能实现宗教与文化之间的神律式联合。因为这样一种文化形式既没有对终极的意义保持超然的冷漠，也没有以一种自欺的方式将自身认定为意义。它深刻地揭示了有限的人类精神及其文化创造的实存困境。实际上，这种困境早已蕴含在蒂利希早期文化神学对于宗教与文化之间"实质与形式"的关系观念之中，只不过在蒂利希早期浪漫主义的思想中，他更期望看到的是以宗教实质为基础而达至的科学知识整体的协调和文化的统一体，而没有过分强调文化形式作为有限的形式最终会成为经验宗教实质的障碍，并且这种障碍是有限的人类所不可克服的障碍。在《论文化神学的理念》中蒂利希就强调"只要我们被迫生活在反

71 Tillich P. Religion and secular culture [J]. *The Journal of Religion*, 1946, 26 (2): 82.
72 Tillich P. Religion and secular culture [J]. *The Journal of Religion*, 1946, 26 (2): 83.
73 Tillich P. Religion and secular culture [J]. *The Journal of Religion*, 1946, 26 (2): 83.

思（reflection）而不是直觉（intuition）的领域，这种（神圣与世俗、宗教与文化的）对立就无法克服。这是文化生活中最深刻、最悲惨的矛盾之一。"[74]在这种由于人类自身的有限性所导致的结构性矛盾中，文化不可能为我们提供解决问题的途径，而只能成为这种矛盾对立之困境与问题的实存性展示。

　　蒂利希在其早期文化神学建构过程中更多地将注意力放在了宗教哲学的部分。比如，他在《论文化神学的理念》中，在讲述完文化神学的三项任务后，就立即转向第一项任务，亦即一种针对文化的宗教哲学分析之上。亚当斯针对其早期文化神学的这种偏重，曾评价说其中的"哲学特征胜过系统神学特征。只有在他的《系统神学》中才能找到他的规范性体系的综合观念。"[75]实质上，蒂利希强调文化神学亦是一种基于具体立场出发而提出的规范性体系，但在其早期文化神学的架构中，我们似乎看不到蒂利希作为一个基督教神学家之基督教立场体现在哪里。但是，基于对文化之价值的重新评估，在将视角转向所有文化创造的困境后，蒂利希抛弃了早期文化神学的浪漫主义因素，认为"除非通过最终启示以及与教会的统一之中，否则对神律的浪漫寻求不可能得以完成。"[76]曼宁因此指出蒂利希早期文化神学到晚期文化神学的转变在于从一种神律（Theonomy）转变为一种以基督为中心的神律（Christonomy），可以说切中了要害。宗教，特别是基督宗教不仅仅是世俗文化的根基与实质，也成为克服世俗文化困境的力量，成为世俗文化所揭示的人类实存问题的一种象征性回答。

二、文化与神学的联结：关联法

　　在蒂利希看来，人类的实存处境本身就蕴含着人类自身所难以克服的困境和难以回答的问题，而宗教启示能够为之提供一种回答。"只有那些经历过短暂的震撼，意识到自己的有限性，意识到非存在的威胁而焦虑的人才能理解上帝概念的含义。只有那些经历了我们历史生存的悲剧性歧义并完全质疑存在的意义的人才能理解上帝的国的象征的含义。启示会回答已经提出的问题，

74　Tillich P. *Visionary Science: A Translation of Tillich's "on the Idea of a Theology of Culture," with an Interpretive Essay* [M]. Translated by Nuovo V. Detroit: Wayne State University Press, 1987: 35.

75　Adams J L. *Paul Tillich's Philosophy of Culture, Science, and Religion* [M]. New York: Harper & Row, 1965: 259.

76　Tillich P. *Systematic Theology (Vol.1)* [M]. Chicago: University of Chicago Press, 1951: 150.

并且总是会被问到，因为问题就是'我们自己'。在提出任何问题之前，人本身就是他问自己的问题。"[77]因此，蒂利希晚期文化神学思想，主要以"关联法"来解释和实践文化与宗教的关系，以此为主要路径来构建其文化神学。文化神学的首要任务就在于对表现了人类实存处境的人类文化进行分析。在这种意义上，神学家像哲学家一样进行的是关于存在与实存的哲学分析任务，而两者的不同就在于后者"只是把这样一种分析视作更广阔的哲学工作的一部分，而前者则试图将其所分析的材料同源自他的基督教信仰的神学概念关联起来"[78]，进而为人类的实存问题提供一种宗教意义或者一种宗教解答。

"关联法"作为一种神学方法并非蒂利希的新发明。蒂利希认为，"作为方法，它和神学一样古老。因而，我们并没有发明一种新的方法，而是试图把旧的方法，即护教神学的意涵清楚地表达出来。"[79]如同蒂利希认为所有神学都是"调解神学"（theology of mediation）一样，他亦认为所有神学都应该是护教神学。蒂利希这两种观念实际上是一致的。在他看来，基督教神学作为基督教会的职能，应该为教会的需要服务，而教会的需要以及神学所要承担的任务就是"陈述基督教信息中的真理，并向每一代人解释这一真理。"[80]这两项任务不可偏废。而"护教"之所以在现代社会中声名狼藉，就在于基督教在对抗现代人文主义和历史主义的批判中，试图在科学和历史知识的空白处安置神学，企图以一种极为消极的方式来守护基督教，而这种方法带来的后果在于每当历史前进中涌现出新的科学知识，那基督教就必须寻找并蜷缩于新的知识空白之处。在蒂利希那里，对于一个基督教神学家来说，真正的护教在于平衡教会与神学所要求的两项任务，提供一种"回答神学"（answering theology），"以其永恒信息的力量通过提出问题的处境所提供的手段，对蕴含在处境之中的问题进行回答。"[81]也就是说，一方面要依赖于基督教传统信息，另一要面对现代的处境，而将基督教信息传达给生活在现代处境的现代心灵。

77 Tillich P. *Systematic Theology (Vol.1)* [M]. Chicago: University of Chicago Press, 1951: 61-62.
78 Tillich P. *Systematic Theology (Vol.1)* [M]. Chicago: University of Chicago Press, 1951: 63.
79 Tillich P. *Systematic Theology (Vol.2)* [M]. Chicago: University of Chicago Press, 1957: 16.
80 Tillich P. *Systematic Theology (Vol.1)* [M]. Chicago: University of Chicago Press, 1951: 3.
81 Tillich P. *Systematic Theology (Vol.1)* [M]. Chicago: University of Chicago Press, 1951: 6.

其所做的阐释并不是完全超然的，反而是深深植根于现实处境之中的，因为神学所使用的概念、语言等等都与现实环境不可分割，神学家虽然以基督教信息为终极关切而身处神学圈之中，但神学圈本身亦被其他文化圈子所环绕。

（一）对三种理论的拒斥

基于关联法的立场，蒂利希反对处理宗教与文化关系的其他三种模式。第一，反对超自然主义的（supranaturalistic）模式。超自然主义的模式将"基督教信息视作人类处境之中的启示性真理的集合，这里基督教信息就像来自陌生世界的奇怪的东西。"[82]在蒂利希看来，当时新正统神学就持有类似的立场。这种立场的正确性在于它意识到人类不可能通过自身的力量而抵达上帝。但是，其错误在于它没有认识到"人类不可能接受一个他从未追问过的问题的回答……任何此类的回答对于他来说都是愚蠢的，是一种不可理解的话语组合——许多祈祷都是如此，而不是一种启示性的经验。"[83]也就是说，在这样一种与人类接受能力无关的来自异域的"启示"面前，对于人类来说，这种启示本身也就没有什么意义。第二，反对人文主义或者自然神学的模式。人文主义或自然神学的模式从"人类的自然状态中衍生出基督教信息。"[84]蒂利希认为过去两个世纪大部分自由神学都采取的是这种立场。这种立场的正确性在于它意识到实存问题是始终与人类相关的。但是，其错误在于将基督教信息完全等同于在历史当中由于人类的宗教性而进行的自我创造。在这一点上，它忽视了人类实存当中所普遍存在的自我疏离和自我矛盾，忽视了人类实存本身就是问题，将人类的实存状态等同于人类的本质状态，从而使基督教信息的启示性维度丧失，将宗教降格为人类的自问自答。第三，反对"二元主义"的（dualistic）模式。其特征在于"在自然结构的基础上建立一种超自然结构"。在蒂利希看来，历史上诸多哲学家和神学家为之奋斗或对之批判的"上帝存在的证明"就代表了这种立场。其正确性在于意识到了上帝与人之间的鸿沟，同时也意识到两者之间必定存在一种积极的关联。但是，其错误在于认为通过人类自身的努力（比如，像自然神论强调的理性思考）就可获得一套神

82　Tillich P. *Systematic Theology (Vol.1)* [M]. Chicago: University of Chicago Press, 1951: 64.

83　Tillich P. *Systematic Theology (Vol.2)* [M]. Chicago: University of Chicago Press, 1957: 13.

84　Tillich P. *Systematic Theology (Vol.1)* [M]. Chicago: University of Chicago Press, 1951: 65.

学真理或者通过一种所谓"自然的启示"，以一种自我矛盾的方式来表达这种关系。总之，人类并不可能在对问题的结构的考察中得到问题的答案。通过对以上三种模式的分析和拒斥，蒂利希再次强调"关联法通过将自然神学解析为对实存的分析，并将超自然神学解析为对实存中蕴含的问题的答案，从而解决了这一历史性和系统性的难题。"[85]

（二）问与答的结构

蒂利希在其晚年的传记中强调"问与答，是与否在实际中的争辩——所有辩证法的原始形式——是对我的思维形式最恰当的描述。"[86]在 1935 年蒂利希发表的题为《"辩证神学"错在哪里？》的论文中，蒂利希就指出真正的辩证神学是将"是与否"统合起来的神学，而以巴特为代表的所谓"辩证神学"虽然"使神学免于忘记上帝的神性，也使教会免于陷入世俗主义和异教之中"[87]，但是由于过分关注基督教自身的独特启示而忽略了上帝在文化之中的显现，因而"他们并不是以一种辩证的方式，而是以一种超自然主义的方式去思考，即便他们以'辩证神学家'自居。"[88]约翰·克莱顿（John P. Clayton）指出虽然不能直接将蒂利希所强调的辩证同关联法直接等同起来，但就这种方法毕竟在意识到神与人之间，神圣与世俗之间存在鸿沟的同时，亦意识到了两者之间并非完全不相干而是存在积极联系这一点而言，可以将之视作向关联法迈出的第一步。[89]而这种向关联法的转变在很大程度上与以海德格尔为代表的存在主义思想以及弗洛伊德对无意识的精神分析的兴起相关。简单来说，存在主义哲学希望通过对人类实存结构及其中蕴含的问题的分析而澄明存在本身的意义。在蒂利希看来，它们与无意识分析的自然结盟成为"20 世纪基督教神学的幸运盟友"[90]，使得人类实存处境问题再次成为神学思考的中心，

---

85 Tillich P. *Systematic Theology (Vol.1)* [M]. Chicago: University of Chicago Press, 1951: 66.

86 Tillich P. "Autobiographical Reflections" in *The Theology of Paul Tillich* [M]. Edited by Kegley C W, et al. New York: Macmillan, 1961: 15-16.

87 Tillich P. What is Wrong with the "Dialectic" Theology? [J]. *The Journal of Religion*, 1935, 15 (2): 145.

88 Tillich P. What is Wrong with the "Dialectic" Theology? [J]. *The Journal of Religion*, 1935, 15 (2): 145.

89 Clayton J P. *The Concept of Correlation: Paul Tillich and the Possibility of a Mediating Theology* [M]. Berlin / Boston: De Gruyter, 1980: 169.

90 蒂利希，《基督教思想史：从其犹太和希腊发端到存在主义》[M]，尹大贻译，北京：东方出版社，2008 年，第 470 页。

并且使教会也意识到自身对人类所处的社会环境所承担的责任。而之所以人类实存问题的解决并不来自存在主义哲学和精神分析本身，而要把神学拉进来，蒂利希认为其原因就在于"精神分析和存在主义只是分析了人类的处境。然而一旦这种分析或者哲学家试图给出一个答案，那么他们就不再是存在主义者了。他们作出的回答来源于其他传统，不论是天主教、新教、路德宗、人文主义抑或社会主义传统。传统可以来自任何地方，但不可能来自问题本身。"[91]而神学亦能为之提供一种来自人类境况及问题之外的答案。

关联法的意图在于关联基督教信息和现代心灵，而这种关联采取了"问与答"的结构。在蒂利希看来，这种"问"与"答"并非截然分立，而是处在一种"相互依赖"（mutual dependence）的关系之中。在蒂利希移民美国于1935 年在哈佛大学所作的一次题为"自然的和启示的宗教"的讲座中，蒂利希曾详细地阐明两者的依存关系。[92]在其中，他强调："启示作为一个回答只有在存在一个问题的情况下才是可理解的。没有一个在先的问题，回答就是无意义的。因此对启示的追问必定先于启示本身，但同时如果没有对所问之主体的任何知识，那这种追问也是不可能的。这就意味着：对启示的追问是以启示为前提的。因而它们彼此是相互依赖的。"[93]在基督教的视野中，这种相互依赖的关系是以神与人之间的本体论地位为基础的。人类处于与上帝具有本质性的统一与实存性的疏离之间。人类与上帝的本质性统一使其能够去追问无限，但只能从一种有限的处境出发去追问。而人类与上帝的实存性疏离使得上帝不得不通过启示对人类之追问进行言说，但是这种启示也不能是"从天堂砸下的石头"，而是对处境中的人类之言说，人类也必须从处境出发对之接受。

在其《系统神学》中，蒂利希从形式与内容的方面对"问与答"的依赖，

91　Tillich P. *Theology of Culture* [M]. Edited by Kimball R C. New York: Oxford University Press, 1959: 125.

92　克莱顿（Clayton J P）追踪了蒂利希早年作品中关于"问与答"概念的使用发展，认为这对概念的使用最早可以追溯到 1924 年的作品，而第一次将两者结合，强调两者的依存关系，则是在 1935 年的达德利讲座（Dudleian Lecture，哈佛大学最悠久的宗教系列讲座之一）上。参见 Clayton J P. *The Concept of Correlation: Paul Tillich and the Possibility of a Mediating Theology* [M]. Berlin / Boston: De Gruyter, 1980: 171-177.

93　Tillich P. Natural and Revealed Religion. In *Ausgewählte Texte* [M]. Edited by Christian Danz, Werner Schüßler and Erdmann Sturm. Berlin and New York: De Gruyter, 2009: 272.

尤其是"答"对"问"的依赖提供了更为详细的阐释。蒂利希认为"就内容而言，基督教的回答依赖于它们所出现的启示事件。在形式上，它们依赖于所回答的问题的结构。"[94]也就是说，一方面回答并非来自于问题本身，而是来自于人类处境之外，其内容依赖于上帝的启示；另一方面，因为回答是针对实存之人类提出的问题的回答，因此回答将被问题所塑形，否则将是毫无缘由的回答。蒂利希以上帝的概念为例说明了这一点，他指出："如若出现在系统神学之中的上帝概念与隐含在实存当中的非存在的威胁相关联，那么必须将上帝称为抵挡非存在之威胁的存在的无限力量。在古典神学中，也就是存在本身。如若将焦虑定义为对有限性的一种意识，那么就必须将上帝称作是勇气的无限的根基。在古典神学中，也就是普遍的天意。如果上帝的国的概念与我们历史实存的谜团相关联，那么它就必须被称为历史的意义、完满和统一。"[95]

总的来说，关联法构成了蒂利希晚期文化神学的主要方法，它通过一种问与答的方式将宗教与文化关联起来。因此，一个文化神学家的任务就包含两个步骤：第一步就是对文化进行分析，从中发掘人类的实存处境以及由此引发的关于终极的问题；第二步就是基于自己委身的宗教，根据当前人类实存问题的呈现方式而对可利用的神学材料进行重新阐释与塑形，从而使传统的宗教信息向现代的心灵开放并给予其意义和力量，就此而言，"在每一种据称是科学的神学里，都有一个由个体经验，传统评价和个人委身决定问题的地方。"[96]因此，蒂利希也提醒说，就像其他神学方法一样，关联法也可能会遭受扭曲，"回答可以歧视问题到以致实存性的灾难的严肃性丧失的程度，或者，问题可以损害答案到以致答案的启示性特征丧失的程度。"[97]在蒂利希看来，这种失败是不可避免的，其根植于人类有限心灵本身的歧义性/模糊性（ambiguity）。在蒂利希看来，人类具体的宗教与神学同人类其他生活领域一样，也是充满歧义性和模糊性的，"在启示性经验的基础之上，宗教转向了自救（比如，律法

---

94 Tillich P. *Systematic Theology (Vol.1)* [M]. Chicago: University of Chicago Press, 1951: 64.

95 Tillich P. *Systematic Theology (Vol.1)* [M]. Chicago: University of Chicago Press, 1951: 64.

96 Tillich P. *Systematic Theology (Vol.1)* [M]. Chicago: University of Chicago Press, 1951: 8.

97 Tillich P. *Systematic Theology (Vol.2)* [M]. Chicago: University of Chicago Press, 1957: 16.

主义，苦行主义，神秘主义，或者圣事的、教义的和情感的途径）。它歪曲了它所得到的，它并未达到它想达到的。这就是宗教之悲剧性所在。"[98]

三、神学的回答：象征主义

（一）神学的语言：象征语言

通过对蒂利希文化神学及其新的神学方法的考察，我们知道在蒂利希那里神学通过一问一答的方式，承担了联系宗教与文化的任务。而其背后有着蒂利希关于神-人关系的基本的本体论预设。在他看来，"为我们的上帝"（God for us）和"为上帝的我们"（we for God）之间是相互依赖的。上帝无限而深不可测的性质使得其完全可以与人类无涉，但是上帝的爱与恩典使其成为"为我们的上帝"。"为我们的上帝"是向人类"显现"的上帝，因此，"上帝对人类的自我显现依赖于人类接受其显现的方式。"[99]而神学则承担了"为我们的上帝"和"为上帝的我们"之间的桥梁，它通过在诸种文化形式中所呈现的"为上帝的我们"及其困境的分析，将关于"为我们的上帝"的传统信息作为一种回答重新阐释给"为上帝的我们"。

基于上帝与人类的这种关联，那么神学上采用一种象征的语言就成为一种逻辑上的必然。因为不论是像其早期文化神学强调的每一种有限都参与了无限，从而文化是宗教的形式，还是像其晚期文化神学强调的每一种有限都指向了对无限的追问，从而文化呈现了宗教神学所要回答的问题，这都意味着文化中的任何事物将是无限和终极的一种象征，或者是一种有意或无意地追求无限和终极之启示的中介。从这样的神学立场看，无论是人类文化作为广义的"语言"，还是人类文化当中狭义的"语言"都将是一种象征性的语言。而神学的语言，无论是长期使用的概念术语，还是日常执行的礼仪规范，它们都作为一种象征在一定程度上指向了终极，显示了终极之回答。同时，尤其需要注意的是，具体的基督宗教以及与之相关的神学理念和神学家本身就是人类与人类文化中的一员，在这一点上它们并不比其他文化形式更脱离实存的处境，它们所使用的语言亦是作为人类精神之创造的语言。因此，从基督教中上帝与人类的关系来看，由于人类的堕落而与上帝的疏离使得人类任何一种对于上

---

98 Tillich P. *Systematic Theology (Vol.2)* [M]. Chicago: University of Chicago Press, 1957: 80-81.

99 Tillich P. *Systematic Theology (Vol.1)* [M]. Chicago: University of Chicago Press, 1951: 61.

帝之描述不仅会成为上帝之无限的限制，而且也终究偏离了上帝。"人类属于无限，但他们并不能将无限如同财产一样占有。"[100]任何这样做的具体宗教或者任何宣称真正完全把握了上帝的神学都将沦为偶像崇拜和异端邪说。在蒂利希看来，人类必须意识到，"在真正的终极面前，一切声称自己终极的东西都将原形毕露而显示出它们只不过是初级的、暂时的和有限的"[101]。对于宗教神学来说，这一点尤其要作为一条批判性原则牢记心中。就此而言，从消极的层面讲，真正的神学应该是沉默的神学，从积极的层面讲，神学的语言只能是象征性的语言，它指向终极，但并非终极。

（二）象征与终极关切

将神学语言视作带有象征性要素的语言，并非蒂利希的首创。实际上这种观点可以更早追溯到基督教产生的初期。最早注意到神学语言中的象征性要素的是犹太哲学家斐洛（Philo Judeaus）。斐洛认为人类经由神的帮助才能获得神秘的意义，其中要么通过神圣的光照（divine illumination），要么通过神的话语，比如经书。而对于后者有两种理解方式，一种是字面意义上的理解，一种是寓意上面的理解或者说象征意义上的理解。斐洛并不否认对经书进行字面上的理解，但当其字面意义在理性上难以被接受时，寓意的解释就显得极为重要。比如，上帝用亚当的肋骨（ribs）造夏娃就不应该按照字面理解，因为按照字面理解是难以置信的，并且还会产生诸如上帝为什么不使用其他部位，使用的是左肋还是右肋，亚当被抽去的肋骨会用什么填补替代等等一系列琐碎问题。在类似的情况下，斐洛就认为需要仔细考察这些语言的象征意义，他认为肋骨是力量的象征，"因为我们说一个人有 ribs，就是在说他有活力；当我们想说摔跤手很强壮时，我们就说摔跤手拥有强健的 ribs，当我们想说一个竖琴演奏者在其曲子里很有激情和力量时，我们就说他有 ribs。"[102]公元 2-3 世纪的亚历山大的圣克莱门特（Clement of Alexandria）也提出了一种象征主义的理论。在他看来，神圣真理的最重要部分是隐匿的，救主往往通过口口相传而不是写下的文字而向少数人启示真理。即便是成文的经卷里也充满了各种谜语、寓言和象征。另外，自然也是真理的象征，因为在所有存在物之间存在一

100 Tillich P. *Dynamics of Faith* [M]. New York: Harper & Brothers, 1958: 9.

101 Tillich P. *Dynamics of Faith* [M]. New York: Harper & Brothers, 1958: 10.

102 Philo. *The Works of Philo: Complete and Unabridged* [M] Translated by Charles Duke Yonge. Peabody, Massachusetts: Hendrickson Publishers, 1993: 40.

种联结它们的共同的东西，这就是造物主在自然中留下的印记。由于人与自然均是造物主所造，因而两者也都成为造物主之象征。因此，在克莱门特看来，"可以在感觉、物体、事态、神话、语言和哲学等领域使用象征主义来表达最崇高的真理。"[103]而希腊教父奥立金（Origen）同样认为圣经不能仅仅按照字面意义去理解，在他看来，就像人是由"体""魂""灵"三个部分构成一样，为了救赎人，上帝恩典启示的圣经也应该得到不同的阐释。根据以上三个部分，对经文需要进行字面意义（历史的或躯体的），道德意义和灵性意义三重解读。"各人都应该从内心里以一种三重的方式来描述对神之话语的理解，好叫一切比较单纯的人因《圣经》的体而受启示——这里的'体'，我们指的是通常的和历史的意义；也叫那些已经开始取得相当大的进步，能够看见更多东西的人，因《圣经》的魂而得启示。而那些完全的人……叫他们因灵性的律法本身（它乃是那将来之善事的影子）而造就，就好像因圣灵而造就一样。"[104]而在此之后，解经的方式逐渐发展成四种，四重解经法逐渐成为中世纪解经的一种常用规则。圣经的四重意义被类比为古罗马的四马双轮战车（Quadriga），主要包括字面-历史的（literal-historic）意义，寓意（allegoric），道德（moral）上的意义和神秘的-终极的（anagogical-ultimate）意义。这四重意义常被四句格言概括而广为教授与传播，即"字句载明事件，寓意点明应信，道德指示应行，神秘指明应往。"（*Litera gesta docet, quid credas allegoria; moralis quid agas, quo tendas anagogia*）

因此，在基督教早期，许多神学家就特别强调神学语言字面意义之外的象征性因素。尽管在神学历史上许多神学家和派别由于担心人类的随意解读造成对圣经之真意的误读，而更强调按照字面意义理解圣经。比如，德尔图良强调基督教与希腊哲学无关，拒斥利用哲学理论过分地对基督教教义进行解读；而像马丁·路德、加尔文等宗教改革家反对腐朽教会对解经权利的独占和管制，也认为圣经字句清楚明白，平信徒亦可理解，对于圣经的解读"除非上下文语境清楚地说明存在其他解法，否则应保留其最简单的意思，以文法和字面的意义来对之进行理解。"[105]现代的一些基要主义者甚至坚持一种极

---

103 Okafor B. *The Theory of Knowledge in Clement of Alexandria* [D]. Pamplona: University of Navarra, 1993: 56.

104 奥利金，《论首要原理》[M]，石敏敏译，香港：道风书社，2002年，第270页。

105 Luther M. *Works of Martin Luther with Introductions and Notes (Vol. 2)* [M]. Philadelphia: A. J. Holman Company, 1916: 189-190.

端的"圣经无误论"，认为圣经是关于超自然力量的记载，按其字面意义其一字一句都是正确的，即便与历史或科学相冲突。但是，在现代科学和理性的时代背景下，强调神学语言，尤其是圣经语言中的象征性因素似乎成为规避宗教与科学冲突的重要方式之一。总之，无论是在古代，还是在现代，基督教神学家们虽然并不完全否认字面意义的理解，但通过在释经过程中寻找神学语言中的象征意义，使得基督教教义得到了更深层次的发展，规避了神学与其他文化形式可能相互冲突的问题，从而使基督教更能为生活在理性和世俗时代的人群所接受。

但是与这些解经学家在一种略带消极的，带有"护教"性质上将部分宗教语言视为象征性的语言的态度相比，蒂利希的态度则显得明确得多，积极得多。在他看来，除了"上帝是存在本身"之外，所有的宗教语言都是象征性的语言。而这种观点的源头还是要追溯到他对宗教信仰的独特界定。从之前对蒂利希早期文化神学的梳理中，可以发现蒂利希是从实存与存在的角度定义宗教信仰的，它是一种从绝对的"否"之上经验到绝对的"是"的经验。在晚期思想中，蒂利希依然从这样的角度去看待宗教信仰，只不过在其晚期思想中宗教信仰通过"终极关切"（ultimate concern）来界定。在他看来，"'关切'一词本身就点出了宗教经验的实存（existential）特征。"[106]蒂利希强调，人必然处在一种有所关切的状态，一个玩世不恭者固然可以在表面上对自己和他人，对工作和生活，对社会和政治等等都保持冷漠，但实质上他依然有所关切，他所关切的就是"无所关切"本身，而且在此过程中将之作为自己唯一重要的关切。在蒂利希看来，这是"一切无所关切的内在矛盾"[107]。因此，人生在世就必然会有所关切。

关切具有初级和终极之分。在一篇题为"我们的终极关切"[108]（*Our ultimate concern*）的布道中，蒂利希用圣经中马大和马利亚的故事[109]形象地说明了这一点。在蒂利希的解读中，马大心忙意乱，关切的事情众多，但其关切都是初级的、短暂的和有限的事情，而其妹妹则关切的是终极的、永恒的和无

106 Tillich P. *Systematic Theology (Vol.1)* [M]. Chicago: University of Chicago Press, 1951: 12.
107 蒂利希，《新存在》//何光沪编，《蒂里希选集》（下）[M]，上海：上海三联书店，1999年，第818页。
108 《新存在》第3章第2篇，参见何光沪编，《蒂里希选集》（下）[M]，上海：上海三联书店，1999年，第813-820页。
109 参考路加福音 10: 38-42。

限的事情。因此，耶稣告诫她应该向其妹妹学习，因为"你为许多的事思虑烦扰，但是不可少的只有一件"（路加福音 10：41-42），在基督宗教中，就是"你要尽心、尽性、尽力、尽意爱主你的神。"[110]对此，蒂利希认为关切意味着我们卷入到对象之中，这种卷入是全身心的卷入，我们的身处在其中，我们的心亦参与其中。而初级关切和终极关切的区别就在于前者虽然要求专注、献身和激情，但不像后者，后者要求的是无限的专注，无条件的献身和终极的激情。早在 1951 年出版的《系统神学》第一卷中，蒂利希就明确地指出，"终极关切是决定我们存在（being）或不存在的关切……这里的存在指的并不是在时空之中的实存（existence）。因为实存持续不断地受到那些对于我们来说并非终极的事物和事件的威胁和保全。而'存在'的概念指的是人类实在的整体、结构和意义以及实存的目的。"[111]

　　然而终极关切和初级关切并非全然无关。两者可能有三种关系模式：第一，相互漠视的（mutual indifference）关系，这种关系在日常生活中相当普遍，但这种关系容易导致将终极关切下降到初级关切的地位，从而使两者难以区分，进而使得终极关切丧失了其终极性；第二，将初级关切上升为终极关切的关系，这种关系实际上是一种偶像崇拜，它将有限的东西提升到无限的地位，将个别的东西视为普遍的本质。在这种关系中有限的基础将与无限的要求发生冲突而不可维持；第三，初级关切成为终极关切的载体但并不声称自己是终极关切的关系。在蒂利希看来，这才是终极关切与初级关切之间应然的关系。在此关系中，初级关切不会与终极关切混为一谈，也不会宣称自己具有终极的意义，而是作为无限的承载者，无限的终极关切也通过有限的初级关切得以成为现实。在这种意义上，初级关切才会成为宗教神学的对象，但只是被视为一种指向其自身之外的中介。蒂利希指出，像绘画、诗歌、音乐等艺术，物理学、历史学、心理学等科学，社会观念、法律、政治等社会组织形式，人格教育、身心治疗等社会实践活动，这些文化形式成为一种神学关注的对象，并不是因为其审美形式、认知形式、社会政治形式以及伦理技术形式，而是因为它们在某些方面具有表达、揭示、实现或者调解某些终极与我们相关的东西的力量。

　　在蒂利希看来，宗教信仰是一种终极关切。在宗教中，这种终极性经常被

110 参见马太福音 22：37；马可福音 12：30；路加福音 10：27 等。
111 Tillich P. *Systematic Theology (Vol.1)* [M]. Chicago: University of Chicago Press, 1951: 14.

"神圣"（holy）所表达，"神圣是与人终极相关者的性质。只有神圣的，才能给人以终极关切，而给人以终极关切的，才具有神圣的性质。"[112]作为终极关切的宗教信仰，尽管可能被扭曲，但"它从终极的意义上排除了其他关切；它使得这些关切都成为初级的。终极关切是无条件的，是独立于其他任何有条件的特征、欲望或环境的。无条件的关切是整全的：我们或我们的世界的任何一个部分都没有从中被排除；我们无处躲避它。"[113]也正是在这种意义上，蒂利希反对黑格尔、康德和施莱尔马赫仅将宗教信仰与理论理性、实践理性或情感等人类精神中的某一功能相联系的做法，而认为宗教信仰是一种"尽心、尽性、尽力、尽意"的行为，是一种出自整全人格（the total personality）的行为。在其中，人类心灵的知情意等活动和功能全部统一在一起而不可分割。

由此，蒂利希认为宗教信仰亦即终极关切作为对被经验为终极者的关切，它本身表达了"能信者之信仰"（*fides qua creditur*）和所信者之信仰（*fides quae creditur*）两层含义。前者表达了终极关切的主体层面，后者表达了终极关切的客体层面。也就是说，一方面它是超越自身和世界的处境，超越日常生活经验去领会终极的人的整全人格的中心化行为，另一方面它也指向这些人的信仰所意向的对象亦即宗教中通常所讲的"神"。但是，蒂利希认为两者是统一的，"缺少信仰所指向的内容就无信仰可言，在信仰的行为中总有某物被意向。同时，除了通过信仰的行为，否则信仰的内容就不可能被获得。所有并非在终极关切状态下对神圣事物的言说都是无意义的。"[114]

由于信仰是关于神圣的经验，神圣又是经由有限的存在者而被接受的，因此，蒂利希认为"信仰是一种有限的行为，具有有限行为的一切限制"[115]，尽管在信仰的过程中有限存在者被无限所把捉（grasped）而超出有限行为的界限去指向无限。作为终极关切之信仰的内容由之也并不具有确定性，唯一能确定的是信仰者将之视为终极而投入的无限激情。总之，"每一种信仰本身都拥有一种具体的要素"[116]，这种具体的要素最终可能被证实为只是初级的、有限的。因而，尽管在关于无限的经验本身中，信仰不会失败，但在信仰的具体

112 Tillich P. *Systematic Theology (Vol.1)* [M]. Chicago: University of Chicago Press, 1951: 215.
113 Tillich P. *Systematic Theology (Vol.1)* [M]. Chicago: University of Chicago Press, 1951: 11-12.
114 Tillich P. *Dynamics of Faith* [M]. New York: Harper & Brothers, 1958: 10.
115 Tillich P. *Dynamics of Faith* [M]. New York: Harper & Brothers, 1958: 16.
116 Tillich P. *Dynamics of Faith* [M]. New York: Harper & Brothers, 1958: 18.

表达上，信仰终将失败，"神祇会消逝，神性将留存。"[117]从消极的层面讲，信仰总会伴随怀疑的因素，这种怀疑并不等同于方法论上的怀疑或者怀疑论者的怀疑，其目的并不是追问某个命题的真与假，也不是为了表明一种拒斥所有判断，拒斥所有真理的态度，而是一种"实存性的怀疑"（the existential doubt）[118]，它表达了有限存在者对任何实存性真理中所不可克服的不可靠、不安定因素的意识，这种严肃的怀疑指明了终极关切之终极所在，即终极关切者不能为任何有条件的东西所限制；从积极的层面讲，信仰者忽略了信仰表达中的不确定因素而将之完全接受下来，因而表达了一种"不顾"（in spite of），一种冒险的勇气。在这种"不顾"之勇气与严肃之怀疑之间，真正的信仰呈现为动态的信仰，其不断地进行自我批判和自我更新，而不是作为一种静态的信仰将具体信仰行为所肯定的终极者以及宗教权威所对之表述的具体的因素视作毫无质疑之可能的东西。在蒂利希看来，这种动态的信仰观念，这种对具有偶像崇拜意涵的静态信仰的反对，最早是由基督新教发起的。其目的在于强调信仰之终极性，而不在于否定信仰传统。正是这种观念使得基督新教成为一种具有独特价值的宗教，在基督新教的视角下，"信仰共同体处在'十字架之下'"[119]，基督教信徒的整个宗教生活都要接受审判，教会的所有教义、组织以及权威都要受到一种先知性的审判而不能超越其上。就此，蒂利希将注重信仰本身的怀疑因素以及信仰共同体表达中所含有的批判性因素称为"新教原则"。他将这一原则视作所有宗教信仰为了保持其终极性因而保持其动态的生命力所必须秉持的一条原则。这条原则表明在这种信仰中，怀疑和批判尽管在某个地点、某段时期可能并不是实然，但其永远是可能的。

宗教信仰依赖于语言，当然这种语言可以作更为广泛的理解，它不单单指书面或口头上所使用的狭义的语言，而且还包括宗教中经常使用的音乐、绘画、圣物、仪规等等特殊意义上的语言。甚至从更为广泛的意义上说，在蒂利希文化神学的视角下，诸种文化形式本身亦可以称为宗教的语言。"只有在精神性的存在者构成的共同体之中，语言才具有生命活力"[120]，因而只有在宗教信仰的共同体中，一套宗教性的语言才具有意义，宗教经验才得以生发，信仰本身才得以可能。无语言的信仰是盲目的，它无法指向任何内容也无法意识到

---

117 Tillich P. *Dynamics of Faith* [M]. New York: Harper & Brothers, 1958: 18.
118 Tillich P. *Dynamics of Faith* [M]. New York: Harper & Brothers, 1958: 20.
119 Tillich P. *Dynamics of Faith* [M]. New York: Harper & Brothers, 1958: 29.
120 Tillich P. *Dynamics of Faith* [M]. New York: Harper & Brothers, 1958: 24.

自身。在宗教信仰共同体之中，"宗教语言确保信仰行为具有一种具体的内容……只有在一种语言的共同体之中，人才能实现其信仰。"[121]

但是，如前所言，冒险和怀疑是宗教信仰本身所具有的结构性要素，因此对于宗教语言来说，它也必须接受这种结构，在自我肯定的同时亦要自我批判。这种自我肯定和自我批判都建基于有限与无限，初级与终极，或者说人与神的区分之上。其自我肯定在于宗教语言指向了一种更高的维度，其自我批判在于宗教语言根植于人类有限处境之中。因而，宗教语言必定是一种象征语言，宗教信仰作为终极关切的终极性需要一种象征性的语言来保障，它表明宗教语言作为象征性的表述并不等同于终极本身，但其在宗教共同体之中指向了终极。它们只是在共同的宗教经验之中被视为终极，信仰是"对使用关于神圣之行动的话语来表达我们的终极关切的象征的一种接受。"[122]我们固然可以以信条、律法、教义、仪规等形式将某些语言表达固定下来，但这并不代表它们具有凌驾于一切个人、团体或其他宗教之上的力量。神圣的事物，神圣的语言并非本身就是神圣的，而是它们可以超出自身指向终极，当它们不能承担此种功能时，当其不能唤起共同体成员对于终极的经验时，也就失去了意义和存在的必要。所以，宗教语言是象征语言，从消极的层面讲，它"只是象征"（only a symbol）[123]而不等同于终极；从积极的层面讲，它"正是象征"（not less than a symbol）[124]而指向了终极。总之，在蒂利希看来，真正的终极超越了一切有限实在的领域，因而任何有限的"语言"都不能恰当地将之进行表述，"概念转化为象征，这是终极之特征与信仰之本质使然。"[125]

（三）象征与符号

按照蒂利希的观点，如若信仰被理解为终极关切的状态，那么神学作为对信仰内容的系统阐释，将除了象征语言以外没有任何其他语言。在蒂利希早期文本和晚期文本中均有关于象征语言的讨论并且呈现出紧密的关联。总体来看，其关于象征的认识主要通过象征与符号的对比而建立。

在蒂利希的晚期作品《信仰的动力》中，蒂利希认为象征的主要特征在于：（1）象征指向了自身以外的东西，这是象征与符号所共有的特征，比如

---

121 Tillich P. *Dynamics of Faith* [M]. New York: Harper & Brothers, 1958: 24.

122 Tillich P. *Dynamics of Faith* [M]. New York: Harper & Brothers, 1958: 48.

123 Tillich P. *Dynamics of Faith* [M]. New York: Harper & Brothers, 1958: 45.

124 Tillich P. *Dynamics of Faith* [M]. New York: Harper & Brothers, 1958: 45.

125 Tillich P. *Dynamics of Faith* [M]. New York: Harper & Brothers, 1958: 44.

红色信号灯指示停止，国旗象征国家；（2）象征参与（participate）了它所指向的东西，比如国旗参与了它所代表的国家的力量和尊严，践踏国旗就是对国家的力量进行挑衅，就是在践踏国民的尊严；（3）象征开启了向我们关闭的实在层面，比如一首诗所创造出的象征以一种特殊的方式打开了某种实在层面，这种层面是以经验的或科学的方式所不可通达的；（4）象征开启了我们心灵的某些维度和要素。象征的这一特征与上一特征相对应，比如，伟大的戏剧不仅呈现了关于人类景象的新视野，而且开启了我们心灵中隐藏的某种深度，而我们心灵内部的这种维度在我们观看到相应的戏剧象征之前是无法被意识到的；（5）象征不能有意地加以制造，它需要个体或集体无意识的接受，"即便有些人想要有意地制造一个象征……只有一个群体无意识地对其承认接受才是可能的。"[126]（6）象征有生死，随着环境的改变，它也会相应地生长或消亡。[127]

其中，特征（1）是"象征"和"符号"所具有的共同特征，而本人认为特征（2）是这六个特征中最基本的特征。当然，这一点也可以得到蒂利希本人文本上的直接证实。在他看来，"（象征与符号）决定性的区分乃是这样一个事实：符号并不参与它们所指向的那些实在，但象征会参与。"[128]按照《存在的勇气》中对"参与"的描述，即"参与所意指的正是成为某物所是的一部分，但同时又与之相分离"[129]来讲，正是"参与"这种既"同一"又"分离"的特征使得象征能够指向自身以外的东西。如果象征与象征所指向的东西是完全同一的，那象征就不是在指向"自身以外的东西"，如果它们是完全分离的，那两者将毫不相干，象征的指向性也就变得不可能。也正是基于这一点，象征与指向的东西相关联，但同时又与我们相关联，进而向我们揭示了实在或心灵的某种维度。同时，在蒂利希看来，一个象征成为象征与它被人们普遍无意识地接受是同时的，"参与"实际上包含着象征被经验为是对所象征的东西的表象的过程。但正由于象征是被如此经验的，所以当这种经验发生变化时，象征也就会有生有死。当它不能在共同体之中激起反应，就意味着它可能不再能指向某种东西，这也就意味着象征的死亡。因此，总的来讲，其他特征

126 Tillich P. *Theology of Culture* [M]. Edited by Kimball R C. New York: Oxford University Press, 1959: 58.

127 Tillich P. *Dynamics of Faith* [M]. New York: Harper & Brothers, 1958: 41-43.

128 Tillich P. *Dynamics of Faith* [M]. New York: Harper & Brothers, 1958: 42.

129 Tillich P. *The Courage to Be* (Second Edition) [M]. New Haven: Yale University Press, 2000: 88.

实际上是从属于象征所具有的"参与"特征的。

蒂利希在《信仰的动力》中给出的关于"象征"的上述六个特征是他的主要提法。但是，在其早年的论文《宗教象征》[130]中，蒂利希对"象征"的特征也进行了界定。他在这篇论文中将象征的特征归结为四个：（1）比喻性，蒂利希举例说"言语的书写形式可以称作言语的象征，而言语可以称作是其意义的象征。"[131]（2）可感知性，也就是说"一些内在的不可见的，理念的或者超越的东西通过象征变得可感知，通过象征的方式被客观地给予。"[132]（3）具有内在力量；（4）可接受性，这一点指的是象征是跟社会集体相关的，是包含有社会根源和集体支持的。在这样一种界定中，蒂利希认为特征（3）是区别象征和符号的最主要特征。正是因为"具有一种内在的力量才使得象征得以同那自身虚弱无力的符号区分开来。"[133]

《宗教象征》里所总结的特征与《信仰的动力》中所总结的特征并不冲突。其中象征的"比喻性"就是说象征的功能不是表象自身，而是要"指向自身以外的东西"，就像各各他山的十字架并不单单指的是一个实在的十字架，它指向的是上帝的救赎，它是关于上帝之无限超越和仁慈的经验的象征性表达；而象征的"可感知性"对应的是象征开启了向我们关闭的实在层面，开启了我们心灵的维度，把我们不曾感知、不可感知的东西呈现出来。只不过后者是在言说象征的功能性特征，而前者所言说的是象征在执行这些功能时自身所表现出来的特性。我们也可以说前者是原因，后者是结果；而象征的"可接受性"对应的是象征是集体无意识的产物和象征有生死，亦即象征之为象征是伴随着社会集体无意识的接受而来的，而随着这种接受的失去与否，象征就有

---

130 参见 Tillich P. "The Religious Symbol / Symbol and Knowledge," in Tillich P. *Main Works (vol. 4): Writings in the Philosophy of Religion* [M]. Edited by Clayton J P. Berlin: De Gruyter, 1987: 253-278。该文德文版于 1928 年首次发表于 *Blätter für Deutsche Philosophie*（Bd. 1, H. 4, 1928），英文版由 James Luther Adams 翻译并经蒂利希做相关修订完善。

131 Tillich P. "The Religious Symbol / Symbol and Knowledge," in Tillich P. *Main Works (vol. 4): Writings in the Philosophy of Religion* [M]. Edited by Clayton J P. Berlin: De Gruyter, 1987: 253.

132 Tillich P. "The Religious Symbol / Symbol and Knowledge," in Tillich P. *Main Works (vol. 4): Writings in the Philosophy of Religion* [M]. Edited by Clayton J P. Berlin: De Gruyter, 1987: 253.

133 Tillich P. "The Religious Symbol / Symbol and Knowledge," in Tillich P. *Main Works (vol. 4): Writings in the Philosophy of Religion* [M]. Edited by Clayton J P. Berlin: De Gruyter, 1987: 254.

了生死。比如宗教改革强调人与上帝之间的"直接关系"，因此人与上帝之间的任何中介都被抛弃了，在此过程中，"圣母玛丽亚"这样一个在天主教传统中非常重要的"象征"，在新教当中就被逐渐淡忘而死亡了。

宗教象征作为象征之一种，具有蒂利希所言的象征的所有特征。而其之所以详细地讨论宗教象征也与其文化神学相关，尤其是与其晚期文化神学中的关联法相关。但为了更好地说明蒂利希关于关联法与宗教象征的联系，我们在这里必须插入一段关于"参与"概念的考察。

当代著名宗教哲学家约翰·希克（John Hick）曾指出蒂利希使用一种"参与"的理论去代替一种"类比"的学说，"但不幸的是，他对于'参与'这一核心概念并没有进行充分的界定或阐明。"[134]而研究者福特（Lewis S Ford，1966）和林茨（Ryan McAnnally Linz，2012）也比较全面地分析了在不同文本语境下"参与"概念的不同含义，指出了蒂利希使用这一概念上的多义性和含混性。

但是，从之前的梳理，可以发现蒂利希在不同时期的两个文本中对"象征"的特征的描述虽然不尽相同，但是这种变化也不是随意的，反而这些特征是前后对应的，从这种对应中我们可以尝试去理解蒂利希"参与"概念的基本含义。因此，将蒂利希在两个文本中所说的象征的两个最重要的特征，即"象征参与了它所指向的东西"和"象征具有内在力量"联结起来，可以认为正是由于"参与"使得象征具有某种"内在力量"。在《存在的勇气》以及论文《参与和知识》[135]之中，蒂利希认为"参与"主要有三种含义：第一，分享；第二，有共同之处；第三，变成其中一部分。但是，对于象征的"参与"，显然我们更应该采取"分享"的意思。因为象征与象征指向的东西通常是不同的，就外在而言，它们往往没有什么共同之处，也并不是其中的一部分。比如，国旗是国家的象征，但是单独来看，一个由一定的颜料和布料构成的国旗与国家并不相同，也不是国家的一部分。因此，国旗对国家的"参与"只能说国旗"分享"了国家的权威和力量，也只有在这种意义上，我们才能够说国旗与国家具有了共同之处，变成了国家的一部分。蒂利希也明确指出"我们无法设想已经确定分离的事物的部分同一……要理解参与所具有

---

134 Hick J. *Philosophy of Religion* [M]. New Jersey: Prentice Hall, 1990: 87.

135 Tillich P. "Participation and Knowledge. Problems of an Ontology of Cognition," in Tillich P. *Main Works (vol 1): Philosophical Writings* [M] Edited by Wenz G. New York: De Gruyter, 1989: 381-390.

的这种高度辩证的本性，就必须使用力量的术语而不是事物的术语去思考。"[136]因此，"参与"是分享力量。理解"参与"高度辩证的本性的困难不在于分离，而在于同一，在于如何理解两个分离之物之间的同一，而按照蒂利希的看法，"参与所具有的同一性是存在之力中的同一性。"[137]因此，他所说的"参与"可以由此尝试理解为："参与"指的是存在物对存在本身，亦即存在之力量的分享。

总之，蒂利希在讨论象征理论，讨论认识论问题时，归根结底还是在讨论存在论上的问题。正是因为这种存在论意义上的"参与"才使得概念、事物等具有成为象征的可能。"每一个人和每一种事物都参与了存在本身，也就是说参与了存在的基础和意义。如若没有这种参与，它将不会获得存在的力量。正是这种参与使得每一种类型的实在都在某些地方成为了启示的媒介。"[138]唐纳德·德赖斯巴赫（Donald F. Dreisbach）、黄明孝（Minhyo Hwang）等人对此的评价则十分精确，前者认为"所有的存在物都是潜在的象征，因此象征性参与是所有事物所共有的一种性质。"[139]而后者则指出"每一种实体都是一个潜在的象征，一种对于存在的力量、根基或者意义的潜在揭示。"[140]

由此也就不难理解为何蒂利希会提出一种文化神学的观念了，因为在这种意义上，并没有什么宗教象征与其他象征的区分，任何文化形式及其具体内容，在原则上都可能成为一种宗教象征而具有一种广义宗教上的意义，不论它原本是属于语言上的、艺术上的、历史上的还是某一具体宗教上的，而任何宗教象征也可能不再被接受为象征而成为关于事实的描述或者无意义的描述。只不过在蒂利希晚期文化神学中，更重要的任务不是思考如何将诸种文化形式及其内容变成一种宗教象征，因为象征首先依赖于接受而不能被有意地创造，并不是一个艺术家、一个哲学家抑或一个神学家说我们用某个东西作为一种象征指向某种东西时，它就真的会在共同体之中成为一个象征。同时，宗教

---

136 Tillich P. *The Courage to Be* [M]. New Haven: Yale University Press, 1952: 88.

137 Tillich P. *The Courage to Be* [M]. New Haven: Yale University Press, 1952: 89.

138 Tillich P. *Systematic Theology (Vol.1)* [M]. Chicago: University of Chicago Press, 1951: 118.

139 Donald F. Dreisbach, "Being and Symbol, Symbol and Word," in *Being Versus Word in Paul Tillich's Theology?* [M]. Edited by Hummel G. and Wax D. Berlin: De Gruyter, 1999: 156.

140 Hwang M. The Church as a Paradoxical "Spiritual Community": A Study of Paul Tillich's Theology of the Church in Terms of His Theology of Culture [D]. New York: Union Theological Seminary & Presbyterian School of Christian Education, 2007: 61.

象征的接受亦依赖于一种宗教上的委身，一种信仰上的冒险，一种预先的启示，正如蒂利希所言："人们不可能把世俗实在中的片段任意地'制造'为象征。即便是作为伟大的创造象征的源泉即集体无意识也不能这样做。如果世俗实在中的一个片段被用作上帝的一个象征，那它所出自的那个实在的领域就被提升到一种神圣的领域，它已经不再是世俗的领域了。"[141]也就是说，世俗文化与神圣宗教之间是存在鸿沟的，世俗文化要想保持自身的独立性就必须意识到这种鸿沟，否则就要意识到自身实际上表达了一种神圣的宗教，尽管常常是以一种拜偶像的宗教形式出现，而不要声称自己还是属于世俗领域的。历史已经表明，世俗文化已经愈来愈放弃后一条道路，而在强调自身独立性的道路上一往无前。因此，在蒂利希晚期文化神学中，他更强调的任务是发掘诸种文化形式呈现的实存问题及其形式，因为"蕴含在人类实存之中的问题决定了回答中所出现的经典宗教概念的意义和神学诠释。这些问题的形式，无论是一种朴素（primitive）形式，还是哲学的形式，其对于回答所用的神学形式都是决定性的。"[142]

（四）宗教象征的标准：真实性与自我否定性

既然宗教象征是宗教与文化之间联结的桥梁，神学的重要任务就是对传统象征进行重新诠释，因此根据一定的标准去判定哪些象征在宗教的回答中更能击中与此种神学同时代的文化所表现出的人类困境，就成为文化神学家所必须考量的问题。换言之，宗教象征呈现出双向的特征，一方面指向它所象征的无限，一方面又指向其借以指向无限的有限者，从而使"无限性向有限性下降，又使得有限者向无限上升。"[143]因此，在此之中，需要进一步思考的是"哪一种象征在对信仰的意义表达上最为充分？或者说，哪一种对终极的象征更为不带拜偶像因素地表达了终极？"[144]

在蒂利希看来，宗教象征的标准与宗教信仰作为终极关切状态的两个面向有关。如前所述，终极关切既包括主观的方面，也包括客观的方面。因此宗

---

141 Tillich P. *Systematic Theology (Vol.1)* [M]. Chicago: University of Chicago Press, 1951: 241.

142 Tillich P. The Problem of Theological Method: II [J]. *The Journal of Religion*, 1947, 27 (1): 25.

143 Tillich P. *Systematic Theology (Vol.1)* [M]. Chicago: University of Chicago Press, 1951: 240.

144 Tillich P. *Dynamics of Faith* [M]. New York: Harper & Brothers, 1958: 47.

教象征可以从以上两个方面来考察，一方面我们可以从主观方面考察宗教象征是否充分地表达了终极性的关切，另一方面我们也可以从客观方面考察宗教象征是否是真正终极性的。前者所依赖的标准被蒂利希称为"真实性"（authenticity）标准，后者所依赖的标准被蒂利希称为"自我否定性"（self-affirmation）标准。

具体来讲，蒂利希认为一个宗教象征符合真实性标准就在于它"在表达其宗教经验上的充分性。"[145]而这种表达上的"充分性"指的是"它能够创造出回应、行动和交流的方式，并以此来表达终极关切的能力。"[146]因为从主观的方面讲，个人或群体在生活中会具有各种关切，也会将各种东西视作终极，而当某种东西被视作终极时，它就成为了个人或群体的"神"。因此即便是所谓的终极关切，其内容也与人之间处在变动的关系之中。终极关切的内容可能会被其他事物所取代，甚至消失。对于这一点，蒂利希认为由各种形形色色的具体宗教的此消彼长和生死兴亡所构成的人类宗教历史便是一种证明。而在某一个时期、某一个地点，当一种宗教象征还能在某个群体之中创造出回答，并因此能够唤醒人心从而驱使行动的话，那这个宗教象征就是一个具有"真实性"的象征，它就还是一个活的象征。而当它失去这种力量，只是作为过去之宗教信仰的历史"遗迹"而被保存时，那它就是一个丧失"真实性"的象征，是一个死去的象征。蒂利希认为通过这样一个实用性的标准，而不是科学意义上的标准，我们可以对宗教象征进行评判。但是，对于一个宗教象征是否死亡的判定一般只能运用于对过往已经明显不被当前文化所接受的象征之上，而不能运用于当前还被接受的象征之上。也就是说，我们并不能判定一个还在使用的宗教象征在何时何地终将死亡。因为这样一个标准只是一个针对宗教象征的主观层面的标准，只要某个宗教象征还为人接受，我们就不能认为它已死亡，更何况一个死亡的象征依然具有再次为人所接受从而得到复活的可能。

宗教象征的第二个标准即"自我否定性"标准在于确保象征之象征性与终极者之终极性。宗教象征的功能在于指向终极者，它参与了终极，但并不等同于终极。"神圣只有通过'神圣的客体'才能成为现实的。但是神圣的客

---

145 Tillich P. "The Meaning and Justification of Religious Symbols," in Tillich P. *Main Works (vol. 4): Writings in the Philosophy of Religion* [M]. Edited by Clayton J P. Berlin: De Gruyter, 1987: 419.

146 Tillich P. *Dynamics of Faith* [M]. New York: Harper & Brothers, 1958: 96.

体并非在自身之中或者出自自身而是神圣的。它们之所以神圣只是因为它们在作为媒介指向神圣的同时否定了自身。如果它们将自身视作神圣，那它们就变成恶魔化（demonic）的了。"[147]宗教象征必须对其指向的东西保持"透明"[148]（transparency）。蒂利希使用"透明"这一形象的比喻意图说明我们只能通过宗教象征"观看"终极，宗教象征必须保持"透明"以使这种观看成为可能，而不能使自身变得"不透明"，将自身视作观看的对象，将自身提升为终极本身，否则，将会导致偶像崇拜。

在蒂利希看来，"最充分的宗教象征在于它既表达了终极，同时也表达了自身终极性的缺乏。"[149]在基督教中，"基督的十字架"（the Cross of Christ）被蒂利希视为最为充分的宗教象征。"假如基督教在其象征主义中声称某一真理比其他真理更具优势的话，那就是在十字架亦即基督的十字架象征中表达的真理。自身体现为神圣临在之全部的基督为了避免成为一个偶像，避免成为一个与上帝并列的神，一个信徒们期望他变成的那种神，而牺牲了自己。"[150]耶稣是在自己不得不去耶路撒冷并在十字架上受死的情况下才接受了"基督"的称号，因而这种十字架上的悖论蕴含着耶稣基督这一象征的自我否定性。宗教象征本身不可能是终极的，包括基督教在内的所有宗教的教义、仪式等象征都要遵守这条标准。神学家也必须意识到所有宗教语言都是象征性的语言，而不能仅从字面意义理解。从积极的层面讲，这也就意味着神学家应该成为一名文化神学家，他不是要去陈述固定的事实，而是必须面对现时代人类感受到的困境而对传统的宗教象征进行重新的阐释，以便使其可能被现代人接受为一种回答，进而唤醒现代人的心灵与行动。

总之，蒂利希晚期文化神学并没有将侧重点放在考察神学在整个科学体系中的地位上，而将关注点更多地转向神学的具体建构。在其早期文化神学中，文化更多地是以宗教实质之承载者的形象出现，而在晚期文化神学中，文化则更多地是以宗教实质之追问者的形象出现。尽管蒂利希认为人类实存的

147 Tillich P. *Systematic Theology (Vol.1)* [M]. Chicago: University of Chicago Press, 1951: 216.

148 Tillich P. The Meaning and Justification of Religious Symbols. in Tillich P. *Main Works (vol. 4): Writings in the Philosophy of Religion* [M]. Edited by Clayton J P. Berlin: De Gruyter, 1987: 419.

149 Tillich P. *Dynamics of Faith* [M]. New York: Harper & Brothers, 1958: 97.

150 Tillich P. *Theology of Culture* [M]. Edited by Kimball R C. New York: Oxford University Press, 1959: 67.

存在论结构，人类实存中的问题不会发生剧烈的变化，这种结构及其问题对于任何时期任何地方的人类来讲都是普遍性的。但是问题在于这种结构及问题的呈现方式会随着时空而发生转变。因此，在一种关联法的架构下，文化作为人类实存困境的一种当前显现方式追问着困境的解答，而神学则面对这种处境提供一种可能的回答。当神学家从自身所处的宗教立场出发，利用宗教语言试图对之进行回答时，他必须意识到其所使用的所有语言都是一种象征性的语言，这一点保障了作为终极关切之信仰本身的终极性。在此前提下，神学家也必须将传统的宗教象征进行重新的阐释，在阐释的过程中，神学必须自由地丢弃或采用教会传统所留存的象征与工具，从而更充分地面向当前处境去表达宗教传统中的实质，从而使之对当前处境中的人类的更新具有意义。

第三章　蒂利希文化神学的结构

第一节　早晚期文化神学的一致性：神律文化的建构

　　"神律"和"关联"可以视作蒂利希早期和晚期文化神学中的关键概念，两者都诉说着宗教与文化之间的关系。由于蒂利希对艺术作品的关注，他对艺术作品的评价经常被用来显明两者之间以及蒂利希早期和晚期文化神学的差别。蒂利希在 1921 年发表的第一篇关于艺术的论文中，指出"所有的艺术品都是宗教的，这并非是因为所有一切美的东西都出自上帝……而是因为所有的艺术品都表达了一种深层的内容，并朝向无限。"[1]而在蒂利希晚年于1953-1954 学年在德鲁大学（Drew University）发表的《存在主义视野下的当代艺术》中，他认为像蒙克（Munch）、毕加索（Picssso）等人的画作，尤其以毕加索的格尔尼卡（Guernica）为代表，展示了人类处境中的"恐怖而令人震惊的空虚""可怕的张力、痛苦和焦虑""实在的碎片"，人类精神中的"分裂性、实存性怀疑、空虚和无意义。"[2]在蒂利希看来，这些艺术品以一种非宗教的内容呈现出一种宗教风格，因为它们"激烈地提出了宗教性的问题，拥有直面来自所谓人类困境（human predicament）的力量和勇气。"[3]但是，这

1　Tillich P. "Religious Style and Religious Material in the Fine Arts," In *On Art and Architecture* [M]. Edited by Dillenberger J, et al. New York: Crossroad, 1987: 52.

2　参见 Tillich P. "Existentialist Aspects of Modern Art," in *Christianity and the Existentialists* [M]. Edited By Michalson C. New York: Charles Scribner's Sons, 1956: 137-138.

3　Tillich P. "Existentialist Aspects of Modern Art," in *Christianity and the Existentialists* [M]. Edited By Michalson C. New York: Charles Scribner's Sons, 1956: 140.

些艺术品"对我们的实存问题并没有给出任何积极的回答。"[4]从蒂利希以上两段关于艺术的论断中，我们的确可以明显地感受到之前所说的文化在整个文化神学体系中地位的变化，亦即从宗教实质的承载者转变为宗教问题的呈现者和追问者。

但是，蒂利希基于时代处境的变化，在处理宗教和文化问题上提出和使用关联法，并不意味着对早期文化神学中所推崇的神律的否定，关联法与神律并不冲突。并且，在晚期文化神学中，并没有将"神律"这一概念丢弃，而在其早期文化神学中也透露出关联法的迹象。在关联法的分析中，自律、他律与神律的区分依然占据着重要的地位。在蒂利希看来，其移民美国之后所观察到的人类困境正是"自律的人在其自律之中变得不安定（insecure）……关于他的个体生命的意义和一般生命的意义的理论上的和实践上的观念体系中的安定感都已经消失。"[5]由这样一种自律所导致的不安定感就表现在现代人普遍缺乏一种坚定的关于上帝、世界和自我的整体世界观，他们所拥有的只是之前世界观的各种碎片。包括教会所传达的宗教信息也与这样一些碎片没有什么不同，在此之中充满了不确定性和冲突。在这样一种状态下，现代人并没有直接抛弃自律，但也并非像前代人一样在自律之中感受到了自我的确定性和创造性，而是更多地感受到扭曲、挫败和失望，从而具有向他律投降的危险。而蒂利希的策略是通过对宗教象征的重新阐释从而对文化中呈现出的实存困境进行回答，通过"我们自己文化的表达以对信仰中的象征进行阐释"，规避"一种不接受文化的信仰抑或一种不接受信仰的文化"[6]，从而建立一种宗教与文化和谐的神律体系。因此，在目标上，这与早期文化神学是一致的。

同时，在蒂利希早期文化神学讨论神律的文本中实际上也透漏出其在晚期文化神学中所使用的关联法。1922 年蒂利希发表了《时候》（Kairos）[7]一文，该文发表于其《论文化神学的理念》的讲演之后。在其中，我们可以发现他生

---

4 Tillich P. "Existentialist Aspects of Modern Art," in *Christianity and the Existentialists* [M]. Edited By Michalson C. New York: Charles Scribner's Sons, 1956: 141.

5 Tillich P. *The Protestant Era* [M]. Translated by Adams J L. Chicago: University of Chicago Press, 1948: 192.

6 Tillich P. *Systematic Theology (Vol.3)* [M]. Chicago: University of Chicago Press, 1966: 5.

7 Tillich P. "Kairos," in *The Protestant Era* [M]. Translated by Adams J L. Chicago: University of Chicago Press, 1948: 32-51. 德文版参见 Tillich P. *Main Works (vol. 4): Writings in the Philosophy of Religion* [M]. Edited by Clayton J P. Berlin: De Gruyter, 1987: 53-72。其中第四章节在翻译时进行了大量改写。

动地描绘了在文化神学的观念下建构起来的神律文化的图景。在蒂利希看来，神律时代并不是全民信仰宗教的时代，而是所有文化形式都朝向无限和神圣开放的时代，在这样一个"非宗教"的时代，信仰的热情可能要比所谓的宗教时代更为高涨。

> 这样一种转向并朝着无条件敞开的时代，是一种意识到无条件的临在渗透于和引导着所有文化功能和形式的时代。对于这样一种心灵状态，神圣不是一个问题，而是一个前提。它的"恩赐"比其他任何东西都更确定。这种情况首先表现在宗教领域的支配力量上，但这并不使宗教成为生活领域支配其他文化形式的一种特殊形式。相反，宗教是生活的血液，是其内在的力量，一切生命的终极意义。"神圣的"或"圣洁的"点燃、灌注、激励着全部的实在和实存的所有方面。没有世俗的自然或历史，没有世俗的自我，没有世俗的世界。所有历史都是神圣的历史，所有发生的事情都带有神话的性质。[8]

蒂利希在论文中针对当时的社会文化和精神氛围，乐观地指出"我们确信如今一个'时候'到了，一个历史中划时代的时刻，变得可见了。"[9]为了理解这种时刻，蒂利希认为有必要对历史作一个整体的理解。在他看来，虽然自律是历史的动力原则，但神律才是历史的实质和意义，神律并非如同他律是自律的对立面，反而自律产生的问题需要神律来回答。

> 神律是对隐含在自律之中的问题的回答，亦即对宗教实质和生命与文化的终极意义的问题的回答。虽然只要自律能够从过去的宗教传统中汲取教训，从过去的神律残余中汲取教训，它就能够生存下去。但是，它会越来越失去这种精神基础。它会变得更空洞，更形式主义，或者更实在，并被推向怀疑主义和犬儒主义，走向意义和目的的丧失。自律文化的历史就是精神实质不断耗尽的历史。在这一过程的最后，自律带着无力的渴望回到过去的神律，或者以创造性的态度期待新的神律，直到"时候"出现。[10]

8　Tillich P. "Kairos," in *The Protestant Era* [M]. Translated by Adams J L. Chicago: University of Chicago Press, 1948: 43.

9　Tillich P. "Kairos," in *The Protestant Era* [M]. Translated by Adams J L. Chicago: University of Chicago Press, 1948: 48.

10　Tillich P. "Kairos," in *The Protestant Era* [M]. Translated by Adams J L. Chicago: University of Chicago Press, 1948: 46.

尽管这段话并没有直接出现在这篇论文最初的德文版中，而只出现在后来修订的英文版中，但研究者克莱顿认为这恰恰反映出蒂利希将其早期观念与自己晚期思想发展结合起来的企图[11]，亦即将关于神律的讨论与关联法结合的企图。并且，更为重要的是，在德文版中，蒂利希并非完全没有表述过类似的观点。相反，在他看来，自律本身存在着不可克服的问题，"自律的悲剧在于，它必定耗尽它所汲取的内容，而且它永远不能在自律形式的帮助下渗透进新的内容；从个体创造力的根基上，不可能给出一个普遍的内容；因此，每一个自律时代都必然处于危机之中，当它与他律的斗争胜利结束时，它将处在所谓的'失范'（Anomie）的危机之中，也就是全部形式的自我毁灭的危机。"[12]这一问题的解决毫无疑问要依赖于蒂利希所说的神律。

因此，我们很难用"神律"和"关联法"这两个象征将蒂利希早期和晚期的文化神学完全区分开来。在其早期思想中，蒂利希也并非完全乐观地认为宗教与文化已然完美得以综合而呈现出神律的景象，反而他也意识到文化当中展现的自律终将出现困境，而这种困境只能以神律的方式得以解决，从而表露出宗教与文化之间进行"问答"关联的必要。而在其晚期思想中，通过对自律文化进行分析，从而"去在一种哲学、一种政治体制、一种艺术风格和一种伦理的或社会的规则的根基中去发现终极关切"[13]依然是至关重要的。系统神学家正是要在这种预备性的精神文化史的分析的基础之上，提出一套文化神学的规范性体系，在这套体系中实现宗教与文化综合的神律。

总之，无论是蒂利希的早期文化神学，还是晚期文化神学，其目标都在于建构起一种综合宗教与文化的神律文化，这就是蒂利希提出的文化神学承担的三项任务中的最后一项任务，即"一种关于文化的具体的宗教体系化"。这种体系是基于文化神学家自己的立场对文化的宗教性实现提供的一套规范性体系。只不过对于蒂利希来说，这个立场是其所委身的基督新教立场，他所提出的文化神学体系将会是一种基于基督教的规范性体系，也就是曼宁所说的以基督为中心的神律。

此外，需要注意的是，蒂利希在其文化神学中强调的神律是一种"先知

11 Clayton J P. *The Concept of Correlation: Paul Tillich and the Possibility of a Mediating Theology* [M]. Berlin, Boston: De Gruyter, 1980: 220.
12 Tillich P. *Main Works (vol. 4): Writings in the Philosophy of Religion* [M]. Edited by Clayton J P. Berlin: De Gruyter, 1987: 66.
13 Tillich P. *Systematic Theology (Vol.1)* [M]. Chicago: University of Chicago Press, 1951: 39.

性"的表述，而不是一种"历史性"的断定。也就是说，蒂利希表述的神律文化并不是一个已经实现或即将达成的经验事实，而是一个带有"终末论"色彩的象征，一种规范性的理念。我们强调蒂利希在早期文化神学上的乐观与晚期文化神学上的悲观，并不是在强调蒂利希认为其早期思想中的"神律"可以在经验上得以实现。这种误解通常可能由蒂利希早年对宗教社会主义运动的支持导致。虽然在蒂利希看来，"神律是宗教社会主义的目标"[14]，但是蒂利希所支持的宗教社会主义并非一种将具体的社会主义运动与教会结合起来改造社会的实践-政治型的活动，"既不是教会-政治运动，也不是国家-政治党派，如若这样它将因此丧失掉将教会和党派都置于其审判之下的无限的力量。"[15]宗教社会主义是一种强调辩证性和动态性的理念，"它希望通过证明宗教与社会主义之间的辩证关系来解决两者之间的静态对立。它并不承认宗教和社会主义所继承的经验性的形式是固定不变和最终的形式……这种宗教社会主义的特征在于它对于理论问题的强调，相反，它的实践效果则很小。"[16]

如同蒂利希对宗教社会主义的评价一样，宗教与文化始终处于一种实存性的或事实性的疏离之中，因而呼求一种关联，宗教与文化在自律和他律之间反复游走，因而需要一种神律来综合。总之，在蒂利希的整个文化神学体系中，宗教并不是坐落于其他意义领域旁边的其中一个，也不是高于其他领域的一个，宗教需要始终朝向无条件，朝向终极。作为意义的根基，它渗透于各种文化领域之中而通过具体的文化形式被把握。在早期文化神学中，蒂利希更多地关注了文化对宗教之终极意义的呈现，而在晚期文化神学中则更多地关注文化对宗教之终极意义的呈现的有限性。尽管存在这种关注点的差异，但其文化神学的任务始终是建立一套规范性的宗教科学，这种宗教科学并不是要将上帝视为一种特殊的客体，并在此基础上形成一种与其他科学并列或高于其他科学的特殊科学，因为这样做的结果无非是加重诸种文化科学之间抑或宗教作为一种文化科学与经验科学之间的冲突和分裂。相反这样一种文化神学并不被具体特定的宗教所限制，它将着眼点放在整个人类精神的发展进程之中，在人类的实存领域体认"上帝"的临在与回应，从而在文化与宗教的辩证关联之中，基于自身立场提供一种综合两者的理念，因而"这种规范性的宗教

---

14 Tillich P. *Political Expectation* [M]. New York: Harper & Row, 1971: 66.

15 Tillich P. *The Protestant Era* [M]. Translated by Adams J L. Chicago: University of Chicago Press, 1948:50-51.

16 Tillich P. *Political Expectation* [M]. New York: Harper & Row, 1971: 41-42.

科学就是一种神律的人类科学。"[17]

　　蒂利希早期和晚期文化神学要建立神律文化这一目标，实质上既要规避将宗教纯粹视为与其他文化形式并列的一种自律文化，也避免使之成为与其他文化领域割裂的一种他律领域，蒂利希始终秉持的理念是一种宗教与文化综合的理念。基于这样一种目标上的一致性，接下来我们将以自律、他律和神律三个重要概念为基础，以蒂利希对自律文化和他律文化的分析和拒斥，进而到对神律文化的吁求为理路，重构蒂利希的文化神学，从而避免以一种简单的时期划分或者仅仅从一种时代危机的角度去理解蒂利希的文化神学，因为宗教与文化的问题并非只是一种时代性问题。蒂利希意欲在一种普遍意义上协调宗教与文化之间的关系，而不是解决某个时空点之中的具体的宗教与文化之间的问题。从人类实存的存在论结构分析，人类本身就处于自律和他律的二分结构之中，而在蒂利希那里，一种从基督新教的视角所提出的神律将是在这样一种二分结构之上的新的解决之道。正如蒂里希所言，"从世界历史角度看，自律和他律的冲突，是任何从神学上理解人类精神历史在古希腊和现代的发展以及人类精神历史中的其他问题的关键。"[18]在自律和他律的冲突中追求一种神律亦可以成为理解蒂里希文化神学的一条路径。

第二节　自律文化

一、自律与自我的法则

　　自律这一概念经由哲学家康德的使用而成为近代哲学讨论中最伟大的"发明"之一。康德主要在道德哲学领域使用这一概念，因而自康德之后，对自律以及与之相对的他律的讨论成为道德哲学讨论中不可绕过的概念。在康德看来，自由是道德的基础，一种不自由的行为不能视作道德行为而对之赞扬，也不能视作不道德的行为而对之谴责。在康德那里，自由与意志相关联。"意志是有生命的存在者就其有理性而言的一种因果性"[19]，因此有生命的

17 Tillich P. *The System of the Sciences According to Objects and Methods* [M]. Lewisburg: Bucknell University Press, 1981: 156.
18 Tillich P. *Systematic Theology (Vol.1)* [M]. Chicago: University of Chicago Press, 1951: 85.
19 [德]康德，《道德形而上学奠基》//《康德著作全集》第 4 卷[M]，李秋零译，北京：中国人民大学出版社，2005 年，第 454 页。

理性存在者所具有的意志首先意味着其行动并不像无理性存在者一样是完全受制于自然的必然性的。但作为一种"因果性"意味着意志在不受制于自然必然性的同时可以遵从出自自身的法则。"意志的自律是意志的一种性状，由于这种性状，意志对于自身来说（与意欲的对象的一切形状无关）是一种法则。"[20]因此，"一个自由的意志和一个服从道德法则的意志是一回事。"[21]也就是说，在康德那里，自由之根本性在于意志对自我立法的服从，所谓意志的自由也就是意志的自律。

蒂利希文化神学思想中的自律及相关概念要比康德对自由、自律等概念的使用宽泛、笼统得多。在蒂利希看来，自由或者自律的概念并不仅仅被认为是对人类精神中的一种功能的界定，也不仅仅只适用于道德领域。

> 自由并不是某一种功能（比如，意志）的自由，而是人的自由。换句话说，是具有整全的自我和理性的人格的这样一种存在物的自由，而不是一个东西的自由。当然，也可以将所谓的"意志"视作人格的中心，用之代替整全的自我。诸种唯意志论心理学就赞成这样一种方式。但是，正如关于自由的传统争论中的僵局所表明的那样，这种方式也已被证明是极具误导性的。因此，应该谈论人的自由，这意味着构成人的人格自我的每个部分和每种功能都参与了他的自由。甚至包括人体的细胞也参与了他的自由，因为它们也参与了其人格中心的构成。[22]

因此，我们不能仅从道德视角来考察蒂利希的自律概念，而应该将之放在更为广阔的存在论视角来考察。毕竟在蒂利希看来，任何认识论或者伦理学上的概念都要深入其背后的存在论预设加以思考。在蒂利希那里，存在论是其整个思想体系中的基础部分，是蒂利希在讨论各种问题时时刻关注的领域。比如，在其名著《存在的勇气》中就将伦理学领域的"勇气"概念进行存在论上的分析，认为勇气不仅是一个伦理学概念，而且是一个存在论概念，是"人不顾与其本质性的自我肯定相冲突的实存（existence）要素而对其自身存在

---

20 [德]康德，《道德形而上学奠基》//《康德著作全集》第4卷[M]，李秋零译，北京：中国人民大学出版社，2005年，第449页。

21 [德]康德，《道德形而上学奠基》//《康德著作全集》第4卷[M]，李秋零译，北京：中国人民大学出版社，2005年，第454-455页。

22 Tillich P. *Systematic Theology (Vol.1)* [M]. Chicago: University of Chicago Press, 1951: 183.

（being）加以肯定"[23]的活动。因此，可以借用其在该著作开篇便点出的分析路径，认为虽然自律如同勇气一样，作为伦理学中的实在，作为伦理学中的常用概念，"但却根植于人类实存的整个领域之中并且最终深入到存在本身的结构之中。"[24]

在蒂利希看来，神学与哲学一样关心存在论问题，只不过神学用上帝作为存在论问题的回答。人是存在论问题的核心要素，因为正是这样一种有历史的人，而不是动物或者超人，具有一种"形而上学上的惊骇"，提出了存在论的问题，亦即为什么有物存在，而不是一片虚无，或者更进一步说存在本身是什么，尽管这一问题在不同的历史时期以不同的方式被经验。蒂利希认为存在论问题的前提条件在于存在一个发问的主体和一个被问的客体。而这样一种主客体的结构又以"自我-世界这一基本的存在结构为前提。"[25]

蒂利希的"自我"（self）指的是针对刺激做出反应的结构整体，它不仅包含"自我意识（笛卡尔意义上的'我思 cagitatio'），同时也是具有自我意识的'我'（ego）的潜意识和无意识的'基础'。"[26]因此，蒂利希认为这种自我中心性可以归之于所有生物，甚至以类比的方式归之于无机界的个体。只不过人具有充分发展的自我意识，意识到了自我之形式本身，拥有一种"我-自我"，因而是一种完全中心化的自我。"成为一个自我意味着以某种方式与其他所有一切相分离而存在，其他一切都与它自己的自我相对立，因此自我可以观察其他一切，作用于其他一切。但是，同时自我也会意识到它属于它所观察的周遭。自我亦在其中。"[27]对于人来说，这就是"我-自我"生活在其中的"世界"。

蒂利希认为自我和世界是相互决定的。蒂利希以其他生物为例指出，每种生物都具有一个自身生活于其中的环境，但并非其生活空间内的所有事物都是这种生物的环境，生物具有共存的空间并不代表它们具有共同的环境，这种环境必须从"自我"主观的角度去加以划定，而不是纯粹客观的存在，环境是

---

23 Tillich P. *The Courage to Be* [M]. New Haven: Yale University Press, 1952: 3.

24 Tillich P. *The Courage to Be* [M]. New Haven: Yale University Press, 1952: 1.

25 Tillich P. *Systematic Theology (Vol.1)* [M]. Chicago: University of Chicago Press, 1951: 164.

26 Tillich P. *Systematic Theology (Vol.1)* [M]. Chicago: University of Chicago Press, 1951: 169.

27 Tillich P. *Systematic Theology (Vol.1)* [M]. Chicago: University of Chicago Press, 1951: 170.

这种生物的环境，只有与之发生积极关系的东西才会成为其环境。蒂利希认为那些以一种生物与环境截然二分的角度，企图"仅仅根据环境本身去揭示一个存在物的行为的理论的错误就在于这些理论不能根据'拥有'这种环境的存在物的具体特点去理解这种环境的具体特点。"[28]因此，在蒂利希看来，"自我"和"世界"这样的概念是关联概念（correlative concept），"如果没有它自己的世界，自我将成为空洞的形式。自我意识（self-consciousness）将毫无内容。"[29]然而，如若没有自我意识，世界意识（world-consciousness）也并不可能。"世界"的产生在于自我与之相分离而将之视为"世界"，否则它就束缚于纯粹的环境之中。"自我"眼中的"世界"并非一切存在物的综合，而是万事万物的结构或者统一体，它总是作为有结构的整体与自我相关联，无论它自身内部是如何的零碎和不连续。

"没有世界的自我是空洞的，没有自我的世界是沉死的。"[30]对于人这种充分发展了的自我，情况亦是如此。但人与其他存在物的不同在于，其他存在物只拥有经由自我而构建起来的那个给定的世界，而人不仅拥有这样一个世界，他还在此之外创造一个世界，进而使人及其他存在物可能再次面对的世界成为一个既包含并未得到充分发展的自我的存在物的世界以及人所创造并生活于其中的那个世界的整体。就像自人类产生以来，人类本身及其他自然物便不是生存在纯粹的自然之中，而是生存在一种人为的自然亦即经由人所改造过的自然之中。

总之，人作为"我-自我"与世界处于相互依赖之中。在蒂利希看来，这是最基本的存在论结构。在人的这种自我-世界的两极性结构之中，蒂利希认为存在着三对存在论的因素：个体化与参与、动力与形式和自由与命运。

以自我为中心的存在物必然以个体的形式出现而不可分割，这个个体要么被毁灭，要么被去除部分而在自我的统摄下形成新的个体。完全以自我为中心的人是完全个体化的。但与此同时，他也参与了其自己的环境与世界，以便更好地呈现自我，并且"他总是通过普遍的规范和观念来把握和塑造环境，进

---

28 Tillich P. *Systematic Theology (Vol.1)* [M]. Chicago: University of Chicago Press, 1951: 170.
29 Tillich P. *Systematic Theology (Vol.1)* [M]. Chicago: University of Chicago Press, 1951: 171.
30 Tillich P. *Systematic Theology (Vol.1)* [M]. Chicago: University of Chicago Press, 1951: 171.

而超越环境。"[31]

与个体化和参与相对应，人当中也具有形式和动力因素。形式是使某个东西之为某个东西的那种因素，而动力则是指某个东西可能成为某个东西的那种"存在的潜能"。蒂利希认为对于人来说，动力与形式表现在人的生命力和意向性之上。人的生命力在于它"向一切方向的敞开，不受任何先天的限制结构的束缚。"[32]对于低于人的生物的生命动力来讲，尽管它们在进化当中经历了诸种变异，产生了诸种形态，但它们始终处于自然必然性的限制之中，而只有人的生命力能够突破自然的限度。但是，"人的动力，也就是人所具有的创造性的生命力，并不是无指向的、无序的或者自我满足的活动。相反，它是受引导的，是被赋形的，是自我超越而朝向有意义的内容的。"[33]这意味着人的活动是具有"意向性"（intentionality）的。蒂利希所说的"意向"并不是指行动中为了某个目的的意愿，而是指人以一种"与有意义的结构相关联，生活于诸种概念中，把握并塑造实在"[34]的方式存在，也就是说人能够超越给定的环境，冲破自身单纯作为生物的领域，而达到一种新的领域。这种新的领域以广义的人类文化而得到展示，"人运用自然所给予的材料创造出超越自然的技术形式，也创造出具有有效性和意义的文化形式。"[35]在人类文化之中，经由人类把握或塑形而产生的新的东西进入到存在当中，进入到世界当中。

最后，蒂利希认为"自由-命运"这一对存在论因素"完成了基本的存在论结构及其要素的描述并达到了自己的转折点。"[36]因为自由使得实存成为可能，而不仅仅停留在抽象的本质之中。如前所述，自由被蒂利希理解为整体性的"自我"之作为人格中心的活动，"自我之中心就是其自由之所在和自由之器官。"[37]蒂利希指出，自由通常被经验为慎思、抉择和责任。慎思作

---

31 Tillich P. *Systematic Theology (Vol.1)* [M]. Chicago: University of Chicago Press, 1951: 170.

32 Tillich P. *Systematic Theology (Vol.1)* [M]. Chicago: University of Chicago Press, 1951: 180.

33 Tillich P. *Systematic Theology (Vol.1)* [M]. Chicago: University of Chicago Press, 1951: 180-181.

34 Tillich P. *Systematic Theology (Vol.1)* [M]. Chicago: University of Chicago Press, 1951: 180.

35 Tillich P. *Systematic Theology (Vol.1)* [M]. Chicago: University of Chicago Press, 1951: 182.

36 Tillich P. *Systematic Theology (Vol.1)* [M]. Chicago: University of Chicago Press, 1951: 182.

37 Tillich P. *Systematic Theology (Vol.1)* [M]. Chicago: University of Chicago Press, 1951: 184.

为对诸种动机的慎思，表明人脱离于动机而处于诸种被慎思的动机之上，而不是任何一个动机；抉择作为对诸种可能性的抉择，表明人拥有诸种可能性但处在诸种可能性之上，而不是任何一种可能；责任作为对行动的责任，表明人的行动并非出自其之外的任何东西的决定。这都是自我之自由的体现。而在蒂利希那里与"自由"相对的是"命运"而不是"必然"，后者是与"可能"相对的概念。所谓"命运"并不是异己的、外在的、陌生的东西，而是自我之自由的抉择所产生的那个东西，它包括"身体结构、心理奋争和精神特征。它涵盖我所属的诸种共同体，记得或忘怀的过往，塑造我的环境，对我施加影响的世界。"[38]自我之前所有的抉择构成了自我的命运。自由与命运存在着辩证的关联，"我的命运是我的自由的基础；而我的自由又参与塑造了我的命运。"[39]

因此，虽然蒂利希经常在讨论理性时引入自律及自律与他律的区分，但基于以上存在论上的分析，同时加之蒂利希所说的理性本身就不能仅仅理解为一种工具性的或者技术性的理性，而是一种与启示相对的出自人类自我的能力，包含着审美性理性、认识性理性、法律性理性、共处性理性等等[40]，所以，我们必须从更宽泛的意义上去理解蒂利希所说的自律。纯粹的自律在蒂利希那里并不如康德所意指的那样是实践理性在道德领域的自我立法。在蒂利希存在论的分析视野下，一种纯粹的自律指的就是在实存之中忽视自我与世界的两极性结构，而将自我视作实存的单一的决定性结构，人在这里"作为一种普遍理性的承载者，成为了所有宗教和文化的来源和量度。"[41]

因此，一种纯粹的自律意味着，人否认了自我与世界的关联与疏离，而以自我的法则作为自我和世界的法则，从而在自己的实存中看不到蒂利希所言的成对出现的存在论因素中的两极结构，只关注其中一端，把自我的个体化、自我的生命力和自我的自由视作全部，或者把另一端完全视作前一端的结果，即将世界视为自我的呈现，将参与视作个体化的一种体现，将意向性

38　Tillich P. *Systematic Theology (Vol.1)* [M]. Chicago: University of Chicago Press, 1951: 185.

39　Tillich P. *Systematic Theology (Vol.1)* [M]. Chicago: University of Chicago Press, 1951: 185.

40　Tillich P. *Systematic Theology (Vol.1)* [M]. Chicago: University of Chicago Press, 1951: 149.

41　Tillich P. "Religion and Secular Culture," in Tillich P. *The Protestant Era* [M]. Translated by Adams J L. Chicago: University of Chicago Press, 1948:56.

视作生命力的自然导向，将命运视作自由的结果，但这些结果又不会再对之产生反向的影响。

因此，"我们所谓的自律文化就是企图不依赖任何终极的，无条件的东西，只根据自我实践上和理论上的合理性需要来创造个人和社会生活的形式。"[42]就这一点来讲，蒂利希所谓的自律更强调的是自我是自由的行动者，它不受外在的限制，特别是外在的意义和价值的限制，它是一种自我肯定，是对任何外在施加的价值的否定。所以，蒂利希的自律更类似于康德在消极意义上阐明的自由，即有生命的理性存在物不像无理性的存在物一样遵循自然的因果必然性因而其活动受到外在原因的规定，而是具有意志，并且自由作为意志的性质意味着其具有绝对的自发性，因而其活动不受外来原因的限制而表现出来一种"任意"。在这种意义上，蒂利希的自律概念并不是康德式的"自我立法，自我守法"式的自律或者说一种积极意义上的自由。克莱顿在这一点上也持有类似的观点，在他看来，康德区分了消极的自律（自由）和积极的自律（自由），而"康德所谓的消极的自律在蒂利希的思想中仅仅是以'自律'的形式出现的，而康德所谓的积极的自律才指向的是蒂利希文化神学的核心概念，也就是神律。"[43]因此，蒂利希所说的自律是在强调人的活动是出自人之整全的人格中心的绝对自发性活动，其重点在于关注自我就是法则，自我就是自我之生活法则的唯一来源，因而自我具有一种自由的任意，而不是强调自我遵守自己为自己树立的法则。这一点是在讨论蒂利希的自律概念时所不得不注意的一点。而这种自律突出地表现在人类的文化之中，人类似乎通过文化，通过不同的概念、形式塑造了一个仅属于人类自我的新世界，在文化之中，自我和自我的法则得到了前所未有的确证。

但纯粹的自律在人类实存当中是不存在的。蒂利希认为人类始终处在自我与世界的两极性结构之中，承受着个体化与参与、动力与形式和自由与命运的存在论因素。在此存在论处境下的，人类文化也不可能完全是自律的。

因此，蒂利希在《论文化神学的理念》中对文化作出了三种划分，即自律文化、他律文化和神律文化。在人类历史中三者并非截然分立的，并不存在一种纯粹的自律文化、他律文化或者神律文化，三者往往是混杂在一起，或者只

---

42 Tillich P. "Religion and Secular Culture," in Tillich P. *The Protestant Era* [M]. Translated by Adams J L. Chicago: University of Chicago Press, 1948:57.

43 Clayton J P. *The Concept of Correlation: Paul Tillich and the Possibility of a Mediating Theology* [M]. Berlin / Boston: De Gruyter, 1980: 37.

是具有程度上的区分。

为了说明这三种文化的差别，蒂利希引入了"形式"（form）、"内容"（content）和"实质"（substance, import）的区分，认为这是文化当中不可缺少的三种要素。在他看来，形式是人类自我运用理性形塑世界的工具，它表现了自我的生命力和创造力，呈现在诸种文化的具体表达之中。内容是文化当中的客观要素，"通过内容我们可以了解一般本质（essence）中的客观性"[44]。文化的内容既包括非人类、非文化的存在物，也包括作为人类文化遗迹的存在物，但是只有这些存在物被纳入或者再次被纳入人类生活之中，它们才能通过"形式"而被提升到精神-文化的领域。而实质被蒂利希理解为意义，理解为精神性的实体（spiritual substantiality）。文化表明自我可以赋予诸多事物以形式和结构，但是这种形式和结构并非完全任意和混乱的，在这种形式和结构中也呈现出人类自我对于真、善、美、正义、爱等等理念的追求，尽管在现实文化中这种追求可能是有限度的，不是作为终极的关切的。总之，"实质通过形式被内容所把捉并呈现出来。"[45]在这三种要素中，内容是偶然的，形式是中介性质的，而实质则是本质性的。由于内容和形式必须相互适应，因此两者一同站在与实质相对的一端。比如，一幅风景画，画家以其在自然中遭遇到的自然风景为基本的内容，以自己手中的画笔运用点、线、面、色彩、空间、材料等等的整合构造出一种独特的形式，呈现出一幅与自然风景不同的艺术作品，在这个过程中，自然的内容通过画家所赋予的形式被提升到文化的领域。同时，画家也会将实质与内容和形式关联起来，比如他会用之表达或欢快或阴郁的情感。即便是在形式主义的绘画中，画家也是希望通过对形式的关注和重构，使之表达一种有意义的经验。这幅绘画不会是纯粹内容的，它不会仅仅如同一张照片去复现自然的某个部分，也不会是纯粹形式的，它不会仅仅是一堆线条和色彩的堆积。在将形式与内容结合的同时，画家会拉入意义与之关联，只不过有的画作更注重形式和内容融合，有的画作更偏重意义的传达。蒂利希也特别强调艺术作品在传达意义上的优势，"艺术比科学和哲学更为即时和直接地显明了一种精神处境的特征，因为更少受到客观考量的束缚。它

---

44 Tillich P. *Visionary Science: A Translation of Tillich's "on the Idea of a Theology of Culture," with an Interpretive Essay* [M]. Translated by Nuovo V. Wayne State University Press, 1987: 27.

45 Tillich P. *Visionary Science: A Translation of Tillich's "on the Idea of a Theology of Culture," with an Interpretive Essay* [M]. Translated by Nuovo V. Wayne State University Press, 1987: 27.

的象征具有一种启示性的特征，而科学的概念化必须超越象征化，以便更加客观。"46

如同上述关于艺术作品的例子，现实中的文化也游走在形式（以及与之相适应的偶然性的内容）与实质之间。由于蒂利希认为广义的宗教是对无限意义的经验或者说终极关切，因此，这种广义的宗教就被视作一切意义活动的根基和来源。所以，这就有了蒂利希在文化神学中关于文化史的宗教类型学和哲学划分上的著名论断："形式越多，越自律；实质越多，越神律。"47在纯粹的形式与纯粹的实质之间，形式与实质存在着纷繁复杂的组合，因而也构成了多种多样的人类文化。尽管如此，蒂利希依据两者之间可能存在的三种关系给出了基本划分：第一，形式占主导的文化创造；第二，实质占主导的宗教-文化创造；第三，以形式与实质之平衡与和谐为特征的古典文化创造。它们可以分别被称作自律文化，他律文化和神律文化。

由于纯粹的自律代表了自我就是自我和世界的法则，自我拥有绝对的自发性。因此，纯粹的自律文化将"世俗化到完全丧失其终极的指向、意义的中心和精神的实质。"48但正如人类自身所意识到的那样，人类不是上帝，他并不具有纯粹的自律和自由，而是处在实存之中，处在自我与世界以及以此为基础的各种辩证统一的存在论因素之中。因此，就像不存在纯粹的自律一样，也不存在纯粹的自律文化。当人类意识到某种文化形式的局限性，当一种实质不能被原来的形式所承载并将之打碎和抛弃时，原本的形式似乎获得了一种超脱和自由，但这种所谓的纯粹的形式——纯粹的自律文化，则在人类生活当中被经验为完全的无意义、空虚和焦虑，甚至不被视为文化。因而，一种现实的自律文化总是通过其形式承载了一定程度的终极意义。但因为它是自律的，因此也具有将自身视作终极目的而不是作为一种超越自身的意义的表达中介的倾向，这种倾向将使之愈来愈走向一种空洞的形式。而人类相比于其他存在物的独特之处就在于他能够意识到存在结构本身，进而发现这种结构所带来的不可克服的问题和困境。因而这就使得蒂利希的文化神学方案成为可能。一方面如其早期文化神学侧重的那样，去分析诸种文化形式中所承载的宗教实质，

46 Tillich P. *The Religious Situation* [M]. New York: Meridian Books, 1956: 85.

47 Tillich P. *Visionary Science: A Translation of Tillich's "on the Idea of a Theology of Culture," with an Interpretive Essay* [M]. Translated by Nuovo V. Wayne State University Press, 1987: 26.

48 Tillich P. *The Protestant Era* [M]. Translated by Adams J L. Chicago: University of Chicago Press, 1948: 58.

另一方面如其晚期文化神学侧重的那样，在对文化史分析的基础之上，发掘其所不可克服的困境，亦即其揭示的存在论问题，进而通过自身的宗教立场，给予这种问题以一种超越性的回答，以使之再次朝向无条件的意义开放，而不是沦为空洞的形式。

二、自律文化的发展

在蒂利希看来，我们并不能也不可能具体地划定哪个时期是自律、他律抑或神律的时期。作为形式的文化与作为实质的宗教两者之间存在无数程度的结合。因此，由形式与实质所构成的自律文化、他律文化与神律文化只能是一种大致的划分，而且其目的也并不在于对文化-宗教历史作出一种事实判定，而在于通过这种大致的标准或倾向在对文化-宗教历史进行分析的基础发现其中存在的问题并尝试提出一种规范性的方向。在现实当中，自律、他律和神律的因素往往混在一起而不可能完全地切割。在对文化史进行分析的过程中，我们能够经验到的只是某个时期是倾向于自律、他律或神律的。

他认为大致来说，前希腊哲学时期在希腊神话或宇宙学说之下处在宗教作为文化生活之基础而不相分割的宁静的神律时期，而之后是前苏格拉底时期自律的缓慢构筑，经由柏拉图、亚里士多德，自律得到了极大的发展，再之后就进入到人类开始意识到自律在创造一个生活世界时所会遭遇到的绝望，从而产生了古代怀疑主义以及追求一种对自律之超越的新柏拉图主义式的神秘主义。而之后进入基督教时期，在基督教初期一种神律在以克莱芒（Clement of Alexandria）和奥利金（Origen of Alexandria）的思想基础上得以建构，同时也面临以阿塔那修（Athanasius of Alexandria）和奥古斯丁（Augustine of Hippo）等人为代表的思想中的他律因素的侵入。中世纪晚期，他律明显占据了优势，出现了压制一切的异端裁判。而在文艺复兴和宗教改革时期自律和他律的冲突达至更高的强度。蒂利希认为在文艺复兴初期库萨的尼古拉（Nicolaus Cusanus）、费奇诺（Marsilio Ficino）等人对新柏拉图主义的关注，使其初期带有神律的色彩，但是在之后的发展中，像伊拉斯谟（Erasmus）、伽利略（Galileo Galilei）则更多地宣扬一种自律。宗教改革初期，路德（Martin Luther）等人与人文主义者保持着密切的联系，因而呈现出一种强调具体宗教与文化之中的自律性因素综合的倾向，但之后却变得越来越他律，形成了所谓的"新教正统"（Protestant Orthodoxy）。而在 18-19 世纪，蒂利希认为"自律赢得了近乎完全的胜利。（作为他律之残余的）正统主义和基要主义被置于文化生活的角落，贫瘠乏味而毫无效能。"[49]之后自律在一种精于计算的技术理性的引导下，在它一步步征服其他反对者的同时，也丧失了它的深度，"它变得肤浅、空洞，而没有终极的意义，也因此导致一种有意识或无意识的绝望。"[50]而在这种空虚的自律中，涌入了一种带有政治特性的他律因素填补了这种真空，并在 20 世纪为世界带来了前所未有的战争和灾难。而这就成为蒂利希提出一种文化神学，企图构建一种神律文化的直接原因。

从蒂利希对文化史的分析梳理中，可以发现整个近现代以来是自律不断发展的时代，而作为蒂利希委身的基督新教也正是伴随这样一个时代不断成长起来的。但一种自律占主导的文化也逐渐走向了其不可克服的消极后果，进而为其对立面留下了可乘之机，导致了整个现代世界的灾难。在蒂利希看来，这种灾难与自律之发展脱不了干系，"自律理性的灾难是彻头彻尾的灾难。"[51]因此，对自律的发展，尤其是近现代以来自律的显著发展进行分析就成为蒂利希文化神学中不可绕过的一步。虽然说自律的发展以及在其发展过程中与他律的冲突存在于人类生活的任一时期，也存在于任一宗教的任一发展时期，但是就蒂利希本人来讲，他对之的关注主要立足于近现代文化和基督新教。在他看来，近现代社会对于自律及其与他律之冲突的克服，对于一种新的神律的呼唤与古代世界即将结束之时一样紧迫，而这已然也被蒂利希视作新的"时候"。因此，接下来我们将考察蒂利希关于自律在近现代的发展的分析，以便之后更好地理解蒂利希在此项预备性工作之上提出的具体的规范性的神学体系。

需要再次提醒的是，蒂利希关于自律在近现代的发展的分析是一种粗线条的趋势描述，而不是细节上的事实考究。在蒂利希看来，纯粹的事实考究也是不可能的，历史科学作为一种文化科学本身就是带有立场的存在，任何对于历史的解读都是对现在人类处境之解读的一个方面。并且历史之中也不存在绝对性的历史法则，而只存在可能发生变化的趋势，"因为历史之中的每一个

---

49 Tillich P. *Systematic Theology (Vol.1)* [M]. Chicago: University of Chicago Press, 1951: 86.

50 Tillich P. *Systematic Theology (Vol.1)* [M]. Chicago: University of Chicago Press, 1951: 86.

51 Tillich P. *Systematic Theology (Vol.1)* [M]. Chicago: University of Chicago Press, 1951: 86.

时刻，相对于之前的所有时刻，都是全新的。"[52]蒂利希认为近现代以来，尽管人类世界在精神、文化、组织或者目标上并没有达成统一，而只是一种形式意义上的相互依赖，尤其是经济政治上的相互影响，但"改变文明的力量不仅盘踞在欧洲和美国。而且在西方与东方之间相互渗透影响，使得亚洲、非洲和澳洲都卷入一场革命的漩涡之中。"[53]而这种趋势和力量就在于自律在近现代的突飞猛进，尤其表现在理性的突入以及由之带来的人的形象的转变上，而在社会现实上则呈现为"资产阶级社会"的兴起、胜利和危机。

在《世界处境》这本小书中蒂利希将资产阶级社会的发展划分为三个时期，分别是资产阶级的革命时期[54]，资产阶级的胜利时期和资产阶级社会的危机时期。而在其讨论中，可以发现他实际上是以一种自律文化的发展为基础的。他始终把自律的"理性"的变化作为划分的主要依据。因为毕竟资产阶级只有通过强调自律，反抗权威，塑造一套新的文化价值体系才能取得社会认可。因此，蒂利希对资产阶级社会发展所做的划分实际上可以视作对近现代自律文化发展的划分，与之相对应的则是近现代自律文化的三个阶段：自律文化的革命时期，自律文化的胜利时期和自律文化的危机时期。这样一种现实中的发展也是自律本身之结构所决定的必然命运与循环运动。

第一，在自律文化的革命时期，其主导性的原则是对理性的信仰（belief in reason）。但是蒂利希在这里所讲的理性并非指的是推理的理性及其过程，而是指"蕴藏在人之为人身上的真理和正义的力量"[55]，指的是人类能够和谐地塑造自然和社会的能力，它代表了人的尊严并使人可以从宗教和封建政治的奴役之中解脱出来。在蒂利希看来，这种理念诞生于文艺复兴的人文主义理论之中，并且在启蒙运动对理性权威的认可中得以成熟，而在资产阶级革命中得以完成。这种"信仰"相信通过这样一种自由的理性，人类将会获得一种普遍的人性以及一种个体与社会相和谐的体系。而其背后的基本预设在于每一个个体之中的理性同其他个体的理性是和谐一致的，蒂利希称之为"自发的

---

52 Tillich P. *Systematic Theology (Vol.3)* [M]. Chicago: University of Chicago Press, 1966: 327.

53 Tillich P. *The World Situation* [M]. Edited by Sherman F. Philadelphia: Fortress Press, 1965: 1.

54 蒂利希所指的革命时期并非特指 17-18 世纪发生在英、法、美等国的资产阶级革命，而是泛指新兴的资产阶级逐渐兴起的整个时期。

55 Tillich P. *The World Situation* [M]. Edited by Sherman F. Philadelphia: Fortress Press, 1965: 3.

和谐"（automatic harmony）。这种"自发的和谐"的信念体现在诸种文化领域之中：在经济上，相信国家无限制的发展将最终服务于全体人民的福祉，共同善将会通过自由经济中的市场法则得到守卫；在政治上，相信通过大多数公民的政治决断将会自发地导向一种正确的政治决断，而国际间的政治将会通过利益博弈而达至一种稳定平衡；在教育上，相信作为人类之本质的理性将会通过每个人的自由表达而构建一个和谐的共同体；在宗教上，相信个人对于圣经的阐释以及个人的宗教经验将会遵循一种统一的路径，在一种信仰的共同体之中保持道德和灵性上的一致；在哲学上，相信一种前定和谐的理念，人被视作"各种宇宙力量在其中得以统一的小宇宙"[56]，相信人自身的小宇宙与外部的大宇宙是一致的。

蒂利希认为这种自律的信念在现实之中都有所呈现并取得了极大的成果。比如，在政治经济上，通过资产阶级革命逐渐建立起自由市场以及基于文化价值认同而非领地从属的民族国家；在宗教上，人文主义者开始关注圣经原始文本的翻译和阐释，宗教改革者强调普通民众阅读圣经的权力，强调"平信徒皆祭司"，通过一系列宗教改革逐渐形成了更加内向化和富有活力的基督新教。启蒙运动之后，逐渐赋予宗教道德化和理性化的内核，使之更能为愈来愈具有自律之理性的人所接受；在科学上，17 世纪数学取得了极大的成就并成为各种科学的典范；在哲学上，前定和谐的理念在笛卡尔、莱布尼茨及其学派之中都有所体现，而启蒙哲学家洛克、卢梭、伏尔泰希望通过天赋人权、自然法来建立新的社会组织形式也体现了这样一种信念，康德强调世界永久和平的自然保障，强调自然将最终驱使世界走向和平亦成为这种信念的显著体现。总之，蒂利希认为在这一时期各个领域对于个人自律理性的强调以及由之带来的个人的解放，"并没有带来守旧者和反对派所推估的破坏性后果，反而在没有破坏主要的宗教和民族共同体的前提下释放了极大的创造力。"[57]

第二，按照蒂利希的划分，19 世纪可以视作自律文化的胜利时期。在这一时期，与前一时期相同，依然将作为人类自律之本质体现的理性视作是与自然和谐同构的。但其不同之处在于，前一时期的自律之理性是在反抗封建专制主义和权威主义的基础上发展起来的，因此具有革命的色彩，被视作是真理和

---

56 Tillich P. *Systematic Theology (Vol.2)* [M]. Chicago: University of Chicago Press, 1957: 24.

57 Tillich P. *The World Situation* [M]. Edited by Sherman F. Philadelphia: Fortress Press, 1965: 4.

正义的原则。但是，随着新兴资产阶级与封建残余的妥协，"随着资产阶级革命的胜利，革命性的动力消失了，而作为指导原则的理性也发生了转变。"[58]理性不再被视作真理和正义的化身，而只是被当作服务于日趋完善之"技术社会"的工具。人类的自律在一种技术理性控制把持整个自然和整个人类社会生产交换系统中得以体现。

　　从革命性理性到技术性理性的转变构成了两个时期的重要区别。在前者中，理性更关注于现存秩序之外的目的，人类自律的行为虽然在手段上是保守的，但在目的上却是具有"乌托邦"色彩的；而在后者中，理性更关注于现存秩序的稳定，人类自律的行为在手段上是革命性的，但在目的上却是保守的。蒂利希认为在这一时期人类通过技术理性在世界范围内创造了大规模生产和竞争性经济的机制，并使之成为超越于物理自然以及人本身之上的"第二自然"。其后果在于，从物理自然的层面看，人类控制转化自然的能力得到了增强。但在这种过程中，人类也愈来愈非人化，人类"将对象转化为物……破坏了它们的自然结构和关系。但是当人这样做时，也会发生一些事情，如同他改变的对象发生的那样。他自己也成为众物之中的一物。他自己迷失在无法与之交流的对象之中。"[59]从"第二自然"看，人类愈来愈服从于而不是掌控整个生产消费中非理性和不可控的因素，"他被他自己的创造所吞没。"[60]本来能够体现人类尊严的自律愈来愈趋向对于形式的关注，所有的人和物都在技术理性的支配下成为了手段。自律之理性被简化为一种具有推理运算这一单一功能的存在。在蒂利希看来，这种技术理性只保留了一种认知能力，尤其是认知能力中涉及发现达成目的之手段的能力。脱离存在理性的危险在19世纪中叶成为占据主导地位的现实，尤为明显的是在哲学上，理性之非认知性的方面被否认，"哲学家们甚至采取所谓逻辑实证主义的方式，针对任何超越技术理性之外的东西的'理解'采取拒斥的态度，从而使其哲学无涉任何具有实存性关切的问题。"[61]其后果在于，从技术理性的角度看，人类塑造甚至控制

58　Tillich P. *The World Situation* [M]. Edited by Sherman F. Philadelphia: Fortress Press, 1965: 4.

59　Tillich P. *Systematic Theology (Vol.3)* [M]. Chicago: University of Chicago Press, 1966: 74.

60　Tillich P. *The World Situation* [M]. Edited by Sherman F. Philadelphia: Fortress Press, 1965: 5.

61　Tillich P. *Systematic Theology (Vol.1)* [M]. Chicago: University of Chicago Press, 1951: 73.

转化自然的能力得到了极大的扩展，人类似乎更为"自律"；但从存在理性的角度看，这种"自律"越来越偏离实质一端，在这种自律的行动中，缺乏目的上的"自律"，"提供目的的是种种非理性的力量，要么是实定的传统，要么是服从于权力意志的任意抉择。"[62]其决定性的特征就在于"人类理性丧失了对于人类历史实存的控制"[63]，人类自律逐渐走向了其自我毁灭的一面。两次世界大战及其所造成的心理层面和社会层面的严重后果就是这种特征的极端显现。

第三，蒂利希认为世界大战之后，世界整体上处于自律文化的危机时期。但是，如前所述，自律文化的危机时期也并不在严格意义上对应于某一个特定的历史坐标。因为不同的大陆和国家之间存在发展上的差异，这种危机"在欧洲大陆的工业国家中得到了充分的展现。在盎格鲁-撒克逊的土地上，迄今仍相当成功地保持着第二时期的主要特征。而在俄国和亚洲的部分地区，它在第二时期尚未完全发展之前就粉墨登场了。"[64]

蒂利希所说的自律文化的危机源于人类逐渐意识到一种无目的和意义的自律并不会达成一种"自发的和谐"。世界大战的残酷现实不仅预告着这种"自发的和谐"的全面破产，而且表明盲目的自律会给人类自身带来毁灭性的打击。蒂利希 1964 年发表的题为"太空探索之于人类条件和地位的影响"（*The effects of space exploration on man's condition and stature*）的演讲被视作"完美地阐释了蒂利希本人对人性的深切关注以及蒂利希探讨人类最近世俗成就的不可思议的能力。"[65]在其中，蒂利希在对自律所取得的成就表示肯定的同时表达了他对之的忧虑。他认为人类关于自身的看法在历史上发生了极大的转变：在古希腊是期望生命在宇宙之中得以完善，在中世纪是期望生命超越宇宙朝向超越的那一位，而自文艺复兴以来则期望生命在上帝或在人类自身的协助下控制或转化宇宙。太空探索展现了人类甚至可以从人类把握到的新的天文学视角，企图以一种超越地球联系的体验给予自身以新的定位，显

---

62 Tillich P. *Systematic Theology (Vol.1)* [M]. Chicago: University of Chicago Press, 1951: 73.

63 Tillich P. *The World Situation* [M]. Edited by Sherman F. Philadelphia: Fortress Press, 1965: 6.

64 Tillich P. *The World Situation* [M]. Edited by Sherman F. Philadelphia: Fortress Press, 1965: 6.

65 Tillich P. *The Future of Religions* [M]. Edited by Brauer J C. New York: Harper & Row, 1966: 10.

示出人类能力的巨大潜力，其手段亦具有前所未有的革命性。同时，蒂利希认为尽管以太空探索为代表的人类科技的突飞猛进在水平维度上为人类打开了新的视野，但这样一种进步仍然难以逃脱一个严肃的精神性问题，也就是"为了什么？"（For what）的问题。即便可以为这种探索提供一个具体的目标，比如认为可以加深对某一天体的认识，但是这种目标终究只是暂时性的和偶然性的。蒂利希提醒说"如同作为单独对垂直维度屈服的怀疑主义将会导致不可能表达任何东西，也不可能在任何方向上行动一样，对于水平维度的单独屈服（我们可以称之为前进主义（forwardism））将会导致所有意义的内容的丧失和完全的空虚。"[66]并且在战后处境中，任何人类文化上的发展，尤其是科技上的发展都有可能由于其潜在的军事用途加重人类自身悲剧发生的机率。总之，蒂利希对于太空探索的分析表明在人类当今的处境中，自律愈是发展，就愈靠近危机的边缘。在面对自律导致的意义缺乏的危机上，极权主义、法西斯主义之流在垂直维度上不断拔高自己，从而成为了一种扭曲的自律形式甚至具有成为他律的可能。它们以一种"计划的理性"（planing reason，比如在经济领域实行计划经济）控制了人类技术理性发展下逐渐不可控制的"第二自然"，以权威填补了自律之"自发的和谐"原则不再被相信下的意义真空，并在此基础上以最有效的方式运用技术理性，以便安排和保障群众的基本生活。这样一种路径试图再次将人类的活动纳入到自身的控制之下。作为一种扭曲的自律形式，其所谓的"计划"抑或目的看似出自人类自身，出自人类之中的某个群体或民族，但其中起决定作用的并非理性，而是非理性的权力意志，其后果并非将人类以共同的理性原则团结起来，而是加剧了人类的分裂。因此，正是在这种处境下，蒂利希认为人类"理性"的自律活动已使自身站在了新的起点，在现实之中亦没有返回封建专制主义或者放任的自由主义的精神和经济条件。"自发的和谐的信念不可能在大众之中重新建立起来，对于大众来说，它意味近三十年间的战争、急速发展、失落和再次的战争。我们必须在一种计划的理性的指导下朝向一种既避免极权的专制主义又避免自由的个人主义的社会组织前进。我们的任务就是在两个极端之间找到一条出路。"[67]

---

66 Tillich P. *The Future of Religions* [M]. Edited by Brauer J C. New York: Harper & Row, 1966: 46.

67 Tillich P. *The World Situation* [M]. Edited by Sherman F. Philadelphia: Fortress Press, 1965: 8.

三、自律文化的后果

（一）文化的世俗化

回到我们讨论的主题，人类自律的发展究竟会给具体的宗教与文化带来什么后果呢？在蒂利希看来，自律的发展首先导致的是文化的世俗化（secularization）。但是，世俗（secular）并不等于卑俗（profane，该词亦经常视作 secular 的同义词而被译为"世俗"）。从词源上讲，profane 源自拉丁语 *profanum*，*pro* 作为表示方位的介词部分，意指"在……之外"，而 *fanum* 作为名词部分，意指"圣殿或者神庙"，因此两者组合起来只是表达了"在圣殿/神庙之外"的意思。但在 15 世纪中期之后发展出具有卑污不圣洁甚至亵渎神圣的意思。[68]因此，蒂里希更偏向于使用更为中性的"secular"一词来表示"世俗"。在蒂利希文化神学的视野下，人类的一切有限关系、有限事物都是世俗的，但是神圣（holy）与世俗并非完全排斥的，"站在圣殿之外并不意味着其本身就是不洁的。"[69]没有任何东西在本质上必然是世俗的，每一种世俗的东西都潜在地可以成为神圣得以显现的载体。而对于有限的人类来讲，神圣也需要通过世俗的"客体"来表达自身以便成为现实而被体认。这就涉及到蒂利希对"神圣"的第一层界定。在蒂利希看来，我们对于"神圣"有两种经验，或者说是"神圣"经验中的两种要素，"一种是将神圣经验为存在本身，一种是将神圣经验为应当如何。"[70]前一种要素代表了神圣在此时此地的临在，"为了被经验到，神圣必须临在并且必须被感受到临在。"[71]在信仰之中，神圣突入了现实，使得世俗的时空和现实得到了圣化，世俗之物也因此成为神圣的承载者，处处显示着神圣的光辉。同时，对神圣的经验亦包含一种神圣对于每一种存在物进行评判的经验，"我们在经验神圣之时，不可能不经验到它命令我们应当如何的那种力量。"[72]基于以上"存在的神圣性"（the holiness of being）和"应当如何的神圣性"（the holiness of what ought to be）的区分，

---

68 参见牛津在线英语大辞典中（Oxford English Dictionary）相关词条，"profane," in Oxford English Dictionary Online, https://www.oed.com/view/Entry/152024?rskey=8BrrWa&result=1#eid.

69 Tillich P. *Systematic Theology (Vol.1)* [M]. Chicago: University of Chicago Press, 1951: 218.

70 Tillich P. *Christianity and the Encounter of the World Religions* [M]. New York: Columbia University Press, 1963: 58.

71 Tillich P. *Dynamics of Faith* [M]. New York: Harper, 1958: 56.

72 Tillich P. *Dynamics of Faith* [M]. New York: Harper, 1958: 56.

蒂利希认为存在信仰的两种类型，也就是本体论类型和道德类型。这两种类型并非截然分离，宗教信仰的历史以及个人的信仰都是这样不同的类型相互分化与融合的历程。信仰的本体论类型以传统宗教中的圣物信仰、神秘主义为代表。圣物信仰并非表明某些特定的事物是神圣的，而其他事物则是纯粹与神圣无关的甚至说是亵渎的，而是说通过某些特定的事物作为媒介可以使得信仰者经验到神圣并且被神圣把捉到。这些媒介只有在这种意义上才被视作"圣物"，它们只是相对于信仰者的信仰的说法，而不是普遍有效的事实判断。圣物信仰容易导致偶像崇拜，将某种事物本身视作是神圣的，因此其局限和危险往往导致一种神秘主义。但神秘主义并非要拒斥圣物的形式，而是要超越这种形式，它只是认为"存在一个终极临在于有限世界的地方，这个地方就是人类的灵魂深处。这个深处是有限和无限交汇之地。为了达至此地，人必须清空日常生活中的所有有限内容；他必须为了终极关切弃绝所有初级关切。"[73]信仰的道德类型以律法型、习俗型和伦理型为代表，其主要特征在于要求道德上的服从。比如，犹太教和伊斯兰教强调律法观念的遵从，中国的儒家强调习俗规则的约束，而犹太先知则"一次又一次地削弱人民甚至其领导者对律法之圣礼要素进行依赖而忽视道德要素的欲望，把'应当'（ought to be）视作'存在'（being）的尺度。"[74]

　　总的来说，文化作为人类在纯粹自然之外的一种创造，本身不可避免地具有有限人类的自律要素，其中的有限性决定了人类文化的世俗化。但同时，其中的自律要素也体现出人类的自由和人类的超越性。他企图超越自然必然性的限制去创造一个自我掌控的世界。在这一点上，人类文化整体上又成为一种展示人类的终极关切，展示人类对于终极意义的追寻的场域，因此又成为包涵无限、意义、存在的根基等诸多含义的"神圣"的一种承载。因此，按照蒂利希的观点，世俗并不意味着不洁或道德上的败坏，它只是"在圣殿之外"。与偶像崇拜相比，文化的世俗化反而具有更为积极的意义。因为它有"进入圣殿之中"的可能，它可能成为神圣的呈现载体，它并不像偶像崇拜一样企图把自身提升为超出自身的神圣的地位。就这一点而言，蒂利希认为如果接受他关于信仰的重新定义，即认为信仰是对终极的终极关切状态，而不是对神圣的存在者的实存与行为的相信的话，那人类自律的文化，尤其在蒂利希所谓的自律文

73　Tillich P. *Dynamics of Faith* [M]. New York: Harper, 1958: 61.

74　Tillich P. *Dynamics of Faith* [M]. New York: Harper, 1958: 68.

化的革命时期，以及伴随文艺复兴凸显出来并贯穿于整个人类自律文化之中的人文主义精神并非是无信仰的，反而也包含着一种信仰。"人文主义是这样一种态度，它使人成为自己的精神生活亦即艺术、哲学、科学、政治、社会关系和个人伦理等等的尺度。对于人文主义来讲，神圣就体现在人之中；人终极关切的就是人，当然这里的人指的是那种本质上的人，真正的人，理念的人，而不是现实的人，与其本质相疏离的人。"[75]在这种意义上，这种带有浪漫色彩和革命色彩的文化潮流"将人视作有限实在中的终极，就像圣物信仰在实在的一个片段之中看到终极，也如神秘主义信仰在人类的灵魂深处找到无限一样。"[76]其浪漫性就在于它在自然和历史中的有限的人身上经验到了无限，其革命性就在于它企图寻找的是一种真正的本质的人，而不是实存的人。

而从道德类型的信仰看，世俗也不意味着不道德。反而，蒂利希认为自律的文化从古代开始就蕴含"应当"的成分。在古希腊的悲剧、哲学以及罗马的法律之中都包含着对"应当"的强调。直到神秘主义压倒了希腊哲学，神秘宗教在罗马帝国站稳脚跟，一种本体论类型的信仰才占据了主流。而在近现代更加以人为中心的自律文化氛围之中，对于"应当"的关注得以复兴。近现代的人文主义，"尤其是18世纪以来的人文主义，在基督教的基础之上，包含着一种对于'应当如何'的突出强调。"[77]实际上这种强调在更早之前的人文主义中便有所显现。文艺复兴时期的人文主义虽然更注重于观念的修辞和表达，而不是观念本身，但是这本身就蕴含着一种对于真理之追寻和表达方式上的"应当"，并且这种修辞和表达更多地是回到原始古典文本中去学习，也就促使原始文本中表达的观念得以进行新的阐释。而这种阐释中相当重要的部分是对道德上的"应当"的凸显。比如圣经这一古老文本被普遍理解为包含道德实践真理的文本，耶稣基督被理解为人类的道德典范。像伊拉斯谟这样的人文主义者就曾提出要"效法基督"（imitatio christi），而其效法的主要内容就是耶稣基督所实践的道德行动。而之后18世纪的启蒙运动则更为强调"应当"。启蒙运动中的斗士在一种包含正义与真理的理性概念下，企图在上帝之外为人类的行动提供根基和指导，"他们为摆脱宗教仪规的束缚而战，为每一个人的正义而战。"[78]只不过他们的信仰是以一种世俗的、非宗教的语言得以

75 Tillich P. *Dynamics of Faith* [M]. New York: Harper, 1958: 62-63.
76 Tillich P. *Dynamics of Faith* [M]. New York: Harper, 1958: 63.
77 Tillich P. *Dynamics of Faith* [M]. New York: Harper, 1958: 68.
78 Tillich P. *Dynamics of Faith* [M]. New York: Harper, 1958: 69.

表达的。而 19 世纪和 20 世纪的无产阶级革命也被蒂利希视作一种道德类型的信仰，它为我们提供了一套关于"应当"的价值观念体系和社会体系，而这种信仰亦在一种世俗的语言中得以表达，因为其目的就在于在现实当中实现人类的繁荣和福祉。

总之，在蒂利希那里，自律文化的世俗化并非指的是文化中无信仰、无道德的庸俗化。文化的世俗化意味着它属于事件的日常进程，而不在这种日常进程之外或之上进入神圣的领域。尽管像圣物信仰或神秘主义这样的"宗教"与世俗文化同样关注日常事物和事件，但两者的区别就在于前两者企图超出人类的局限，在人类和人类世界之外抵达终极者，而后者则将自身局限于人类及其世界之中。在这种意义上，就后者而言，一方面它是"浪漫的"，它表明它所信仰的某种"神圣"在人类身上，尤其是在此时此刻人类的理智活动和道德活动之中被给出。但是，它也同时是"保守的"，一个世俗而不成熟的心灵"不能超越自身，它停留在事物的平庸表面，也从不对自身的存在提出尖刻的问题。"[79]

人类自律的、世俗性的和创造性的文化活动，比如科学、艺术、社会关系、技术活动以及政治等等相关学科，虽然具有自我的评判标准，人类在这些活动中也进行着严格的自我批判。特别是在近现代，人类文化在各自的领域通过自我批评和更新取得了极大的进步。但是，"具有一个完美的大脑并不能确保成熟，具有一颗富于创造性的心灵也不意味着成熟……达到成熟的决定性步骤，要冒脱离精神幼稚和它的各种保护性传统以及权威的指导的危险。没有对权威的否定，就没有思想的成熟。这种'否定'并非指造反精神、狂妄自大和具有毁灭性。否定就是用严肃认真的态度把不成熟指出来。"[80]蒂里希认为在整个近现代逐渐发展起来的资产阶级社会中，由于科技与经济的巨大突破，整个社会文化愈来愈缺乏一种自我否定的精神，资产阶级兴起初期所带有的革命性精神在之后的发展中愈来愈弱，"一种自足的有限性精神……是资产阶级社会的精神。"[81]这种精神在经济领域得到了极端的体现，资本主义经济从一种更高的社会力量（比如中世纪教会）的控制之下解放出来，并发展出只遵守自身法则的体系和精神，这种体系和精神由于其极高的效率和成就而成为整

79 Armbruster C J. *The Vision of Paul Tillich* [M]. New York: Sheed and Ward, 1967: 88.
80 蒂利希，《永恒的现在》//何光沪编，《蒂里希选集》（下）[M]，上海：上海三联书店，1999 年，第 941 页。
81 Tillich P. *The Religious Situation* [M]. New York: Meridian Books, 1956: 105.

个社会文化的主导价值。但是，就像资本主义经济"永远不会停歇，但永远也不会超越自己"[82]一样，整个社会文化也逐渐弥漫一种乐观自足的情绪，"自律文化已然世俗化到丧失了其终极的指向，其意义的中心和精神实质的程度。"[83]

总之，在蒂利希看来，文艺复兴是近现代人类迈向新一轮的自律征程的第一步，但其中仍然潜藏着中世纪传统中的精神力量。比如，文艺复兴时期的人文主义者并非是反宗教的斗士，他们更多是希望回归更为古老的文本发掘宗教的真义。而"启蒙运动就很快丧失了其新教的和宗派的实质，并且在某些方面，尽管不是很多方面变得完全世俗化了。"[84]比如，以伏尔泰为代表的法国启蒙思想家"崇尚骄矜的启蒙理性，这启蒙理性把上帝和一切宗教仅仅看作是一个肤浅的骗局"[85]，从而提倡一种更为理性和更满足于世俗目的的宗教，成为了自然神论到道德神学的过渡形态。而在德国启蒙思想家康德那里，道德根源于人类自身的理性，成为人类尊严的体现，上帝则成为了道德的悬设，最为"神圣"的宗教领域对于人类自身来说更多地成为一种保障，而不是一种范导。而从 19 世纪后期到 20 世纪初期，自律逐渐在思想和行动上表现为对科学技术模式的遵从，从而变得更加空虚和世俗化，并且表现出一种盲目的自满。但是，"当人只满足于依赖自己的文化创造、技术进步、政治体制和宗教体系时，他就陷入了解体和混乱之中，他个人的、自然的和文化的生命之根基就已在动摇。"[86]以两次世界大战为代表的现实历史彻底打破了人类文化上的自信，当人类掌握塑造世界的实力时，他也就承受着毁灭自己和世界的风险。在蒂利希看来，"我们的时代决定选择世俗的世界。这是个伟大而必要的决定：它推翻了那个曾经成为镇压人民的迷信力量的教会，给予我们日常的生活和工作一种神圣性。但是它剔除了宗教所代表的一种深刻的东西：人对生命不可探究之谜的感受，存在的终极意义对人的辖制，以及人的不可战胜的无条件

82 Tillich P. *The Religious Situation* [M]. New York: Meridian Books, 1956: 106.
83 Tillich P. *The Protestant Era* [M]. Translated by Adams J L. Chicago: University of Chicago Press, 1948: 58.
84 Tillich P. *The Protestant Era* [M]. Translated by Adams J L. Chicago: University of Chicago Press, 1948: 58.
85 赵林，〈古典主义与启蒙运动〉[J]，《法国研究》，2004 年第 1 期，第 12 页。赵林，《黑格尔的宗教哲学》[M]，武汉：武汉大学出版社，1996 年，第 30 页。
86 蒂利希，《根基的动摇》//何光沪编，《蒂里希选集》（上）[M]，上海：上海三联书店，1999 年，第 558-559 页。

的奉献力。而这一切都是不可剔除的。假如我们驱逐以神圣形象出现的东西，这东西就会以魔鬼的形象重现。"[87]

（二）宗教的孤立化

伴随文化世俗化而来的是宗教的孤立化。基督教价值是西方近现代文化的精神实质，基督教神学也为近现代世俗化运动提供了神学基础，"没有一个生活在现代社会的人可以将自己完全从基督教中解脱出来。基督教已经弥漫于现代社会的组织、习俗、道德和理智生活之中。一个人可以成为世俗的，但不可能成为'异教的'（pagan）。"[88]蒂里希认为自文艺复兴起对于世俗之尘世的肯定以及在此尘世之中所进行的种种追求正义和人道的运动之精神并非源自古代多神论的思想，而是来自基督教一神论的精神。正是在基督教一神论的视角下，上帝是万物的唯一创造者，因而物质世界并非被视作与神圣相对立的邪恶领域。同时由于同一个造物主的作用，世界之中才具有了统一的意义，而尘世也才成为能够进行有意义的创造性活动的场域。因此，"统治文艺复兴和现代社会的，并不是古代的诸神，而是基督教所见证的独一上帝。"[89]但是，在蒂里希看来，虽然基督宗教精神构成了现代社会的遥远背景，但是背景是一回事，前景又是一回事。"现代社会是世俗的。它钟情于此世，也追求此世"[90]，随着文化世俗化的进程，宗教也越来越被视作诸种文化形式中的一种，其后果是宗教本身朝着世俗化、非神圣化和此世性的转变，以及由之而来的孤立化。

在近现代社会中，作为一种文化现象的具体宗教的世俗化主要有两种路径，一种是制度化的方式，一种是还原式的方式。[91]前者在天主教之中更为明显，在此之中，宗教逐渐成为一种制度化的力量，同时制度化的宗教并没有朝着无限而超越有限，而是成为有限的现实本身，它成为"一系列按规定开展的活动，一套要被接受的既定教义，一个与其他社会压力团体相并立的团体，一股具有强权政治所有意涵的政治力量。"[92]而后一种方式是新教所经常面临

---

87 蒂利希，《根基的动摇》//何光沪编，《蒂里希选集》（上）[M]，上海：上海三联书店，1999年，第693页。

88 Tillich P. *Political Expectation* [M]. New York: Harper & Row, 1971: 1.

89 Tillich P. *Political Expectation* [M]. New York: Harper & Row, 1971: 3.

90 Tillich P. *Political Expectation* [M]. New York: Harper & Row, 1971: 4.

91 参见 Tillich P. *Systematic Theology (Vol.3)* [M]. Chicago: University of Chicago Press, 1966: 99-100.

92 Tillich P. *Systematic Theology (Vol.3)* [M]. Chicago: University of Chicago Press, 1966: 99.

的风险，在其中宗教被还原成文化创造，尤其是被还原成一种道德体系，以道德性表达宗教的严肃性。宗教自我超越的帷幕（veil of self-transcendence）被扯去，宗教象征的象征因素被抛弃，而只是作为一种认知上的洞见、美学上的表达、人格上的发展，抑或共同体内的原则。"在这种视角下，神话只是朴素的科学和原始的诗歌的结合体；它们是理论理性的创造物，因而具有持久的意义，但其中表达超越性的主张必须被丢弃。宗教在实践中的表现亦面对同样的理解：神圣的人格和神圣的共同体是人格和共同体发展而来的结果，因而也必须置于人性和正义的原则下加以评判，超越这些原则的主张也应该被拒斥。"[93]总之，虽然制度化和还原化本身并不是问题所在，因为在蒂利希看来，个人和社会的生命的动力正是体现在组织化和形式化过程之中的，而且具体宗教本身就生活在一种从语言到本体论的认知形式之中，而语言和本体论本身就是文化性的创造。问题只是在于：在这两种宗教世俗化路径中，自足对抗了超越，宗教成为了诸多有限事物中的一种，最初其价值仍被承认，但只是作为整个价值体系中的一种或者某种价值的补充而被承认。

随着文化世俗化的进程，宗教逐渐被消解成与世俗的文化形式并存甚至对立的形式从而被孤立：在认知领域，宗教逐渐被解释为一种心理学或社会学的需要，从而被视作幻象或者意识形态；在审美领域，"宗教象征在各种自然主义风格，尤其是在批判性的自然主义和非客观性的艺术类型中被有限的对象所替代"[94]；在教育领域，由于宗教中所宣称的关于存在的神秘要素并不能满足世俗社会的需求和目的，因而被禁止纳入；在组织领域，教会要么被理解成世俗生活中的一种组织而服务于世俗生活的需要，要么因其并不直接参与社会生产而成为社会生活中一个孤立的领域；在文化生活中，尤其是英美文化中，宗教不再被需要。宗教被视作愚昧的象征而被科学鄙夷；关于上帝的讨论被认为是无意义的讨论而被哲学摒弃；伦理学更多建立在功利的原则之上，并为人类的利他行为寻找着宗教以外比如生物学上的来源；圣经只有被视作人民的法律和道德课本时才被接纳，其中一切神秘要素都被视作迷信而遭到压制。总之，在近现代自律文化的不断发展中，"宗教被改造为经济上和技术上对世界的掌控，被改造为人文主义和人格的此世性的发

---

93 Tillich P. *Systematic Theology (Vol.3)* [M]. Chicago: University of Chicago Press, 1966: 100.

94 Tillich P. *Systematic Theology (Vol.3)* [M]. Chicago: University of Chicago Press, 1966: 101.

展。"[95]宗教同意这样的改造，其背景才能得以保留，宗教只有在文化中偏安一隅，才能免受指责。

第三节　他律文化

一、他律与异己的深度

当自律在人类的逻辑、认知、审美、法律以及伦理等诸多领域取得决定性胜利，并且具体的宗教在整个文化世俗化的过程中被转化为"一种已然丧失了与无限之联系的文化现象，一种不再体认到任何作为无限实在突入之灵感的思维方式，一种业已失去了对作为事物诸形式的根基的神秘感知的直觉，一种因缺乏恩典而沦为律法的行为，一种已经变得远离无条件之爱的突入的共同体"[96]之时，宗教并非没有其他选择，这种选择就是走向自律的反面，成为一种他律的力量，将宗教象征视作一种超自然的律法，将宗教悖论客观化，将有限无限化。

一种他律的宗教为人们克服其在自律之中所感受到的"焦虑、躁动和失望，去缝合他自身的分裂，以便达至不朽，获得灵性与至美"[97]提供了方便的途径。它经常在自律丧失其深度和力量的时刻出现。从他律的视角看，它"断定人类不可能依据普遍的理性，而只能服从一种律法，一种异在的，超越于自身的律法来存在。"[98]因此，面对处在有限与无限、相对与绝对之间因而焦虑不安的人，宗教开始发号施令，"它们要求人们参加宗教仪式，参与宗教事业，学习宗教传统，履行祈祷、圣礼和冥思。它们要求道德上的服从，要求非人性的自我控制和禁欲，要求超出自我能力的与人和事物有关的风险的承担，要求超出自我力量的对观念和责任的服从，要求无限制的自我否定和无限制的自我完善。宗教律法在一切方面都要求完美。"[99]而且，它们还会断言只有按照这种至上完满甚至陌生而不可企及的标准来要求自己，才能以此为条件获得

95　Tillich P. *Political Expectation* [M]. New York: Harper & Row, 1971: 5.

96　Tillich P. *What is Religion* [M]. Translated by James Luther Adams. New York: Harper & Row, 1973: 145.

97　Tillich P. *The Shaking of the Foundations* [M]. New York: Charles Scribner's Sons, 1953: 97.

98　Tillich P. *The Protestant Era* [M]. Translated by Adams J L. Chicago: University of Chicago Press, 1948: 56.

99　Tillich P. *The Shaking of the Foundations* [M]. New York: Charles Scribner's Sons, 1953: 98.

对于焦虑、绝望和死亡的拯救。因此正如他律（heteronomy）这个词之希腊词词源"*heteros*"亦即"异己的"、"疏离的"所展示的那样，他律之宗教在人类理性之外提供了一种法则。按照蒂利希之前形式与实质的区分，他律将形式从其与实质的结合之中剥离出来，从而对之大加挞伐和指挥，从人类自身之外命令理性应该如何掌握实在。人们由于"害怕受到处罚或者陷入不能解决的问题之中，因而没有勇气去运用我们的理性"[100]，于是就在这样一种异己的权威法则和实质中寻找能够最终获得快乐的安定感。只不过在这样一种"实质"下，"实质，不再是以一种内在之光温暖着文化形式，而是像一件宽大的罩袍窒息了文化形式。"[101]

在蒂利希看来，一切宗教都有可能成为他律的力量。一旦这种宗教在其传统、组织架构或人格之中找到的不是理性的力量，而是直接宣称这些东西就是终极本身，那它就会变成他律的。他律之根本就在于"以存在之根基的名义，因而以一种无限的和终极的方式进行言说。"[102]蒂利希常以西方中世纪后期的宗教作为他律之宗教的例子。中世纪后期的教会强调自身就是上帝之国的实现，上帝之恩典被视作某种客观而具体的实在，只不过这种实在高于其他实在，而通过有形的教会得以贯彻。它将宗教与非宗教的领域，神圣与世俗的领域截然分开甚至对立，而从一种所谓的宗教的、神圣的领域对非宗教的和世俗的领域加以审判和辖制，最终发展出宗教裁判所这样极端的他律形式。但是，蒂利希自律、他律与神律的划分毕竟不是针对历史的特定划分，除了中世纪后期之外，在他看来，其同时期的以巴特为代表的新正统派思想中亦存在着他律的要素，"卡尔·巴特认为我对于他律的负面态度以及我用恶魔化来描述他律，代表了我与宗教大法官（正如陀思妥耶夫斯基在《卡拉马佐夫兄弟》中描绘的那样）的斗争，在今天已经不必要了。而我认为近些年德国认信会[103]（German Cofessional Church）的发展就证明了斗争的必要性。现

---

100 蒂利希，《基督教思想史：从其犹太和希腊发端到存在主义》[M]，尹大贻译，北京：东方出版社，2008 年，第 288 页。

101 Armbruster C J. *The Vision of Paul Tillich* [M]. New York: Sheed and Ward, 1967: 92.

102 Tillich P. *Systematic Theology (Vol.1)* [M]. Chicago: University of Chicago Press, 1951: 84.

103 德国认信会（1934-1948）是德国新教内部为反抗希特勒将纳粹党的理论纲领"神圣化"，将基督教会"工具化"，从而使之成为纳粹政治宣传工具的宗教抵抗团体。1933 年希特勒上台之后，亲纳粹党的教会成员组成了所谓的"德国基督徒"（German Christian）团体，并最终控制了当时德国最大的教会组织德国福音教会

在宗教大法官身穿巴特式的超自然主义这一坚固而又紧身的盔甲进入认信会之中。巴特主义者极端狭隘的立场可能能够拯救德国新教，但它也创造了一种新的他律，一种反对自律、反对人文主义的态度，因而我必须认为这是对新教之原则的否定。"[104]

蒂利希认为虽然革命性的启蒙运动表明了自律之潜能可以超过他律之力量，并且随着自律之革命所带来的科技、经济以及整个人类生活水平和文化水平的提高，基督教会已经完全没有可能回归到中世纪末期那样一种完全以一种宗教上的他律主导整个社会文化的可能。但是他律并不一定只在主流宗教、主导教会中存在。当他律消失时，并非意味着安全的到来。相反，蒂利希认为"在我们的时代，他律已经被破坏，这是一件危险的事情。"[105]因为人类总是在寻求一种安定感，教会形式的他律的破坏为其他形式的他律的出现提供了机会和生存空间。比如从教会内部看，有二十世纪初在美国兴起的无视现代科学文化，强调圣经无误，按照字面意义理解圣经的基要主义；从教会之外看，有各种对于其成员及外界社会都企图进行严格掌控的，具有"邪教"性质的崇拜团体及其"狂欢秘祭"与极端暴行；从国家形式看，出现了类似法西斯意大利、纳粹德国这样完全控制民众之公共和私人生活的极权国家。在这些新的形式的他律之中，人们遵守其提供的异己的法则，在异己的深度之中寻求着生

（German Evangelical Church）。路德维希·穆勒（Ludwig Müller）在纳粹的支持下，被选为"帝国主教"（*Reichsbischof*），支持纳粹党人的种族主义政策，而这实质上不符合基督教教义和圣经权威。在汉斯·利耶（Hanns Lilje）、马丁·尼莫勒（Martin Niemöller）等人的领导下，德国福音会内部的一些成员对之进行了抵抗，并召集德国福音会内部两千多名牧师反对穆勒控制下的教会及其行动。这一抵抗团体就构成了德国认信会的基础。1934 年在巴门（Barmen）召开的主教会议上宣布的《巴门宣言》澄清了德国认信会的基本理念。简而言之，德国认信会认为自己才是德国真正的基督教，号召回归基督教真理。只承认上帝的圣经话语，抵制将除此之外的任何事件和力量作为启示之源头；只承认耶稣基督的拯救，抵制将任何人视为现世的拯救者和元首权威；只承认教会是秉持信、望、爱的基督徒共同体，抵制教会取悦自己或为意识形态服务。但总的来说，德国认信会及其活动是一场精神和教会运动，而不是一场政治运动，它重视教义甚于伦理道德，因而与迪特里希·朋霍费尔（Dietrich Bonhoeffer）这样积极参与政治抵抗的殉道者相比，它并没有在政治层面或道德立场上激烈地抵制纳粹政府的迫害和侵略。

104 Tillich P. *On the Boundary: An Autobiographical Sketch* [M]. New York: Charles Scribner's Sons, 1966: 40-41.

105 蒂利希，《基督教思想史：从其犹太和希腊发端到存在主义》[M]，尹大贻译，北京：东方出版社，2008 年，第 288 页。

活的意义，从而"把自己与当代的自律思想的整体发展隔开了"[106]。

二、他律文化的接受

（一）自我的焦虑

在蒂利希看来，人类在他律之中寻求安定感与人类本身不可避免的焦虑有关。蒂利希区分了病理性的焦虑（pathological anxiety）和实存性焦虑（existential anxiety）。实存性焦虑是一种实存者意识到其可能成为非存在的状态。这种焦虑是有限的人类所不可克服的焦虑，原因在于实存性焦虑本身就是对有限性的一种经验，是每个人对自我之有限性的经验。其实存性就意味着这是每个人类个体自身存在的一部分，是必然要体会认识到的一种经验，而不是一种可以无视的、不加掌握的抽象知识，这一点在每个人都要面对终有一死的结局上体现的最为明显。而在蒂利希看来，病理性焦虑只是实存性焦虑在特定个体、特定环境和特定时间上的一种状态。病理性焦虑之所以会出现是因为个体自我洞察到了实存性焦虑，但又无法将之勇敢地纳入自身承担下来，从而遁入一种神经病症来避免进入极端绝望的状态。但是在病理性焦虑之中，自我并没有完全被弃绝，而是以一种缩减的形式进行自我肯定。基于病理性焦虑与实存性焦虑的关系以及后者的根本性，蒂利希认为正常人与具有病理性焦虑的病人并不存在根本性的差别。

从人类实存的处境讲，任何人都将面临并意识到非存在的威胁并产生未知的焦虑。因此"每一个人身上都具有神经质的要素，病态的和健康的心灵的区别只是一种量上的区别……在健康的心灵中亦存在疾病的要素。"[107]神经病症的人格只是比正常的人格更为敏感地意识到了非存在之威胁，从而产生了更为强烈的焦虑，"人类文化历史一再表明神经性的焦虑常常突破日常自我肯定的藩篱，从而开启在正常情况下隐匿的实在的维度。"[108]人类历史上的诸多天才型人物都具有某种病理性的精神焦虑，在其自我肯定受限的同时，个体又以一种更高强度、更强烈的方式进行自我肯定，只不过这种肯定往往因为之前的受限而"收缩到一个伴随着与实在整体处于一种扭曲关系的特殊的点上"[109]，

106 蒂利希，《基督教思想史：从其犹太和希腊发端到存在主义》[M]，尹大贻译，北京：东方出版社，2008 年，第 288 页。
107 Tillich P. *The Courage to Be* [M]. New Haven: Yale University Press, 1952: 67-68.
108 Tillich P. *The Courage to Be* [M]. New Haven: Yale University Press, 1952: 67.
109 Tillich P. *The Courage to Be* [M]. New Haven: Yale University Press, 1952: 67.

这种点常常以一种极具表现力、创造性和颠覆性的哲学、文学或艺术风格呈现出来。

在蒂利希看来，非存在威胁作为整体的人的存在的方式有本体上、道德上和精神上三种，而根据这三种威胁方式，他将人类实存性的焦虑划分为三种类型：死亡之焦虑（anxiety of death）、无意义之焦虑（anxiety of meaninglessness）和谴责之焦虑（anxiety of condemnation）。[110]死亡之焦虑来源于非存在对人在本体上的自我肯定的威胁，这种威胁在相对层面上是命运，在绝对层面上是死亡；无意义之焦虑来源于非存在对人在精神上的自我肯定的威胁，这种威胁在相对层面上讲是空虚，在绝对层面上讲是无意义；谴责之焦虑来源于非存在对人在道德上的自我肯定的威胁，这种威胁在相对层面上是罪疚，在绝对意义上就是审判谴责。

死亡之焦虑是人类最普遍、最基础的焦虑。人类个体在有限之自我的自律行动中首先体会到一种命运，这种命运一方面表明人类个体是自律的，出自其自身的行动必然会产生一定的结果，但同时也经常能体会到这种命运之偶然性。但是，在这里蒂利希所说的"偶然性"并非意指因果性的丧失，而是指我们以为对自己实存起决定性作用的那些原因可能被发现并不具有终极的意义和目的，我们实际上是被偶然地放置在一张因果关系网之上的。而死亡作为终极的命运意味着我们无时不刻都在不停歇地奔向消逝的未来。对于这种伫立在人类背后的非存在的力量的经验构成了我们对各种现实的、相对化的命运的焦虑的基础，"没有死亡在其身后，命运将不会产生不可逃避的焦虑。"[111]

在非存在威胁本体上的自我肯定时，亦在威胁人在精神上的自我肯定。人精神上的自我肯定就表现在人自律自发地生活在文化这一创造性的意义活动之中。而人对空虚的焦虑就源于非存在对精神生活的内容构成了威胁，比如，当个体的精神信念由于遭遇外在事件或内心变化而坍塌，从而曾经投身的文化活动变得不再可爱，传统对象中的意义随之消逝，现在的文化又不能令之满意时，个体就会经验到空虚。当这种空虚被个体在诸领域普遍经验到之后，"个体就会焦虑地离开所有具体的内容，寻找终极的意义，但是却发现正是精神之中心的丧失取消了精神生活的内容的意义。但是一种精神中心又不是有

---

110 参见 Tillich P. *The Courage to Be* [M]. New Haven: Yale University Press, 1952: 41.
111 Tillich P. *The Courage to Be* [M]. New Haven: Yale University Press, 1952: 45.

意被创造出来的，试图创造它只会导致更深层的焦虑。空虚的焦虑驱使我们走向无意义的深渊。"[112]

同时，人也面临道德上的焦虑。原因在于人的存在，无论是本体上的存在抑或精神上的存在，都是自我要求的，而不是被给定的。用蒂利希的话讲就是人是"自律"的，他拥有一种有限度的自由，他能够通过其存在的中心所做出的抉择来决定自身。这种有限度的自由或者自律也体现在人类在道德上的自我肯定，在这种有限的自由或自律之中，人自己要求自己成为应该成为的样子，履行应该履行的使命，完成应该完成的意义。因此，对于自我而言，人就负有一种责任，他必须向作为其对立面的那个自我或者说自我的法官来回答自我通过何种抉择造就了自己。但是，由于人类通过自律的道德法则在道德上所进行的自我肯定毕竟是一种"自我"的决定，这意味着在任何道德法则的表述中他都拥有一种反其道而行之，否定其所谓应然的、本质的存在，否定其使命与意义的力量。这就构成了遍布人类存在本身的善恶的模糊性（ambiguity）。"罪疚感就是对这种模糊性的意识。一个出自自我但又与自我对立的法官，一个凭良心'知道'我们所做和所为的一切的法官，给出的否定性的判决，就被我们经验为罪疚。"[113]这样一种罪疚驱使我们慢慢逼近自我的完全拒斥，进而引发审判谴责的感受，这种审判谴责并非是一种外在的惩罚，而是一种对于我们自身之使命和意义的失望。

在蒂利希看来，这三种焦虑交织在一起体现在个体身上和社会历史之中，共同将个体和社会推向一种绝望的状态，"整个人类生活可以被理解为一种为了逃避绝望所做的不懈努力。"[114]

而接受一种他律则成为克服这些焦虑和绝望的方便法门。因为在本体上，他律使得自我消失了，自我不再是与世界相对的一极，而是成为世界的一部分。就像个体在一种集体主义文化之中被淹没一样，自我在世界之中完全没有任何本体论上的地位和发言权，因而也就不再关心自身的命运和死亡，因为这一切都不是自我能去掌握的东西，我们要做的就是一种顺服。就像西方古代晚期出现的斯多葛主义一样，强调人的德性就在于顺服自然和命运，自然是外在的，命运亦不是自我的，"要记住的是你只是经由作者选择的一个戏剧演员。戏剧短，那你就是短剧中的演员，戏剧长，那你就是长剧中的演员。无论他想

---

112 Tillich P. *The Courage to Be* [M]. New Haven: Yale University Press, 1952: 48.
113 Tillich P. *The Courage to Be* [M]. New Haven: Yale University Press, 1952: 52.
114 Tillich P. *The Courage to Be* [M]. New Haven: Yale University Press, 1952: 56.

让你扮演一个穷人，一个残疾人，一个统治者抑或一个普通公民，你都要把它演好。因为扮演好给定的角色就是你的本分；但是给你什么角色则是属于作者的权力。"[115]在道德上，各种形式的他律成为一种庇护所。蒂利希以中世纪晚期和宗教改革前夕为例，认为这个时代占据主导地位的就是道德上的焦虑，这种焦虑"以'上帝的愤怒'为象征，并被地狱和炼狱的意象所加强，迫使中世纪晚期的人们尝试各种方式去缓解这种焦虑。"[116]而这些方法大多本质上在于接受一种外在的律法，接受一种严格的"律法主义"，比如听从教会的安排和惩罚、执行极端的禁欲苦行等等，以便通过满足这些外在的、带有压制性的道德条件来换取上帝对罪的宽恕，以德行换取恩典。而在精神上，他律赋予怀疑的自我以意义。当现实条件发生改变，与原来价值体系创造时的条件不再一致，精神创造的内容不再能够表达人类的处境并给予回应时，个体便会对之产生怀疑，"科学家会热爱其所发现的真理"[117]，但其是否会同时热爱这个发现真理的自己，便是一个随着时空转换而会存在不同答案的问题。"精神内容会有一种缓慢消耗的过程，在起初的时候不好察知，但是随着发展便会令人震惊、引人注目，最后便会产生一种无意义的焦虑。"[118]伴随这种焦虑的是个体在精神上的总体性的怀疑。而为了逃避这种怀疑的自由和由之带来的无助，个体会在精神上选择一种他律。他律通过权威将意义强加给他，从而使之免除了怀疑之风险，个体以一种类似于宗教狂热的方式进行自我牺牲，将自身等同于某种超个体的东西以保全意义。蒂利希认为其所处的时代便是一个专制主义崩溃，自由与民主发展，技术兴起但又并未提供如其想象之美好前景的时代，其引发的无意义的焦虑深刻地体现在"上帝死了"这样的象征之中，因而也具有接受他律的风险。

总之，他律的接受首先是人类为了应对源于自我的焦虑，而他律所提供的解决之法也很简单直接，那就是在接受一种异己的"法则"中消除自我。

（二）权威的塑造

在他律的接受中，权威的塑造是至关重要的，接受一种形式的他律往往是

---

115 Epictetus. *The Works of Epictetus: His Discourses, in Four Books, the Enchiridion, and Fragments* [M]. Translated by Higginson T W. Little, Brown, and Company, 1866: 381-382.

116 Tillich P. *The Courage to Be* [M]. New Haven: Yale University Press, 1952: 58-59.

117 Tillich P. *The Courage to Be* [M]. New Haven: Yale University Press, 1952: 46.

118 Tillich P. *The Courage to Be* [M]. New Haven: Yale University Press, 1952: 50.

通过接受一种特殊的权威达成的。在蒂利希看来，权威本身并没有什么问题。权威意味着人类本身的有限性，它在每一个人的生活当中都起到了不可替代的指导和塑造作用，"接受权威就是接受比我们拥有更多东西的人所给予我们的那些东西，对他们和他们所代表的东西的顺从，使我们得以在历史中生存，正如我们对自然法则的顺从使我们能够在自然界生存一样。"[119]人类在历史中的生存和发展就是在不断接受前人遗留下来的传统以及由之塑造而成的人或物的权威的基础上不断进行的创造。我们从幼小的身体和心灵长大成人，离不开家长之权威的提醒和保障；我们文化生活之丰富多彩，离不开诸多文化上的权威所提供的必要的工具和章法；我们宗教生活之规范，离不开来自宗教权威所固定下来的神话经文、仪式仪规和戒律规范。总之，正是通过权威，我们才得以进入家庭、社会、国家和教会生活之中。甚至于当我们追求一种纯粹的自律，希望完全自己做自己的主人，企图反抗这些权威之时，我们亦是在使用权威所遗留下来的工具，"革命者的语言是由他们所反叛的人们创造的。改革派的抗争所利用的正是他们所抗争的传统。因此，绝对的革命是不可能的。"[120]

权威的力量必须通过各种具体的权威得以体现，但各种自称自己为"权威"的具体权威之间又往往存在着分裂。比如，在家长权威上存在着父亲和母亲的分裂；在智性权威上，存在着神学和科学的分裂；在神的权威上，存在着多神教与一神教以及多神教内部诸神的分裂；在圣经解释和教会的权威上，存在着宗教改革而来的新教与传统教会的分裂等等。面对这种分裂，人们要么抛弃所有权威，妄图完全自主自律地抉择。但如前所述，这是不可能达到的，因为作为有限存在者的我们不可能像无限者或者说上帝一样完全自由地行动，在自主抉择的时候我们往往体会到一种孤独和绝望。为了规避这种分裂以及自主抉择所可能带来的孤独和绝望，人们倾向于对权威的分裂视而不见，使自己从属于一个具体而确定的权威。在蒂里希看来，"过去和现在的各种权威体系，正是以人类的这一弱点作为其基础的。"[121]在这种基础上，各种特定的权威被塑造出来，从而形成了一种他律的力量。

119 蒂利希，《新存在》//何光沪编，《蒂里希选集》（下）[M]，上海：上海三联书店，1999年，第765页。
120 蒂利希，《新存在》//何光沪编，《蒂里希选集》（下）[M]，上海：上海三联书店，1999年，第766页。
121 蒂利希，《新存在》//何光沪编，《蒂里希选集》（下）[M]，上海：上海三联书店，1999年，第767页。

　　塑造出来的他律权威的问题在于其往往将权威指向自身。它们不是在凭借权威讲话，而是自称为权威，从而以此扩大自己的权力。但是真正的权威是通过其内在的力量，而不是外在的传统、知识和经验或者承担这些东西的具体的人或组织得以保障的。权威的问题永远不会有终极的答案，因为终极的权威不能寓于各种所谓具体的权威的藩篱之中，这是终极的应有之义。在蒂里希看来，这就像耶稣和基督教历史所揭示的那样，不应把历史之中的教父、教皇、宗教改革家和信经视作终极的权威，只要想起耶稣，就应该想起其与那些处于权威地位之人的斗争。具体特定的权威"不应当指向他们自己，而是应当指向那个一再打破他们的各种既定形式的权威，打破我们的各种僵化形式的个人经验的那个实在。"[122]地上父母的权威、世上智慧的权威、民族国家的权威、教会的权威都不是天上之权威的圣化形象，它们应该只是作为一种工具指向天上的权威及其中蕴含的内在的力量，指向爱，指向智慧，指向力量与正义，指向灵性的护卫和重生。

　　但是一种他律性的具体的权威并不满足于仅仅作为一种工具而存在。"他律就是有限之物以无限之名义要求或行使的权威"[123]，它以自身为终极的指向和目的。在他律文化之中，宗教被限定为一种特定的宗教，这种特定的宗教被塑造为权威。在这种情况下，宗教与文化并非有机的结合体，相反文化成为宗教的附属品，宗教以一种外在的姿态和法则管制着自律性的文化创造。

三、他律文化的后果：恶魔化

　　蒂里希用"恶魔化"（denomic）来指称他律出现的形式和结果。"恶魔化"这一概念在蒂利希作品中得以集中论述最早见于其 1926 年发表的文章《恶魔化：略论历史的阐释》（*Das Dämonische. ein Beitrag zur Sinndeutung der Geschichte*）[124]。但是，"恶魔化"在蒂利希那里是一种象征，而不是指称一种实在的东西。其在一战后接触到的心理分析运动对个体的分析以及社会主义

---

122 蒂利希，《新存在》//何光沪编，《蒂里希选集》（下）[M]，上海：上海三联书店，1999 年，第 769 页。

123 Tillich P. *Systematic Theology (Vol.1)* [M]. Chicago: University of Chicago Press, 1951: 148.

124 "demonic" 这一概念最早出现在 1919 年，参见 Tillich P. *Ergänzungs Und Nachlassbände Zu Den Gesammelten Werken (Band X, XII)* [M]. Edited by Albrecht R, et al. Berlin, New York: De Gruyter, Evangelisches Verlagswerk, 1999, 2001: 239, 90. 本文参考英文译本：Tillich P. *The Interpretation of History* [M]. Translated by Rasetzki N A, et al. New York: C. Scribner's sons, 1936: 77-122.

对社会冲突的分析导致其发现一种在他看来由传统概念"堕落的人"或者"罪人"所无法概括的现象，于是他借用新约中的概念"恶魔化"来指称这一现象。他强调"我当然不是在一种神话的意义上使用这一概念，并不是说一些恶魔或者人格化的撒旦跑进这个世界当中，而是在一种模糊性的结构的意义上使用它，指称一种虽然具有一定的创造性，但同时最终是毁灭性的结构……因此，我不只是在说人的疏离，也不是为了避免使用陈词滥调，我确实不得不找到一个新的概念去涵盖这种将人和社会加以掌控的高于人格的力量。"[125]

蒂利希经常用艺术上的例子来说明"恶魔化"兼具创造性和毁灭性的模糊结构。他在谈及原始土著艺术和亚洲艺术时指出，在这些夸张晦涩的艺术作品和面具之中具有某种独特的张力，这种前古典时期的艺术将一种形式化的要素和毁灭形式化的要素结合在了一起。我们不能简单地断定它们只是因为"原始"而缺乏一种合理的和完善的塑形技艺，它们是具有形式的，是有关人、动物或植物的，只不过"它们以一种彻底地违背自然界中呈现的有机关联的方式进行呈现。它们以一种嘲弄一切自然比例的方式爆发……权力意志的器官，如手、脚、牙齿、眼睛，以及生殖器官，如乳房、大腿、性器官，都被赋予了一种表达的力量，用以表达疯狂的残酷和放荡的狂喜。它们是支撑生命形式的生命力；但当它们变得强大并摆脱有机形式的安排时，它们就是毁灭性的原则。"[126]

总之，在蒂利希看来，"恶魔"是与"神圣"相对立的概念。它首先是对真正之"神圣"的否定，但它又不单纯是一种否定，它主要是以一种扭曲的方式来参与神圣及神圣的力量。也就是说，"恶魔化"并不是要像卑俗者一样无视或者抵制一种超越性，相反它并不反对超越性，而只是扭曲了超越性。它"将神圣之特殊的承载者等同于神圣本身……宣称某种有限者为无限或者至高无上的神圣，这正是恶魔化的特征。"[127]蒂利希认为陀思妥耶夫斯基塑造的"宗教大法官"这一象征就明确说明了恶魔化的表现。"宗教使自身成为绝对的，因此必须摧毁那个圣人（耶稣基督），虽然自身就是以其名义建立的一

125 Tillich P. *Carl Rogers: Dialogues: Conversations with Martin Buber, Paul Tillich, B. F. Skinner, Gregory Bateson, Michael Polanyi, Rollo May, and Others* [M]. Edited by Kirschenbaum H, et al. Boston: Houghton, Mifflin and Company, 1989: 69.

126 Tillich P. *The Interpretation of History* [M]. Translated by Rasetzki N A, et al. New York: C. Scribner's sons, 1936: 78.

127 Tillich P. *Systematic Theology (Vol.3)* [M]. Chicago: University of Chicago Press, 1966: 102.

—这就是提升神圣机构的恶魔化意志。"[128]

他律文化以及由之而来的恶魔化在诸多领域都有表现。在宗教领域，这一问题尤其可能发生在天主教之中。在蒂利希看来，新教更加重视世俗化，因为在新教神学中上帝是与世俗世界相关联的。但是，在天主教神学中，世俗世界和神圣世界被严格地区分开来，"世俗世界需要以超自然的实体为中介，而这个超自然实体是以教阶制度和圣礼活动表现出来的。"[129]基于此，真正的基督教教义就只能是"教会通过其官方的权威所宣称的东西"[130]，在其中自律的思维是不被接受或者至少是不被鼓励的。因为一个信徒不可能通过自身的内容达至信仰状态，他必须借助于教会所提供的内容才有可能获得恩典。"在罗马天主教的经典神学中，'相信的意志'（will to believe）并不是一种出自人的自身努力的行为，而是恩典赐予的，他的意志被上帝推动去接受教会教导的真理。"[131]因此，这就为教会将自己视作权威本身，人们被迫接受一种外在于自己的法则成为一种可能。而中世纪末期教会的腐败与残酷以及极端的苦修主义对世俗生活甚至对自身的拒斥就深刻地揭示了这一点。然而，他律或恶魔化的要素也会存在于新教之中。蒂利希认为在新教中也有可能建立一个对着社会宣称自身绝对性和他律的教会。"在反对天主教，也就是反对一种将自身树立为绝对的宗教时，一种新的绝对的宗教开始成长，无论它会是绝对的圣经-宗教（Bible-Religion），还是绝对的基督-宗教（Christ-religion）或者耶稣-宗教（Jesus-religion）。对于新教（抗议宗）来说，'绝对'意味着其对混淆神与人的抗议被遗忘了。"[132]比如，路德、茨温利、加尔文等主流的宗教改革者都是一种"威权式的宗教改革运动"（the magisterial Reformation）[133]的支持者，

128 Tillich P. *The Interpretation of History* [M]. Translated by Rasetzki N A, et al. New York: C. Scribner's sons, 1936: 80.

129 蒂利希，《基督教思想史：从其犹太和希腊发端到存在主义》[M]，尹大贻译，北京：东方出版社，2008 年，第 177 页。

130 Tillich P. *Systematic Theology (Vol.1)* [M]. Chicago: University of Chicago Press, 1951: 47.

131 Tillich P. *Dynamics of Faith* [M]. New York: Harper, 1958: 36.

132 Tillich P. *The Interpretation of History* [M]. Translated by Rasetzki N A, et al. New York: C. Scribner's sons, 1936: 236-237.

133 亦翻译为"宪制的宗教改革运动"，参见[英]阿利斯特·麦格拉思，《宗教改革运动思潮》[M]，北京：中国社会科学出版社，2009 年，第 5 页。实际上"magisterial"既有"具有或展示某种权威的"意思，亦包含"与地方长官相关或者由之产生"的意思，因此"威权式的宗教改革运动"主要强调宗教改革的权威性一面，而"宪制的宗教改革运动"主要强调宗教改革与世俗权威的密切联系。

"他们想要在地方长官的支持下，于他们的国家建立真正的基督教教会和联邦……教会与国家具有某种合作关系，联手把境内的所有罗马人（罗马天主教徒）与异端分子都驱逐得一干二净。"[134]而在路德、加尔文等宗教改革主要领导者去世之后的后宗教改革时期亦即新教正统时期就十分强调新教教义的体系化，其核心就在于确定正确的教义。但是，对"正确的教义"的固化实质上是对宗教改革"唯独圣经"原则的歪曲。"唯独圣经"原本就是要打碎将任何地上的人、物、组织机构视作接受恩典的中介和权威。但随着教义的逐渐确定，"唯独圣经"成为了一种僵化的教义形式。蒂利希认为在新教正统中，圣经的内容成为了客观的真理，一种象征式的理解不被接受，"圣经掌握在教会和神学家手中，并且它可以像一个不可触碰的，无误的和关于事实的完全自足的纪录来使用……一种准圣礼式的尊严不仅被归于圣经文本，还被归于新教的信条和教会官方教义中表达的'纯正教义'。"[135]无论是新教教会或教义上的这些发展趋势都表现了新教当中的他律因素和恶魔化倾向，这些都背离了新教最初作为对一种绝对化宗教进行抗议的基本原则的形象，"一个提出与社会相对立的宣称的新教教会实际上是一种对天主教教会的不好的模仿。一个新教教会在任何方面，甚至是教义上只要提出一种绝对的宣称，那它就是与自身相矛盾的。"[136]

当然，他律和恶魔化也会在非宗教的领域出现。在蒂利希看来，近现代以来自律的经济的快速发展使得国家变得愈来愈独立，从而国家间的经济竞争也越来越激烈。在这样一种竞争下，一种他律的极权主义性质的国家将会占据优势。"伴随着国家愈来愈成为一个封闭的和经济上自足的政治实体，经济也变得具有侵略性。一种相信武装的和强有力的国家将是历史实存中最后的堡垒的信念成为了后果。"[137]在这样一种信念以及国家间不时发生战争和经济上的危机的影响下，人们渴望寻找一种他律的权威来逃避不安定感。"经济领域的大规模一体化意味着某种安全的保证；在政治领域，它意味着中止掉相互

134 [美]罗杰·奥尔森，《基督教神学思想史》[M]，上海：上海人民出版社，2014年，第428页。

135 Tillich P. *The Protestant Era* [M]. Translated by Adams J L. Chicago: University of Chicago Press, 1948: 176-177.

136 Tillich P. *The Interpretation of History* [M]. Translated by Rasetzki N A, et al. New York: C. Scribner's sons, 1936: 237.

137 Tillich P. The Totalitarian State and the Claims of the Church [J]. *Social Research*, 1934, 1 (4): 407-408.

竞争的党派和阶级之间无休止的讨论；在知识领域，它意味着产生一种具有共同象征的统一的意识形态以及教育和智力活动的教条基础。所有这些都需要一个中央集权和权威，不仅在经济和政治组织方面，而且在教育和宗教方面。"[138]蒂利希认为纳粹政府就代表了这样一种权威，它以绝对的权威掌控了全部文化领域，以一种恶魔化的超越克服了世俗主义，并代替了宗教上的委身，它以"千年帝国"（Tausendjähriges Reich）代替了基督教的千禧年，从而将自身等同于"神"，使得人们具有一种错位的终极关切。同时，蒂利希认为其所处时代的冷战展示了恶魔化所导致的毁灭性结果。由于两个国家和阵营都宣称自身的绝对权威，因此都企图压制另一方，从而人类国家存在形式本身面临着被摧毁的风险，"历史上最引人注目的恶魔结构之一就是现在的冷战。由于隐含在这种不可逃避的恶魔化结构中的意识和所有物的分裂，我们处于一种持续的社会神经症中，在其中，所做的每一件事，无论是在现实上的，还是仅仅是一种怀疑，都将推动人类的毁灭。"[139]

总之，当人类面对在自律之个体因为没有勇气承担自己的非存在、死亡、无意义、罪责而导致的无法克服的自我焦虑和绝望时，便寄希望于一种他律所提供的安定感之中。他律总是以一种宗教或者准宗教的形式出现，通过塑造一种单方面的权威而被个人或者集团所运用，为焦虑和绝望的个体提供一种外在的法则。在这种法则面前，个体放弃了自律理性决断的权利，在这种外在的法则当中牺牲了自我，保留了意义。但是他律是以一种扭曲的方式提供意义的，它缺乏对自律的文化形式的尊重，并将自身作为一种外在的法则和实质压制这种形式，因此他律文化并不是宗教与文化的有机结合，他律的恶魔化结构最终意味着它是反形式的，反文化的，尽管它不得不以一定的形式出现。

第四节　神律文化

一、神律的含义

在蒂利希看来，神律最准确的定义就是其再三强调的"宗教是文化的实

138 Tillich P. *The Protestant Era* [M]. Translated by Adams J L. Chicago: University of Chicago Press, 1948: 225.
139 Tillich P. *On Art and Architecture* [M]. Edited by Dillenberger J, et al. New York: Crossroad, 1987: 107.

质，文化是宗教的形式。"[140]宗教实质与文化形式的和谐与平衡只有在一种神律之中才能得以达成。"自律和他律是神律之中的张力（tensions），这种张力可能会导致破碎分离以致于精神的灾难，因为文化和宗教的本质关系是神律。任何一种仅仅从自律与他律两个极端的一端出发，缺乏综合，缺乏对以其中一端为出发点的缺陷的修正的宗教哲学，都应该受到谴责。"[141]

自律导致了文化上的傲慢。在任何一种世俗文化之中都包含两方面的要素，一种是"律则"（nomos）的要素，一种是"自我"（autos）的要素。前者要求一种律则或者结构性形式的彻底执行，体现了自律之中对于意义的无限的需求（unconditioned demand），但后者是有限的，在其自我肯定中，它否定了无限的意义。

他律导致了宗教上的傲慢。它肯定了无限的意义，并认为这种无条件的意义只有在特定的宗教或准宗教领域才能得以显现，其所使用的象征被视作具有无限的权威。虽然他律对抗了自律在文化上导致的傲慢，但是，"它并不理解自律所具有的神授特征，也就是缺乏对于诸纯粹形式及其统一性的理解。"[142]只有在神律之中，自律和他律的缺陷才能得以克服。

神律并不是他律，它并不是要在自律之外提供一种外在的所谓神圣的律则并以之构建一种外在的权威。相反，它与自律站在一起反对他律，"自律在知道它依靠于神时就是神律，但是没有神律方面的自律，就降低到只是一种人文主义了。"[143]一种神律文化就是"在其创造物中表达了一种对于这些创造物来说并非是陌生奇怪的，而是作为其自身精神基础的终极关切和超越性的意义"[144]的文化。在这样一种文化中，存在的终极意义贯穿于所有有限的思想与行动之中，而由这些思想与行动所构成的诸种文化则对于这种意义来说是透明的，它们并不意图肯定自身，而是将自身视作"一种精神内容的载体"[145]。

140 Tillich P. *The Protestant Era* [M]. Translated by Adams J L. Chicago: University of Chicago Press, 1948: 57.

141 Tillich P. The philosophy of Religion. In *What is Religion* [M]. Translated by James Luther Adams. New York: Harper & Row, 1973: 75-76.

142 Tillich P. The philosophy of Religion. In *What is Religion* [M]. Translated by James Luther Adams. New York: Harper & Row, 1973: 75.

143 蒂利希，《基督教思想史：从其犹太和希腊发端到存在主义》[M]，尹大贻译，北京：东方出版社，2008 年，第 288 页。

144 Tillich P. *The Protestant Era* [M]. Translated by Adams J L. Chicago: University of Chicago Press, 1948: 57.

145 Tillich P. *The Protestant Era* [M]. Translated by Adams J L. Chicago: University of Chicago Press, 1948: xvi.

神律也不能简单地等同于自律。自律与人类的理性相关，它要求一种合理性的形式。但如前所述，虽然神律并不是他律，它并不要求理性放弃其形式，但它在保留理性之形式时，更关注理性之"深度"，亦即它"指向人类精神生活中的终极的、无限的和无条件的一面。"[146]神律所意指的是"自律的理性与其自身的深度的结合"[147]。神律并不是要像他律一样去压制甚至打碎形式，而是要超越形式。在蒂利希看来，建构神律文化作为文化神学这门科学所要承担的任务，首先是要基于某种宗教立场的，它要将"上帝，神"（theos）视作理性的结构和基础的法则（nomos）。在神律所决定的文化和宗教环境中，审美的理性并不单纯制造一种世俗的艺术，而期望通过自律的艺术形式指向一种新的存在；认识的理性并不单纯为了认识而认识，而是期望通过认识事实追求其中蕴含的存在之真理；法律的理性也不是单纯从一种技术-功利的角度在社会中建构起各种基本的与特殊的法律体系，而是要将这些同上帝之"正义"相关联；共处的理性也不是完全基于人类多变的"力比多"或权力意志去建立一种人类关系，而是要用圣爱代替"力比多"，用创造力来转化权力意志，指向一种爱的共同体。总之，在神律文化当中，宗教信仰提供了精神之中心，这种中心是"出神地经验到和象征地表达出的理性之深度。神话和仪规赋予它们一种统一性，在其中，所有的精神功能都由之具有了中心。"[148]

所以，要想达至一种神律文化，其前提就在于，如蒂利希在其文化神学中始终强调的，要区分广义的宗教和狭义的宗教。只有在一种广义的宗教下，将宗教信仰视为终极关切的状态，将宗教视作存在于人类所有精神功能和文化领域的一种态度，一种深层的维度，而不是将之视为人类精神功能和文化领域其中的一种，神律才能得以理解。宗教之所以通常被狭义地理解为一种包含神话、仪规、祭祀和教会组织在内的制度化的或者仅仅同个人的虔诚、个人的委身有关的活动，其原因就在于"人类精神生活与精神生活之基础和深层的悲剧性的疏离。"[149]尽管这种疏离永远不可能在现实中得以解决，在人类的社会

---

146 Tillich P. *Theology of Culture* [M]. Edited by Kimball R C. New York: Oxford University Press, 1959: 7.

147 Tillich P. *Systematic Theology (Vol.1)* [M]. Chicago: University of Chicago Press, 1951: 85.

148 Tillich P. *Systematic Theology (Vol.1)* [M]. Chicago: University of Chicago Press, 1951: 148-149.

149 Tillich P. *Theology of Culture* [M]. Edited by Kimball R C. New York: Oxford University Press, 1959: 8.

中永远不可能抹除宗教与世俗的区分，但是一种朝着此方向的神律将为之提供范导。

因此，神律并非历史中的实然状态。实存状态下始终存在的是自律和他律的冲突和斗争。神律是象征性的，而不是经验性的。我们在历史当中找不到所谓的神律时期，某些时期只是存在着神律的要素和追求。比如，蒂利希认为在基督教历史上，克莱芒和奥利金就追求一种神律，而在中世纪盛期神律占据主导，只不过中世纪晚期以异端裁判为代表的他律开始盛行。而文艺复兴初期，以库萨的尼古拉为代表的新柏拉图主义神学家表现出神律的特点，但在之后的发展中，伊拉斯谟等人促使这场运动愈来愈朝着自律的方向发展。18-19世纪在自律取得决定性胜利的时期，以黑格尔和谢林为代表的古典派和浪漫派企图以一种自律的手段重新确立起神律，在蒂利希看来亦是以失败告终，从而一方面导致了后黑格尔派彻底的自律，一方面又导致了信仰复兴运动极端的他律。总之，神律总是以一种碎片化和不完全的形式在历史当中闪现。作为一个神学家，蒂利希认为其中的原因根本上在于人类的"堕落"，在于人类与上帝的疏离，"神律不可能取得完全的胜利……它的胜利总是碎片化的，因为在人类历史中隐含着实存性的疏离。"[150]但是，正如神律不可能取得完全的胜利一样，在蒂利希看来，神律也不可能完全被打败，因为人类作为上帝的造物，其本质上就是神律的。

在蒂利希神律的综合平衡视角下，任何一种文化创造都不能掩盖其理性结构与宗教基础。任何一种由教义、仪规和制度所构成的宗教领域都不是完全异在于文化的领域，它们都是从环绕于其周围的一般文化当中衍生出来的，在此之中亦展示着当时的社会经济结构、人格特征、语言艺术风格、哲学观念，包含着时代的苦痛、情结和渴求等等。比如，在基督教教条之中包含着希腊哲学的概念，在其组织结构中包含着罗马封建等级制度，各种圣经批判也表明圣经的语言和世界观也深受当时文化传统的影响。当我们通过历史研究、对比阐释以及同情理解等各种手段对诸种文化进行考察时，我们就会发现其中隐藏的宗教意义。自律之文化固然是世俗的，但其世俗的程度依赖于"其终极的指向、意义的中心和精神的实质所丧失的程度。"[151]这意味着世俗文化并非是拒

---

150 Tillich P. *Systematic Theology (Vol.3)* [M]. Chicago: University of Chicago Press, 1966: 250.

151 Tillich P. *The Protestant Era* [M]. Translated by Adams J L. Chicago: University of Chicago Press, 1948: 58.

斥宗教的，而只是对宗教的偏离。甚至在所有反宗教或反基督教的运动中也潜藏着宗教的要素，因为"在它们之中有一种终极的、无限的和决定一切的关切以及某种具有绝对严肃性因而是神圣的东西被表达，尽管是以世俗的概念被表达。"[152]作为终极关切的宗教信仰在历史当中赋予诸种文化一定的意义、严肃性和深度，同时依据诸种文化要素创造了属于自己的宗教文化。进而具体的宗教通过特定的宗教象征指向终极，指向无限，并针对诸种文化对于终极、无限的疏离问题提供批判性的回答和校正。在神律的视角下，宗教与文化的关系不再被理解为对立关系，而是仅仅被理解一种二元的关系。在其中，宗教实质与文化形式有着无数比例的组合方式和过渡形式。人类文化并不是纯粹世俗的，因为它总是具有某种目的和意义，甚至具有其所自视为终极的东西；但也不是全然宗教的，因为"上帝的国"尚未到来，也不可能在实存中到来。无限只能被有限的文化所指向而不能被限定。整个人类文化的历史进展就是具有某种形式的宗教实质不断突破不再适合的形式，进而寻找新形式的过程。

二、神律文化的特征

蒂利希认为我们很难脱离具体的处境去抽象地描述一种神律文化究竟是什么样子，因为建构一种神律文化作为文化神学的任务其总是基于一定的文化处境和神学立场的，它总是神学家依据其文化处境对自己所委身的宗教及其象征的一种新的阐释。但是，神律文化具有一些基本的特征，通过这些基本特征可以更好地理解神律以及它与自律和他律的关系。

神律文化的第一个特征在于"它在其一切创造物之中传达了关于神圣的经验，关于存在和意义之中的某种终极的东西的经验。"[153]神律文化中的所有创造物的风格及其形式都是意义之终极性的表达，"即便是在最有限的意义载体之中———一朵绘下的小花，一种家庭习惯，一项技术性的工具，一种社会交往形式，一个历史人物的描绘，一种认知理论抑或政治文献等等"[154]，都将被视为神圣的。这些有限的载体并不是通过具体宗教和教会的认定才被视为神圣的，而是以某种方式被经验为神圣的。"神圣只有通过神圣的'对象'才

---

152 Tillich P. *The Protestant Era* [M]. Translated by Adams J L. Chicago: University of Chicago Press, 1948: 58-59.

153 Tillich P. *Systematic Theology (Vol.3)* [M]. Chicago: University of Chicago Press, 1966: 251.

154 Tillich P. *Systematic Theology (Vol.3)* [M]. Chicago: University of Chicago Press, 1966: 250.

能成为现实……但仅当这些否定自身，而只是作为中介指向神圣时，其才是神圣的。"[155] 神圣不再像在自律文化或他律文化之中被视作一个单独的实在领域。在人类的生活领域，神圣只是人们在实在当中的一种经验，而不是一种高于实在的客体。"成为神圣的意味着处于张力之中，在宗教中又超出宗教，在文化中又超出文化，通过两者的叠加使双方都走向救赎，以神圣的内容填充世俗的形式，以世俗的形式表达神圣的内容。"[156]

神律文化的第二个特征是"在创造性过程中对诸种自律形式的肯定。"[157] 按照蒂利希的说法，神律并不是要在自律之外强加一套法则，并不是要以所谓神圣的律法去否定所有创造性的文化活动。具体来讲，它不是要在终极的名义下去否定有效的逻辑结论，不是要以神圣的名义去否认正义的要求，不是要以神圣的传统的名义来阻止个人自决的行动，不是要以所谓表达的永恒形式的名义来压制艺术创造的新风格等等。否则，只会成为一种他律，在其中"自律的要素被移除——人类精神和圣灵的自由被压制。之后将会发生的是自律突破他律的压制性力量，不仅抛弃了他律，也抛弃了神律。"[158] 因为正如蒂利希在第一个特征中所言神圣的内容需要通过自律的世俗形式得以显现。

神律文化的第三个特征是"它不断地与独立的自律与独立的他律做斗争。"[159] 在这一特征中，蒂利希实际上以自律、他律和神律三者的交替分析了人类精神发展的历史。在他看来，一方面，神律先于自律和他律，人类最初是生活在一种朴素的神律文化状态的。比如，在古希腊社会中，并没有宗教与文化的截然二分。相反，信奉某种宗教，信奉某些神被认为是某个城邦公民的象征。"'如果我们要对公民下一个确切的定义，我们应该说，公民就是享有城邦宗教的人。'起初，城邦的管理者同时也是城邦的祭司，这两个职能没有分开。"[160] 在其中，人们的一切活动，包括个人的吃穿住行、教育、志向、婚姻，

155 Tillich P. *Systematic Theology (Vol.1)* [M]. Chicago: University of Chicago Press, 1951: 216.

156 Tillich P. *The Interpretation of History* [M]. Translated by Rasetzki N A, et al. New York: C. Scribner's sons, 1936: 227.

157 Tillich P. *Systematic Theology (Vol.3)* [M]. Chicago: University of Chicago Press, 1966: 251.

158 Tillich P. *Systematic Theology (Vol.3)* [M]. Chicago: University of Chicago Press, 1966: 251.

159 Tillich P. *Systematic Theology (Vol.3)* [M]. Chicago: University of Chicago Press, 1966: 251.

160 [英]拉里·西登托普，《发明个体：人在古典时代与中世纪的地位》[M]，贺晴川译，广西：广西师范大学出版社，2021 年，第 21 页。

以及公共的祭祀、法律、战争、结盟等等都带有宗教的严肃性，带有神圣引导的要素。而只有将个体从这种原始的，甚至是无意识的神律状态解放出来，哲学、科学、诗歌、艺术等等文化形式才能得以丰富，自律的潜能才能得以发挥。比如从苏格拉底之死的象征中我们就可以看到这样一种趋势，其被处死的理由正在于其不敬城邦诸神，而这从某种意义上代表了他对人类个体的关注，代表了自律对于初始的神律状态的一种反抗，从而开启了西方道德哲学讨论的大门。而在蒂利希看来，各种自律的文化活动在获得其独立性的同时，也丧失了"给予它们以深度、统一性和终极意义的超越性基础"[161]。在这种自律的空虚之中，他律就会以各种形式涌入，并对自律进行反抗和压制。蒂利希强调他律的反抗和压制主要有两种。一种是反对某种文化形式当中的某一领域或观念，比如以宗教传统的名义反对科学上的某一理论。这种反对我们可以根据经验证据，根据人类理性来做进一步的判别。这种反对实际上是将宗教等同于具体的科学理论，从而可以视作自律之间的斗争。而另一种反对方式则是反对某种文化形式整体，比如以宗教的名义反对科学的世界观。这就是在对真理的观念本身做出一种他律的攻击，这种情况才更多地是他律和自律之间的斗争。针对这种斗争，一种神律视角的介入才能缓和两者之间的冲突。因此，从这种意义上讲，神律又是后于自律和他律的。

总之，神律文化并不是一种绝对的理念，它并不是自律文化到他律文化再到神律文化这样一条线性发展的终点。它既先于自律和他律，经常面对两者的反抗，也后于自律和他律，在两者的斗争中得到呼求。它只能面对文化事实和文化处境，在不断地与自律和他律的斗争中得到具体而动态的建构。

三、建构神律文化的原则

在反对纯粹的自律和他律，进而朝向一种神律的建构时，应该遵循的基本原则被蒂利希称为"新教原则"（Protestant Principle）。在蒂利希看来，新教原则是"无限和有限之间，或者用宗教上的术语讲，是上帝与人之间真正关系的神学表达。"[162]

正如一种神律文化在不同的神学立场、宗教背景和文化处境中会得到不

161 Tillich P. *Systematic Theology (Vol.3)* [M]. Chicago: University of Chicago Press, 1966: 252.

162 Tillich P. *The Protestant Era* [M]. Translated by Adams J L. Chicago: University of Chicago Press, 1948: 163.

同的阐释一样，新教原则也并非只是基督新教所特有的原则。尽管蒂利希基于自身的宗教立场，基于自身的路德宗传统将这一原则与新教相关联，但与其称之为"新教原则"，毋宁从字面意义上将之首先视为一种"抗议原则"，因为"新教原则，其名字就来源于'新教徒'（protestants）对天主教多数派决定的抗议（protest），它包含了对任何相对实在的绝对主张的神圣的和人类的抗议，即使这种主张是由新教的教会提出的。"[163]因此，新教原则不仅表达了一种批判的精神，更是一种自我批判的精神。

蒂利希正是在追问"新教时代是否到了终结之时"这一问题时详细讨论了这一原则。基于对宗教的广义理解和狭义理解，他认为在谈论新教时，我们应该区分在历史中出现的新教实在（the protestant reality）与激发产生这样一种历史实在的新教原则。前者作为一种接续中世纪晚期出现的历史现象，起源于宗教改革，并在历史中成为基督教的主要形式，受限于智性、文化、社会和经济生活的历史处境。如若它固守于那些基于当时处境的传统，那它走向终结也不足为奇。相反，更应该关注的是后者，因为"与宗教改革者相比，我们不再被卷入与罗马的生死斗争中。我们能够根据原则而不是论战做出抉择；我们的抉择并不受限于新教的那个古典时期。我们根据的原则属于新教的本质，因而没有什么所谓的古典时期。每一个时期，甚至是宗教改革时期，都处在新教的抗议之下。"[164]因此，作为一种历史现象的新教时代可能会走向终结，但新教原则并不会被否定，"相反新教时代的终结恰恰是新教原则之真理和力量的另一种呈现。"[165]总之，正如蒂利希的传记作者保克夫妇所言，与其说是一种新教原则，不如说是一种新教精神[166]，新教原则实质上就是一种先知式的批判精神，"这一原则并不是一种具体的宗教或文化理念。它并不遵从于历史的迁变。它也不依赖于宗教经验或精神力量的增减。它是所有宗教的和精神的经验的终极标准，它处于它们的根基之处，无论它们是否意识到它。"[167]

---

163 Tillich P. *The Protestant Era* [M]. Translated by Adams J L. Chicago: University of Chicago Press, 1948: 163.

164 Tillich P. *The Protestant Era* [M]. Translated by Adams J L. Chicago: University of Chicago Press, 1948: 210.

165 Tillich P. *The Protestant Era* [M]. Translated by Adams J L. Chicago: University of Chicago Press, 1948: xii.

166 Pauck W, Pauck M. *Paul Tillich, His Life & Thought (Vol.1): Life* [M]. New York: Harper & Row, 1976: 220.

167 Tillich P. *The Protestant Era* [M]. Translated by Adams J L. Chicago: University of Chicago Press, 1948: , viii

新教原则在不同时期的宗教与文化中表现不同。比如，在宗教改革时期，新教原则主要指的是"因信称义"（Justification by grace through faith）原则。蒂利希对新教原则的最早意识就是在其老师卡勒对因信称义原则的重视和解读的影响之下衍生的。他指出对"因信称义"原则的阐释是卡勒的核心理念之一。这一原则将新教与天主教区分开来，成为新教的"质料性原则"（material principle），而宗教改革时期改革家们主张的"唯独圣经"原则则是依据圣经提供规范的"形式化原则"（formal principle）。正是在卡勒的影响之下，诸多学生和年轻教授对新教原则有了新的理解。而卡勒的阐释的独特之处在于"他不仅能够将这一思想与自己的古典教育结合起来，而且能够用巨大的宗教力量向经历几代人文主义教育的学生阐释这一思想。"[168]其中的关键就在于他将之与怀疑（doubt）的问题相结合。在以理性为指导的人文主义以及启蒙运动对批判精神的推崇中，宗教中的主体与客体日渐分离，宗教的客体日益成为人类主体所考察的对象，怀疑甚至由怀疑引发的拒斥成为日益明显的处境因素。对于卡勒来说主体和客体不能再重新走到一起，不能以绝对的方式实现结合，而只能以接受我们的有限性的方式达成，而这就是新教中通过信仰和恩典而被接受为义的基本精神。也就是说，在卡勒那里，"因信称义"这一新教原则不仅被用于道德领域，而且被用于理智领域，在信仰和恩典之中被接受和拯救的并非只是道德上的罪人，而且包括理智上以怀疑的形式呈现的罪人。"称义的学说被用于思想，不只是被用于道德。"[169]这样一种理解使得蒂利希的神学敢于向文化敞开，因为在宗教和文化之间并没有绝对的壁垒存在。同时人们既不会因为一种所谓的正确的思维和行动方式而更接近于称义，也不会因为放弃理智思维，屈从于某种权威而就被拯救。任何完全出于人类自身企图达至神圣甚至等同于神圣的尝试都将由于人类的有限性而遭遇失败和绝望。但是"对生命之意义的绝望中的严肃性正是你存活于其中的意义的表达。这种无限的绝望正是在与神圣完全分离的经验之中，神圣临在的表达。"[170]也就是说，这种绝望之严肃性本身就体现了一种终极的关切。因此，基于这种关于"因信称义"的理解的新教原则促使蒂利希不是停留在自

---

168 Tillich P. *The Protestant Era* [M]. Translated by Adams J L. Chicago: University of Chicago Press, 1948: , xiv

169 蒂利希，《基督教思想史：从其犹太和希腊发端到存在主义》[M]，尹大贻译，北京：东方出版社，2008 年，第 445 页。

170 Tillich P. *The Protestant Era* [M]. Translated by Adams J L. Chicago: University of Chicago Press, 1948: xv.

足的自律或扭曲的他律以及由之带来的绝望之中，而是要寻求"无意义中的意义"（meaning in meaninglessness），要基于一种更为广泛的宗教概念对文化进行一种新的解读和回应，从而构建一种自我超越的自律（self-transcending autonomy），亦即一种神律的文化。

用蒂利希常用的术语来讲，坚持"新教原则"就是要意识到人类自身的"边界处境"（boundary situation, border-situation），始终对尝试将人类带离"边界处境"的观念和活动表示"抗议"。"新教原则本身蕴含着一种关于人类处境的判断，即人类处境从根本上是扭曲的。"[171]这种扭曲的处境在古老的基督教中以"原罪"的概念得以表达，它表明人与神，有限与无限的根本疏离。但是这种边界处境是人类所不可逃避的，原因在于它根植于人类的自由。自由构成了人类区别于其他生物的根本特征，"成为一个人就包含着对生命实存的超越，意味着一种出自其自身的自由，一种可以对其自身的生命实存说'是'或'否'的自由。"[172]这种自由是不可逃避的，一个人企图逃避自由的抉择，恰恰体现了他决定自身行动的自由。同时这种自由也意味着"在真正的意义上，人类将是被威胁的生物，因为它并不被其生命实存所束缚，而是能对其说'是'与'否'。"[173]在蒂利希看来，这种自由就呈现在人类可以提出像何为真正的真理这样的问题以及如何实现善的完满这样的要求之中。但这也意味着人类由于自身的有限性而与这些东西的疏离，"任何提出'真正的'实在这样问题的人在某种程度上就是与实在相分离的人；任何对实在提出要求的人，说明实在并不在其掌握之中。"[174]因为在人类自由自主地做出某一判断与抉择之时，一种相对的判断与抉择往往会立即伴随而生，人类在知识、能力和道德上的有限性决定着人类的自由抉择必然存在着矛盾的因素。然而，也正是在这种无休无止的矛盾对立之中，在人类的可能性抵达其界限之时，人类感受到了非存在的威胁。这种威胁并不仅仅是肉体不再存在的威胁，因为人类本身就是超越肉体生命实存的生物，更是精神不再存在的威胁，是意义之丧失

171 Tillich P. *The Protestant Era* [M]. Translated by Adams J L. Chicago: University of Chicago Press, 1948: 165.

172 Tillich P. *The Protestant Era* [M]. Translated by Adams J L. Chicago: University of Chicago Press, 1948: 197.

173 Tillich P. *The Protestant Era* [M]. Translated by Adams J L. Chicago: University of Chicago Press, 1948: 197.

174 Tillich P. *The Protestant Era* [M]. Translated by Adams J L. Chicago: University of Chicago Press, 1948: 197.

的威胁。人类必将死亡固然悲哀，但更悲哀的是带着精神上的绝望与意义上的焦虑走向死亡。这种威胁也确立了人类的边界处境，"终极意义上的非存在威胁我们的地方就是人类所有可能性的边界线，就是人类的边界处境。"[175]

面对这种威胁，其解决之道并非逃避到世俗性的自律或者宗教性的他律权威之中，新教之为新教，本身就是要抗拒这样的行为。而这也正是"因信称义"的根本精神所在。它表明人类在救恩上的无力，这种无力不仅表现在人类自身活动的无力，也表现在被人类自视为权威的中介的无力。面对人类的边界处境，蒂利希强调的是承认这种处境。就像"因信称义"所强调的一样，人类是通过恩典和信仰而被视作为义的，并非人类本身可以成为义，要承认自身是被接受者。"因此，（真正的）宗教对我们这个时代的人所说的第一句话，必定是反对宗教的话。古老的犹太先知对他们国家宗教的祭司、皇室和伪先知的守护者们——他们将扭曲的机构和政治神圣化，而不加以批判——就说过类似反对的话。今天，我们必须对我们的宗教机构和政治说同样的话。"[176]蒂利希在这段话中表明了其要求始终意识到人类的边界处境之目的首先就在于保持宗教本身的批判性，而这正是宗教改革留下的真正遗产。只有在这样一种边界处境的意识之中，人类才能不局限于自律活动或他律权威之中，而是始终感受到诸种自律活动、诸种他律权威之中以及自律与他律之间必然存在的冲突并对之保持批判，而去寻求一种真正的绝对的神圣权威。

当然新教原则并非只是批判性的。在强调新教中蕴含的批判精神时，所必须考虑的进一步问题在于"新教原则以什么样的现实力量实现其批判？必须有这样一种现实力量，因为新教原则不只是否定。"[177]蒂利希对此的最终回答是：在作为基督的耶稣之中呈现的新存在的力量中，批判与创造得以结合。

在具体阐释蒂利希独特的基督论之前，我们必须引入蒂利希的"恩典"概念对新教原则加以阐释。因为无论是在对新教原则作"因信称义"还是"边界处境"这样的理解时，对于蒂利希来讲，其中所表达的一个基本精神在于"你是被接受的"（you are accepted）。这意味着一方面要意识到自己的

175 Tillich P. *The Protestant Era* [M]. Translated by Adams J L. Chicago: University of Chicago Press, 1948: 198.

176 Tillich P. *The Protestant Era* [M]. Translated by Adams J L. Chicago: University of Chicago Press, 1948: 185-186.

177 Tillich P. *The Protestant Era* [M]. Translated by Adams J L. Chicago: University of Chicago Press, 1948: xxii.

"罪"，自己是"被"接受的，这体现了新教原则中的批判层面；而另一方面，要意识到自己已经被"接受"了，对于人来讲，重要的就是接受这样一种"被接受"的事实，在此之下形成新的转化，这体现了新教原则中的创造层面。这样一种"被接受"的经验在蒂利希看来就是关于"恩典"的经验。"在这样一种时刻，恩典战胜了罪，和解架起了分隔之海湾的桥梁"[178]，不可被接受的人最终被接受下来。从这样一种视角看，恩典从根本上就蕴含着一种"是"与"否"的结构。这种结构被蒂利希称为"恩典的格式塔"（the Gestalt of grace）。在蒂利希那里，"格式塔"被用以指称诸如社会团体、个人或者生物性的身体这样的活的实在（living reality）的整体结构。"如若这种实在尚还存活，那否定就包含于肯定之中，抗议就包含在形式之中。"[179]格式塔包含了一种肯定和否定的平衡，对于恩典来说亦是如此，它包含着抗议和创造的联合。因此，恩典的格式塔并非要去背离新教本身所具有的批判性本质，并非要形成像罗马天主教那样一种严格的等级制度、繁复的圣礼仪规以及无误的教义体系，而是强调"新教，从其本质上，需要一种世俗的实在。它需要对宗教的领域，对教会的傲慢进行一种具体的抗议，一种与世俗主义相合作的抗议。新教世俗主义是新教现实化的一个必然要素……（但是）如若新教屈从于世俗主义，那它就不再是一种恩典的格式塔。如若它从世俗主义之中抽离，那它就不再是新教（抗议宗），也就是说，不再是一种包含对其自身的抗议的格式塔。"[180]

总之，在蒂利希的视角下，一种神律文化的建构就是要坚持新教原则。一方面，世俗文化作为对狭义的宗教的抗议，较之宗教本身的自我批判与更新来讲，可能更为激烈。文化本身可以成为宗教将自身绝对化、他律化的警醒与抵抗；另一方面，在基督教背景中，现代文化实际上也被基督教，尤其是新教所形塑，也被其驱使去发掘寻找自己更为终极的目的和意义。正如蒂利希在讨论基督教与现代社会关系的文章[181]中所言，现代人根本就不能谈论完全脱离基

178 Tillich P. *The Shaking of the Foundations* [M]. New York: Charles Scribner's Sons, 1953: 162.

179 Tillich P. *The Protestant Era* [M]. Translated by Adams J L. Chicago: University of Chicago Press, 1948: 206.

180 Tillich P. *The Protestant Era* [M]. Translated by Adams J L. Chicago: University of Chicago Press, 1948: 213-214.

181 蒂里希，《政治期望》[M]，徐钧尧译，成都：四川人民出版社，1989 年，第 20-22 页。

督教的现代社会，也不能谈论脱离现代社会的基督教，对于生存于两者之间的现代人来讲，这二者都不存在。同样，从更为广义的角度讲，去追问宗教与文化的关系的我们本身就是两者结合的产物。追问这样的问题实质上就是在追问关于我们自身实存处境的问题，而对这一问题的回答将是人类自身投身于其中的一次行动，亦将必然带有自身的立场。"早期教会所面对的，是一个具有宗教和世俗形式的异教社会，与中世纪教会并存的，是一个实质上是异教的，文化上是基督教的社会，而与现代教会既统一又对立的，则是一个实质上是基督教，文化上是世俗的社会。"[182]因此，宗教的他律和世俗文化的自律在人类文化之中都不具有最终的决定权，倡导一种自律文化抑或一种他律文化在现代社会都不适合。现代社会中真正恰当的宗教观念并不是要去割裂已经无法分离的文化与宗教，而是寻找两者之间的关联与呼应。蒂利希使用神律文化这一概念正在于指明对这样一种综合平衡任务的承担。而这样一种神律文化，在其三部五卷本的《系统神学》中，通过蒂利希基于自身宗教立场，对基督教神学中认识论、上帝观、基督论、圣灵论、终末论等基本论题的阐释得到了系统性的建构。

---

[182] 蒂里希，《政治期望》[M]，徐钧尧译，成都：四川人民出版社，1989年，第24页。

第四章 文化神学结构下系统神学的神律式建构[1]

在蒂利希文化神学的视野下，（广义的）宗教并不是人类精神中的一种特殊功能，而是人类精神的根基和实质，它体现在人类其他精神功能之中。神学也由此不是与其他科学所并列的科学，它并不是要将上帝视作诸多客体中的一个并对之加以研究，而是以人类精神生活中的所有对象为对象并针对人类精神生活所展示出的问题给予回答，从而参与到人类精神的所有对象之中。因此，蒂利希在其《系统神学》第一卷导论中就明确地指出：

> 绘画、诗歌和音乐，从其通过审美形式表达与我们终极关切相关的某些方面的力量，而不是单从其审美形式来看，都可以成为神学的对象；物理学的、历史学的或心理学的洞见，从其通过认知形式揭示具有终极意义的某些层面的力量，而不是仅作为认知形式来看，也可以成为神学的对象；社会观念和行动、法案和程序、政治计划和决定，从其通过其社会的、法律的或者政治的形式实现某种让我们终极关切的东西的力量，而不是仅作为社会的、法律的或政治的形式来看，亦可以成为神学的对象；人格问题和发展、教育目标和方法、身体和精神治疗，从其通过伦理的或技术的形式调解我们终极关切的某些层面的力量，而不是仅从伦理的或技术的形式角度看，同样可以成为神学的对象。[1]

---

1 Tillich P. *Systematic Theology (Vol.1)* [M]. Chicago: University of Chicago Press, 1951: 13-14.

这一论述显示了蒂利希文化神学对具体的文化形式，尤其是他所钟爱的绘画艺术的关注。这样一种关注确实是所谓文化神学的题中之义，但也由之影响了研究者关于蒂利希文化神学的研究进路。英语学界对蒂利希文化神学进行集中探讨的两部著作，亚当斯的《保罗·蒂利希关于文化、科学和宗教的哲学》和曼宁的《文化之末的神学：蒂利希关于文化和艺术的神学》，都在讨论完蒂利希文化神学的基本概念和理论后花费大量的篇幅讨论蒂利希的艺术哲学与艺术神学。亚当斯就此指出，虽然蒂利希的思想旨趣在于广泛了解永恒存在于其中的事物，"这种兴趣一直与科技、哲学、宗教、艺术和社会理论等广泛的关切联系在一起，但这种兴趣似乎首先在他对艺术的研究和欣赏中才变得明确起来。"[2]而曼宁也认为蒂利希不仅是同时代重要的神学家中最为关注视觉艺术的人之一，而且他的关注很大程度上为"20世纪神学建构性地参与文化设定了议程"[3]。在德语蒂利希文集第9卷《文化神学作品：文化的宗教实质》（*Die Religiöse Substanz Der Kultur-Schriften zur Theologie der Kultur*）的编排中亦在以几篇论文与演讲作为文化神学的基础理论之后，以剩余三分之二的篇幅收录了蒂利希在包括政治、教育、医学、技术、建筑，尤其是艺术等在内的诸种文化领域的文章作为蒂利希文化神学基础理论的具体应用的展示。当然，正如叔斯勒所说，"艺术神学是他文化神学的一个具体的展开"[4]，实质上以上所说任何一种文化领域的神学都是蒂利希文化神学的展开。关注这些具体领域的内容确实可以如亚当斯所愿，"更好地理解蒂利希的思想以及一些他所使用的独具特色的概念范畴"[5]。

但是，必须注意到的是，蒂利希最根本的身份是神学家，而他关于艺术、关于医学上的精神分析、关于科技上的探索的分析等等，根本目的都在于阐述自己的神学观念，而不是成为相关领域的专家。即便是他谈论最多的艺术领域，尤其是关于艺术风格的分析，也并没有成为艺术研究领域普遍接受的观念。并且按照蒂利希文化科学的三重架构来讲，对具体文化领域的分析更多地

2　Adams J L. *Paul Tillich's Philosophy of Culture, Science, and Religion* [M]. New York: Harper & Row, 1965: 65.

3　Re Manning R. *Theology at the End of Culture: Paul Tillich's Theology of Culture and Art* [M]. Leuven: Peeters, 2005: 129.

4　[德]维尔纳·叔斯勒，《蒂利希：生命的诠释者》[M]，开封：河南大学出版社，2011年，第44页。

5　Adams J L. *Paul Tillich's Philosophy of Culture, Science, and Religion* [M]. New York: Harper & Row, 1965: 65-66.

属于文化史的分析，而这样一种分析需要与文化哲学部分所提供的基本范畴相结合，最终提出文化科学中的规范部分。就作为一种文化科学的宗教科学来讲，这个规范性的部分在蒂利希那里就是所谓的神学。因此，我们对文化神学的研究不能仅仅局限在它在某个具体文化领域的讨论上，毕竟文化神学是要在更为广泛的意义上处理宗教与文化的关系的。对于蒂利希这样一个神学家来讲，其神学最终的步骤是要立足于自己的基督教立场对传统基督教信息提供一套新的阐释以指导现代人看待、理解与处理二者的关系。而蒂利希的系统神学就是这套以文化神学中的自律、他律和神律等基本概念为依据，结合人类文化的某些具体历史，立足于其宗教立场，而提出的新的体系化的阐释。比如，在蒂利希《系统神学》第一部神学认识论中，他就讨论了现实中自律理性与他律理性的冲突，并指出两者重新结合的决定性因素蕴藏在基督教的最终启示之中。

因此，要理解蒂利希的文化神学，我们必须把更多的目光投向其系统神学，因为其系统神学毕竟以文化神学为纲领，并成为文化神学的完成性步骤，它向我们解释了实存困境所寻求的回答和应该信仰的内容。

同时，加强对蒂利希文化神学与系统神学的关联的重视，亦可以规避另外一种对蒂利希文化神学认识上的偏颇。由于蒂利希提出文化神学这一观念有其时代背景，因此不少研究者将蒂利希的文化神学甚至整个神学体系理解为一种"危机神学"。比如，国内最早系统性地阐释蒂利希文化神学的研究者陈树林的两部著作《危机与拯救：蒂利希文化神学导论》《20 世纪西方文化危机宗教哲学批判》就非常明确地延用了这种思路。但是蒂利希并不想将自己的神学观念局限在这样一种时代背景之中，因为人类现实社会始终处于宗教与文化这两种力量的相互作用之中。这种处境是普遍的，尽管每个时期的神学家和神学以不同的方式处理这一普遍处境。并且在他看来"危机神学"在其发展过程中同样面临自律与他律的问题，"危机神学燃起了（先知性批判）之火。但它仅仅是烧毁之火，而绝非温暖和照亮之火。结果是这场运动走上了它们自己的通常很不具有抗议性（unprotestant）的路……危机神学原初的先知精神被滥用，从而用以支持一种规避新教抗议带来的不安的正统观念的重建，会是新教未来中真正的危险。"[6]因而，"危机"也同样需要接受批判。总之，在蒂

6　Tillich P. *The Protestant Era* [M]. Translated by Adams J L. Chicago: University of Chicago Press, 1948: 208.

利希那里，其文化神学以及以文化神学为纲领所构建的系统神学并非只是时代应激之作，并非只是面向某一个时代的人去宣讲基督教信息，而是通过对基督教信息的重新解读，宣讲一种宗教与文化动态平衡的神律文化的理念，而任何具体的宗教和文化都将在这样一种理念下接受批判和规范。

所以，在这一章我们将从神学认识论、上帝论、基督论、圣灵论和终末论几个方面展示蒂利希系统神学通过对基督教重要概念和论题的重新阐释及其对文化神学理念的贯彻，为我们构建的立足于基督宗教的神律文化面貌。

第一节　神学认识论

在蒂利希看来，认识论以存在论为基础，每一个认识论的论断都隐含着存在论上的前提，因为认识本身就是存在之事件整体中的一种事件。但是，当一种存在论变得可疑甚至失败时，我们也必须反思它所使用的认识工具是否要为之负责。近现代哲学中，笛卡尔、休谟、康德等正是在这种意义上被视为伟大哲学家。蒂利希认为神学也应该对自身的认识途径提供在先的说明，一方面神学认识途径背离了常轨，另一方面在近现代人文主义的影响下，人的经验与处境成为神学关切的重要对象，因此凡圣之间的接触，人类对上帝的认识途径，尽管不是基础性的，但也必须得到优先的考量。而理性与启示通常被认为是人类认识上帝的两种方式，按照蒂利希文化神学中的问答关联法以及自律、他律和神律的基本架构，理性一面重点指的是实存中的理性的问题，尤其是自律理性与他律理性的冲突问题，而启示将会是蒂利希在基督教视角下给出的回答。

一、实存理性及其自律与他律的冲突问题

"理性"在宗教和神学论著中面临偶尔被赞扬、经常被贬低的命运，究其原因在于对之模糊宽泛的理解。蒂利希认为应该区分存在论上的理性（ontological reason）与技术上的理性（technical reason）。前者是从巴门尼德到黑格尔的古典传统中的主导范畴，而后者的后来居上则与德国古典观念论的衰落与英国经验论的兴起相关联。存在论上的理性主要指的是"心灵的结构，这种结构使得心灵能够把握并塑造实在。"[7]在古典传统中，这种理性通

7　Tillich P. *Systematic Theology (Vol.1)* [M]. Chicago: University of Chicago Press, 1951: 72.

常被称为"逻各斯"（Logos），它包含在人类心灵的认识、审美、实践、技术等诸多功能之中。因而，这种意义上的理性"既是认知的，又是审美的，既是理论的，又是实践的，既是超然的，又是动情的，既是主观的，又是客观的。"[8]而技术上的理性则只保留了前者中的认知功能，而将理性简化为一种推理能力，并且这种认知和推理主要局限在寻求达成目的之手段的工作上。

　　神学中所关注的理性与启示的关系问题所指的理性是存在论意义上的理性。技术理性所决定的往往只是手段，而目的则由别处提供。比如，在蒂利希看来，从 19 世纪中叶开始，在哲学中提供目的的是各种非理性的势力或者是历史遗留的传统抑或是权力意志的随意选择。而逻各斯意义上的存在理性则主要对目的进行决定，而达成目的的手段对之来讲则是次一级的。因而技术理性可以作为一种工具被使用，但其运用并不包含实存问题，尤其对人类之实存并不起决定性的作用，因为如何使用技术理性，如何确立技术理性中手段-目的的结构是以存在论上对事物本性的断言为基础的。

　　作为把握并塑造实在的心灵结构的存在理性，具有主观理性和客观理性之分。从巴门尼德开始，哲学家的共同假定就在于心灵和实在都具有逻各斯的特性，只有在这种假定下心灵对实在的把握和塑造才得以可能。而蒂利希用"主观理性"来指代心灵的"逻各斯"，心灵的结构，这种结构使得心灵能够根据相应的实在的结构来把握并塑造实在。用"客观理性"指代实在中的"逻各斯"，实在的结构，也就是心灵所能把握到并进行塑造的那种合理性结构。这种结构在科学家、哲学家那里就表现为规律，在艺术家那里就表现为意义，在立法者那里就表现为社会平衡的结构，在社群领导者那里就表现为有机依存的结构。蒂利希认为无论两者关系如何，无论是实在论认为客观理性决定了主观理性，还是观念论认为客观理性是主观理性的一种创造，抑或是二元论认为两者相互独立，或者是一元论认为二者完全同一，都至少承认了在自我和世界之中存在着理性所表达的结构之维。

　　但理性不仅有结构之维，而且有深度之维。"理性之深度所表达的并非理性，而是某种先于理性，并通过理性所显明出来的东西。"[9]理性之深度只能以隐喻性的术语来表达，比如显现在合理结构之中的所谓"实质"、存在之逻

8　Tillich P. *Systematic Theology (Vol.1)* [M]. Chicago: University of Chicago Press, 1951: 72.

9　Tillich P. *Systematic Theology (Vol.1)* [M]. Chicago: University of Chicago Press, 1951: 78.

各斯中的所谓"存在本身"、使得每种创造物具有创造力的所谓"基础"、任何创造都不可穷尽的力量的所谓"深渊"以及给心灵和实在注入合理结构并改造它们的所谓"存在和意义的无限潜力"。如若不是以隐喻性的方式去理解，那它们就会是属于理性，而不是"先于"理性的了。在蒂利希看来，这些隐喻可以用于理性的任何方面。在认识领域，理性通过相对真理指向了表示具有无限力量的存在和终极实在的"真本身"；在审美领域，理性通过每一种审美创造活动指向了表示无限和终极的意义的"美本身"；在法律领域，理性通过每一种实现公正结构的活动指向了表示无限严肃和终极尊严的"正义本身"；在共处领域，理性通过每一种实现爱的形式的活动指向了表示无限丰富和终极统一的"爱本身"。理性之深度本质上表现在理性的具有合理结构的行动之中。

但是，实存理性不同于本质完善的存在理性。蒂利希认为作为心灵和实在之结构的存在理性必然要实现在实存和生命之中。但由于人类实存本身的有限性、模糊性甚至于自相矛盾性导致实存理性如同其他一切实存的事物一样，具有一种有限性的结构。这种作为实存理性之本质的有限性在康德那里得到了广泛而深刻的讨论，人类理性所不得不使用的经验范畴本身就是有限的范畴，"康德的范畴学说就是关于人类有限性的学说。他的绝对命令学说是关于实践理性的深度之维中的无条件要素的学说。而他关于艺术和自然之中的目的论学说则超出理性的认知-技术意义，扩大了理性的概念，而朝向我们所谓的'存在理性'。"[10]在蒂利希看来，实存的理性正是"通过有限的范畴、自我毁灭的冲突和模糊性，并通过寻求一种不模糊的、超越冲突的和摆脱范畴之束缚的东西而展开活动的。"[11]

理性具有结构之维和深度之维，有限的实存理性所存在的问题就在于二者的不协调，从而导致的自律和他律的冲突。自律并不是只将个人的自由作为个人的唯一法则。相反，自律并不是任意，它承认法则，只不过它只承认出自自我的法则。并且这种自我的法则并非只是出自自我人格结构的法则，并非仅仅作为一种道德上的运用，而是认为这种出自自我的法则本身就是"主观-客观理性的法则，是蕴含在心灵和实在之逻各斯结构之中的（全部）法

10 Tillich P. *Systematic Theology (Vol.1)* [M]. Chicago: University of Chicago Press, 1951: 82.

11 Tillich P. *Systematic Theology (Vol.1)* [M]. Chicago: University of Chicago Press, 1951: 81.

则。"[12]它抗拒自我和世界在实存中的约束性条件，而仅依据自我心灵之结构去把握和塑造世界。而他律则从"外部"对理性发出命令，其命令并非是以合理性上的优越作为基础。相反，他律希望通过权威代替理性，代替理性的深度之维，否认丧失了深度的自律，否认理性具有自律的权利。他律将自身等同于理性之深度，等同于存在之基础。它总是以一种无条件和终极的方式要求理性的服从，合理性对之来讲并不重要，它反而拒斥并破坏理性的结构性法则。

　　尽管蒂利希认为理性内部还具有静态因素和动态因素、形式因素和情感因素以及它们之间的不协调，但是它们的不协调都与自律和他律的冲突不无关联。理性的动态因素和形式因素实质上指明了自律之理性在生命过程中以结构化的形式不断实现自己的力量，以不同形式展现理性之不同功能的能力。而理性的静态因素和情感因素则常常与他律以理性之深度的名义的言说相关联，因为他律本身就代表了将理性中的某种要素固化下来，视作静态而不可改变的要素，这些要素可以是特定的传统、某种道德规范、政治形式等等，并且它要求的就是一种反结构化的"情感"，亦即它的内容不接受理性批判，反而从一种盲目、狂热的强力的"情感"获得力量，树立权威，要求服从。因而理性内部所具有的静态因素和动态因素的不协调导致的相对主义和绝对主义的冲突，形式因素和"情感"因素的不协调导致的形式主义和情感主义的冲突，实质上都是以理性之结构之维和深度之维的不协调导致的自律和他律的冲突为基础的。

　　总之，蒂利希认为实存理性处在自律和他律的冲突之中，它们相互斗争企图消灭彼此，这种斗争趋于理性的自我毁灭，因而理性亦寻求自律与他律的弥合，寻求理性之结构与深度相结合的神律。

二、最终启示下对实存理性中自律和他律的冲突的克服

　　在蒂利希看来，自律与他律的冲突要通过重建二者本质上的统一来克服，而在基督教的视野下，这种统一的神律是通过启示，通过最终启示而得以创造和表达的。

　　启示（revelation）字面意义在于"移去面罩"（removing the veil），通常用来指示通过日常认识途径所无法认识的隐秘的事物的显现。在宗教历史传

12　Tillich P. *Systematic Theology (Vol.1)* [M]. Chicago: University of Chicago Press, 1951: 84.

统中，它代表了我们所终极关切的东西，亦即隐匿之上帝的显现，因而总是被描述为"震撼性的、转化性的，并且是要求性的，具有终极重要的意义。"[13]

对于启示这一概念，首先要克服两种误解。一种误解认为启示是一种超自然的介入而仅能被教会或神职人员所理解。这样只会导致一种非理性的绝对权威，从而对人类自由地自我肯定造成破坏，使宗教无可避免地成为一种专制性的手段；另一种误解将启示等同于人类历史上的创造，等同于人类文化的发展。这样会混淆启示的媒介与启示本身，是对启示的降格。"一个启示是一种特殊的和超常的显现，它将某些以一种特殊的和超常的方式隐匿起来的东西的面罩移开。"[14]而正如前面所特别说明的，"其显现既不是非理性的，也不是他律的。"[15]

因而，蒂利希认为启示之显现以神秘、出神和奇迹为重要特征。"神秘"意味着启示是一种超越主体-客体之分的经验。神秘的东西即便被启示出来也同样会是神秘的，否则就不能称之为"神秘"。启示并非将神秘消解为一般的建基于主客二分的知识，它并不为这种知识增添什么。而是提供一种主客体统一的体验，从主观方面讲，有人被神秘的东西所把捉，从客观方面讲，某种把捉人的事件发生了。对于启示来讲，两者不可分离，启示既是给予亦需被接受，否则启示就不可能成为实在的。"出神"即"站在自我之外"，它表明了这样一种心灵状态，即"在其中，理性超出了其自身，也就是超出了它的主客结构。"[16]但蒂利希强调超出理性自身并非要否定理性。出神不能等同于反理性，它只是克服了实存的理性不得不运用主客体结构来进行活动的有限性。出神也不是心理上的狂热或者某种过度兴奋状态，心理上的状态仅仅是主观的事情，而出神虽然也具有心理状态，但它更多强调的是"与我们无条件地相关切的东西在我们心理条件的整体中显明了它自己。它确实通过心理条件而出现，但它并不出自这些心理条件。"[17]它是一种"存在论上的震撼"（ontological

13 Tillich P. *Systematic Theology (Vol.1)* [M]. Chicago: University of Chicago Press, 1951: 110.

14 Tillich P. *Systematic Theology (Vol.1)* [M]. Chicago: University of Chicago Press, 1951: 108.

15 Tillich P. *Gesammelte Werke (Band VIII)* [M]. Edited by Albrecht R. Stuttgart: Evangelisches Verlagswerk , 1970: 64.

16 Tillich P. *Systematic Theology (Vol.1)* [M]. Chicago: University of Chicago Press, 1951: 112.

17 Tillich P. *Systematic Theology (Vol.1)* [M]. Chicago: University of Chicago Press, 1951: 113.

shock），在这种震撼中，自身的结构和平衡被打破而驱使自身朝向极限。蒂利希引用二十世纪神学家鲁道夫·奥托（Rudolf Otto）在描述神圣时所使用的重要概念，认为出神就是关于"令人战栗之奥秘"（mysterium tremendum）和"令人神往之奥秘"（mysterium fascinosum）这两种经验的结合。"奇迹"指的是"那些给出启示之神秘，但又不破坏其出现于其中的实在的合理结构的表征事件（sign-events）。"[18]首先，奇迹是一个事件，它并不与实在之合理结构相矛盾，但它是作为表征事件被接受的，并不存在所谓"客观的奇迹"。因为它始终是作为表征事件被赋予信仰中对之予以接受的人的。第二，作为表征事件，它指向了存在的奥秘和终极的关切，指向了对我们的实存问题给予根本性回答的答案，因而科学、技术、艺术等等上的极大成就虽然令人惊奇，但不是奇迹。第三，奇迹在出神的体验中被接受。"不能以其令人惊奇的性质使人震撼的东西不具有启示性的力量。使人震撼但不指向存在之奥秘的东西只是巫术而不是奇迹。并且不在出神之中被接受的东西，只是关于奇迹的信念的报告，而不是现实的奇迹。"[19]

总之，启示的以上特征表明启示并非是要去破坏理性的结构，而只是提供了一种超越于日常理性之主客结构的经验。因而，科学、心理学、历史学等等并非启示的敌人，反而是启示的同盟，因为它们都在反对对启示进行一种超自然主义的歪曲理解。但启示又不能等同于这些自律的文化形式，因为它关乎的是那些影响我们实存的根本性问题，它展现了理性之深度，它并不受限于其所出现的启示情境，不受限于其出现的科学、心理或历史条件，而是要超出其出现的条件指向存在的基础，指向我们的终极关切。也正是因为这一点，原则上任何东西都可能成为启示的媒介和载体，这种媒介和载体可以是自然、历史、话语等等。只不过具有启示性的并非这些媒介本身，而是利用这些媒介所指向的东西。因而没有任何特定的事物可以声称自己具有独特的性质、地位而成为启示不可不依赖的载体，进而声称自己掌握了理性之深度、存在之奥秘而成为一种他律的力量。所以，启示尽管是普遍的，但不是他律性的。

在蒂利希看来，在神学中所讲的现实的启示（actual revelation）必定是最终的启示（final revelation）。因为"对于那个被启示性的经验所把捉的人来讲，

18　Tillich P. *Systematic Theology (Vol.1)* [M]. Chicago: University of Chicago Press, 1951: 116.

19　Tillich P. *Systematic Theology (Vol.1)* [M]. Chicago: University of Chicago Press, 1951: 117.

他相信启示的东西就是关于存在的奥秘以及他与存在之奥秘的关系的真理。"[20]如果这个人在面对真正的现实的启示时，还对其他的启示开放，那他实际上就远离了现实的启示本身，而是以一种超然的方式在看待它，用之前的概念讲，就是他已经脱离了"出神"的状态。在这里，"最终"并不是时间逻辑上的"最后"，而是指"这种启示具有决定性、完满性和不可超越性，它是其他一切启示的标准。"[21]

在基督教中，最终启示指的是作为基督的耶稣的启示。作为最终启示的启示之标准正是被基督教视作最终启示的东西，蒂利希认为这种循环正是神学之实然状态，也表明了启示所具有的给予与接受、主体与客体的两面的统一和结合。其之所以是最终启示原因在于它表明了启示的根本性悖论，也就是说，一个启示要想真正地成为启示必须在具有否定自身的力量的同时又不丧失自身。启示必然要通过启示之媒介才能得以显现，但启示之媒介必须要通过牺牲自己，交出自己在认识、能力以及完善程度上有限的力量才能成为真正的最终启示之媒介。在基督教中，这就表现为"作为基督的耶稣不断地甘心顺服（self-surrender）于作为耶稣的耶稣。"[22]一方面，在基督教新约关于耶稣基督的报告中，始终强调"父"与"子"的统一，耶稣的一切言行与经历对于他作为救主所指向和代表的上帝的奥秘来说，都是透明的，耶稣强调"我就是道路、真理、生命……你们若认识我，也就认识我的父……人看见了我，就是看见了父。"（约翰福音 14：6-9）另一方面，耶稣始终抵抗利用其与上帝的统一作为利己之手段的诱惑，这种抵制以其十字架上的受难为最终的表现，这样一种立场所表明的态度在于"信我的，不是信我，乃是信那差我来的。"（约翰福音 12：44）

最终启示，也就是作为基督的耶稣的启示，所具有的双重要素使之成为实存理性中普遍存在的冲突和问题的回答。对于神学家来说，他们必须使人们意识到人类的实存理性同样是需要救赎的对象，必须接受最终启示所给予的教导。一方面要意识到耶稣基督这一最终启示的承载者身上所具有的始终对存在之基础保持完全透明的要素，自律理性不能满足于自我的法则，这样只会导

---

20 Tillich P. *Systematic Theology (Vol.1)* [M]. Chicago: University of Chicago Press, 1951: 132.

21 Tillich P. *Systematic Theology (Vol.1)* [M]. Chicago: University of Chicago Press, 1951: 133.

22 Tillich P. *Systematic Theology (Vol.1)* [M]. Chicago: University of Chicago Press, 1951: 134.

致自我法则之间的冲突与冲突之后的茫然与绝望，而应该意识到其精神性的实质。就像在作为基督的耶稣所显明的神圣的临在给予所有形式的理性创造以精神实质一样，自律理性不应该拒斥启示，文化不应该拒斥宗教。相反，文化可以从由共同的启示经验所组成的信仰共同体使用的象征性表达中获得一种实质、意义和整合的力量。另一方面，也要意识到启示之有限中介的自我牺牲的要素。他律本质上就是有限物以无限的名义所进行的要求或行使的权威。最终启示从根本上否认了这样一种要求和权利。自律理性要关心其深度之维，但并不是要寻求一种他律的压制，而是希望获得一种解放，一种朝向更根本的目的和意义的解放。

总之，启示在实存理性之自律和他律的冲突之外，提供了另外一种神律的可能，它既不是由自律创造，也不能被他律阻挡，而是通过启示之媒介象征性地表达了一种终极的统一性。人类所有的精神生活和精神功能在这种统一性之下具有了中心。卷入启示之中的是人的精神整体，要求的是全身心的投入，而不是其精神之中的认识、情感抑或道德实践等单一的功能。在启示之下，实存理性之冲突与分裂朝着本质完善的存在理性的方向得以整合。一种接受启示的理性就是神律的理性，"如果人们理解了理性接受启示，理解了理性就像实在中的其他要素一样是拯救的对象的话，那么一种使用神律理性的神学将再度成为可能。"[23]

第二节　上帝论

在讨论完理性与启示的关系问题之后，蒂利希在其系统神学中将之运用于更为具体的神学象征之上，以便对之进行一种神律意义上的理解。因为在他看来，神学家既没有能力也没有必要去否认或证实宗教象征，其最重要的任务在于通过自己的神学方法和原则去解释这些象征。而蒂利希首先处理的是"上帝"这一象征，因为认识论从根本上以存在论为前提，作为"造物主"的上帝必然与一切存在相关联，一种神律意义上的上帝观念是对存在之问题的解答。

一、存在论问题

我们通常所说的存在论问题就是关于存在本身的问题，蒂利希认为它通

23　Tillich P. *Systematic Theology (Vol.1)* [M]. Chicago: University of Chicago Press, 1951: 155.

常以一种所谓"形而上学上的惊骇"的疑问得以表达，其中最经典的表达在于"为什么有事物存在，而不是一片虚无？"。但是这样类似的问题虽然是终极问题之表达，但蒂利希认为这种问题实质上是"关于实存状态的表达，而不是一个被构造出来的问题。"[24]也就是说，任何一种可能的回答都可以进行进一步的追溯，我们始终可以追问同样的问题，但是这样的追问是无意义的，原因就在于我们的思想从根本上就是以存在为基础的，尽管我们可以在这样的基础上根据对一切事物之否定去设想一种非存在。存在论以及存在论问题之所以能成立是因为人们，特别是哲学家致力于去发现、阐释和使用一些通常被称之为"原则"、"范畴"或者"终极概念"的概念，"它们不及存在那么普遍，但是比任何实体概念更普遍，也就是比那些指称存在物领域的概念更普遍。"[25]因而，这样一种问题的提出本身就不及真正的存在，而只是人类由于有限性必须借助于概念、范畴去谈论所谓的存在，"范畴是有限性的形式，它们把肯定的要素和否定的要素结合在一起。"[26]这也是康德著名的二律背反所揭示的真理。因而，蒂利希认为通过存在论问题所隐含的本体结构，通过对构成存在论结构的诸种要素的双重性进行分析，本身就显明了人类自身在存在论问题的无力。因为认为超越于一切结构的存在本身具有某种结构，只是出自人类自身视角的观念，而这种困境的显明将指向神学上所说的上帝。

蒂利希认为基本的存在论结构是自我-世界的结构。存在论问题的提出意味着存在着发问的主体和被问的客体。这种主体-客体的结构是以自我-世界的结构为基础的。要想成为一个发问的主体，必须要先成为自我，成为自我意味着对其他一切事物的脱离。但同自我脱离出来后的那些东西并非构成一个异在的世界，在自我的视角下，这个世界将成为自我的世界，它将成为与自我相关联的世界。因而才能被自我所关切和问及。这一两极性的结构就是人们在存在论问题处理上所具有的基本结构。而这种结构也使得存在论的其他要素具有两极性特征。蒂利希指出，"个体性与普遍性"、"动力与形式"、"自由与命运"是构成存在的基本结构的三对突出要素，每一对的前者都与

24 Tillich P. *Systematic Theology (Vol.1)* [M]. Chicago: University of Chicago Press, 1951: 164.

25 Tillich P. *Systematic Theology (Vol.1)* [M]. Chicago: University of Chicago Press, 1951: 164.

26 Tillich P. *Systematic Theology (Vol.1)* [M]. Chicago: University of Chicago Press, 1951: 192-193.

自我相关，表达了使自身成为某种独特的东西的力量，而后者都与世界相关，表达了自身成为存在物所构成的世界的一部分的力量。然而，蒂利希认为人这种存在物具有独特性，不仅具有超越性，可以追问存在论问题，意识到存在论结构及要素，同时具有有限性，无力去平衡两极性的存在论结构和要素，而坠入对于结构之失衡，要素之冲突的焦虑和绝望之中。具体来讲，个体化导致了一种孤独性的威胁，普遍化导致了完全集体化的威胁；动力要素力求突破形式的约束而导致混乱的无形式的威胁，形式要素使生命力局限在有限的文化创造之中而带来一种终极形式的威胁；命运中的必然要素使人感受到一种自由丧失的威胁，而自由中隐含的偶然要素则使人感受到一种丧失命运的威胁。这些威胁归根结底是一种导致分裂和毁灭的非存在的威胁。在蒂利希神学的视角下，正是这些威胁与由之产生的焦虑，将人们引向对上帝的关切。因为存在论问题是关乎存在与非存在的终极问题，而"使人终极关切的东西就成了他的神……人能终极关切的也只有他的神。"[27]但是，这种关切不是在理性之中的关切，因为正是有限的理性在合理化的活动中不断使用了相互冲突的概念范畴，而塑造出两极对立的结构及要素，从而使存在论问题得以凸显。只有在启示之中，在一种象征性的上帝概念那里，在本质的存在之中，而不是从实存的角度观察的存在之中，对立才得以克服，存在论问题才得以解决。

二、神律式的回答：象征性的上帝概念

在蒂利希终极关切的视角下，信仰并非是从理论上对某种不确定的事物的肯定，相反它依赖于启示，依赖于"出神"的经验，是一种超出日常经验的接受。因而作为信仰内容的上帝并不能从日常经验的视角加以理解，而只能作一种象征性的理解。在此基础上，蒂利希提出了"上帝之上的上帝"（God above God）这一说法，这种说法意味着我们需要警惕关于上帝的传统言说落入经验性的理解之中，"如若我们对上帝作一种非象征性的断言，那上帝所具有的出神的-超越的特征似乎将会被危及。"[28]总之，上帝超越于上帝这个概念本身，任何关于上帝的言说都是象征性的。

---

27 Tillich P. *Systematic Theology (Vol.1)* [M]. Chicago: University of Chicago Press, 1951: 211.

28 Tillich P. *Systematic Theology (Vol.2)* [M]. Chicago: University of Chicago Press, 1957: 9.

　　因为关于上帝言说的象征性质，所以上帝并不"存在"（实存）[29]。如果人们将上帝视为实存的，那就将上帝降格为诸种对象中的一种。那对上帝的接受将是一种拜偶像的行为，而不是对真正的神圣的肯定。即便将上帝理解为最伟大、最仁慈的、最有能力的，也同样是将上帝束缚在人类极端化的概念之中。我们不可能在人类所使用的概念以及概念所指称的世界当中推导出上帝的实存，因为这样理解的上帝将不再是无限超越于世界和人类的上帝。因而，在这种意义上，蒂利希认为过往关于上帝实存的证明，无论是本体论证明、宇宙论证明还是目的论证明，都是失败的。在蒂利希看来，这些证明与其说是证明，不如说是分析。本体论证明通常认为上帝概念本身就被设想为指称最无与伦比的存在，而这个无与伦比的存在如若不实存，那它就不是最无与伦比的，因而上帝必然实存。蒂利希指出这样一种证明方式只是表明"在人对有限的意识之中包含着一种对无限的意识。"[30]宇宙论证明以及目的论证明试图从现实有限的结果中推导出"第一因"的实存，但因果范畴本身就是有限性的范畴，将之运用于关于无限的实体或意义推导上，本身就是矛盾的。但这些证明也同样表明人类始终受到非存在的威胁，因而才会迫使人类走向关于作为"第一因"的上帝的追寻。总之，关于上帝实存的证明就其作为一种证明推导来说，必定会是失败的，因为"无限本身就是一个指引性的概念，而不是构成性的概念。"[31]通过我们的思维并不能推导出一个无限的东西的存在。但是，我们的思维却在诸如此类的概念的指引下，体验到自身不受限制的种种可能，这种"无限地自我超越的力量，正是人属于超越于非存在的，也就是存在本身的一种表现。"[32]因而，就这些证明作为一种关于人类处境的分析而言，是有效的，它表明了人类追问存在的问题，追问上帝的问题的必要与可能。

29 蒂利希对 existence 和 Being 作了严格的区分，前者通常被译为"实存"，指诸种存在物的实存，而后者通常被译为"存在"，用来指存在物之所以存在的基础。但学界通常将"arguments for God's existence"译为"上帝存在的证明"，本文以下采用"上帝实存的证明"这一译法，以突出蒂利希的区分，避免概念上的混淆。

30 Tillich P. *Systematic Theology (Vol.1)* [M]. Chicago: University of Chicago Press, 1951: 206.

31 Tillich P. *Systematic Theology (Vol.1)* [M]. Chicago: University of Chicago Press, 1951: 190.

32 Tillich P. *Systematic Theology (Vol.1)* [M]. Chicago: University of Chicago Press, 1951: 191.

蒂利希认为在关于上帝的断言中，唯一的非象征性断言是上帝是存在本身。当然"存在本身"也经常被蒂利希用"存在的根基"（ground of being）、存在的力量（power of being）或者存在的深层（depth of being）等等术语所代替。在这里，存在本身并不是某些新柏拉图主义者理解的那种不变的"太一"，也不是像唯名论理解的那种，只是一种抽象意义上的共相，而是真正作为存在物存在的动态的根基性力量。存在本身作为存在的力量存在于所有事物之中，亦即存在于所有参与存在的事物之中。这一断言之所以不是象征性的，是因为它只是如上帝对摩西的启示所言"我是自有永有的"（I AM WHO I AM，出埃及记 3：14），表明了上帝就是其自身。当然，对此，一些研究者指出蒂利希的这种断言缺乏认知性的内容和指称性的意义。[33]但是，蒂利希这样一种论断本身就不是要承担这种功能。因而，蒂利希甚至希望放弃这样一种非象征性的论断，他强调"存在本身"、存在的"根基"、"深度"、"力量"此类概念同样也是隐喻性和象征性的，甚至这些概念本身就是不充分和不必要的，"如果这些语词对你来说没有什么意义，那就用其他语词替代它们，将之说成是你生命的深度，或者你的存在的根源，或者是你的终极关切，或者是任何你毫无保留严肃对待的东西……也许你应该忘记你关于上帝的任何传统知识，甚至是语词本身。"[34]总之，蒂利希认为当我们不承认任何关于上帝的非象征性断言时，关于上帝的断言都将是循环的，这样一种界定本身就是自我否定的；当我们承认一种关于上帝的非象征性断言时，则又危及到上帝本身的超越性。因而，在蒂利希《系统神学》第二卷的导言中，蒂利希就明确地指出"这样一种辩证的困境恰恰反映了面对存在的神圣根基时的人类处境……（因而）当我们说上帝是无限、无条件或者存在本身时，我们是在同时进行合理性和出神上的言说。这些术语准确地指出了象征性和非象征性同时存在的边界之处。"[35]

蒂利希的上帝观念，也就是所谓"上帝之上的上帝"以及认为关于上帝的断言的象征性质和上帝不是一种存在物的看法，确实如叔斯勒所言，避免了

33 Kegley, C. W. *Politics, Religion, and Modern Man; Essays on Reinhold Niebuhr, Paul Tillich, and Rudolf Bultmann* [M]. Quezon City: University of the Philippines, 1969: 81-82.

34 Tillich P. *The Shaking of the Foundations* [M]. New York: Charles Scribner's Sons, 1953: 53.

35 Tillich P. *Systematic Theology (Vol.2)* [M]. Chicago: University of Chicago Press, 1957: 9-10.

宗教中的恶魔化的上帝[36]，也就是说"上帝之上的上帝"并不是一个更高的上帝，而是始终要求人们不能将上帝视作一种客体，不允许将上帝视为一种具有决定性的力量的完全的他者，一种他律的权威。

虽然蒂利希作为一个宗教批判者，始终希望避免将上帝和宗教视为一种他律的对象和力量，但他也并不希望将人们引向一种普遍而空洞的无上帝的宗教，他也希望与传统的基督教保持关联，并说明上帝与人的关联。而这种希望使之重新关注了"人格的上帝"（personal God）这样一种象征。在他看来，"'人格的上帝'是一个绝对基本的象征，因为实存的关系也就是人格对人格的关系。人所终极关切的东西不可能是低于人格的东西。"[37]但是，人格的上帝并不是指上帝是一个人，即便这个人被认为是最伟大、最完善的人，这样的人不仅缺少实存的证据，也不够终极，不可能成为终极关切的对象。实质上，蒂利希认为将上帝视为"一个人"只是19世纪之后才发生的事情，这种看法与将由物理法则统治的自然与由道德法则统治的人格的康德式区分相关，只有在这种区分的基础上，上帝才被强调为人格的存在而成为道德法则的根源。人格的上帝只是意指"上帝是一切具有人格的东西的根基，他自身之中具有人格化的存在力量。"[38]在这里，蒂利希又回到了他对上帝是存在本身的强调。

"主"与"父"的象征是表达人与上帝的人格关系的最重要象征。尽管上帝具有"生命""灵""力量""爱""恩典"等诸多象征，但都以这两个象征为基础。其中作为上帝的"主"的象征表达了神圣的上帝之力。这个象征主要包含三层含义：第一，象征上帝之威严和荣耀，以及他与人的无限距离；第二，象征存在的逻各斯，对于处在实存之中的人来说，这种逻各斯就表现为上帝的意志与法则；第三，象征了上帝按照创造的目的进行统治。而"父"的象征表达了神圣的上帝之爱。它也包含三层含义：第一，象征上帝通过恩典接纳了与之疏离的人；第二，象征上帝是人的存在的基础；第三，象征上帝指引人类走向目的之完成。在蒂利希看来，"主"和"父"的象征是"上帝是存在

---

36 参见[德]维尔纳·叔斯勒，《蒂利希：生命的诠释者》[M]，开封：河南大学出版社，2011年，第109页。

37 Tillich P. *Systematic Theology (Vol.1)* [M]. Chicago: University of Chicago Press, 1951: 244.

38 Tillich P. *Systematic Theology (Vol.1)* [M]. Chicago: University of Chicago Press, 1951: 244.

本身"的极好阐释，两种象征应当是相互补充的，"主"不能仅仅是主，否则上帝就会成为一种他律性的力量，从而可能遭受到革命性的抵抗，而"父"也不能仅仅是父，否则上帝就只能以一种人类自律的方式加以理解，上帝的恩典和爱极易被理解为人类普通的恩情和爱心而遭到轻视，对上帝的尊敬和信任也极易因为自我的独立而遭到拒斥。

对于蒂利希的上帝观，葛伦斯指出，这样一种企图将存在论与圣经中的位格说结合起来的做法最终失败了，"他提出了一个矛盾百出的综合说法：'我们与这位有位格的神的相遇，也就是与'位格性之本'的神相遇，然而他不是一个位格……他让问题的形式来决定问题答案的内容……他所说的存在本身，绝不可能是亚伯拉罕、以撒和雅各所信的那位超越、公义、圣洁的有位格之神，耶稣基督的父亲。"[39]尽管蒂利希的答案确实受到问题形式的影响，但这也是他所说的关联法的应有之义，问与答本身就是相互影响的。蒂利希所提出的上帝观以及整个系统神学的整个内容确实是在根据现代人所追问的问题提供的相应阐释，其目的是要向现代人传达基督教信息。因而，问答之间的相互影响似乎也成为蒂利希神学之中不可避免的特征。针对这种特征的批评是蒂利希的神学所无法克服的一种批评，因为这涉及到神学方法和神学立场的根本冲突。而这种冲突从某种意义上恰恰印证了蒂利希所指明的自律文化的困境，表明了神律文化虽不能成为现实，但却具有追求的必要。

总之，蒂利希的上帝观从存在论问题出发，认为上帝是这样一种问题的神学回答。对于上帝，他认为既要规避他律式的理解，也要规避自律式的理解，因而强调"上帝之上的上帝"，对上帝的恶魔化理解始终保持批判，同时又将上帝等同于存在本身，而不是存在物，通过"主"与"父"这样具有辩证关系的象征的阐释，揭示了人与上帝之间的动态关系。葛伦斯认为蒂利希的上帝观"矛盾百出"，但他确实只看到了表面的现象，因为整个基督新教都在表明人类向不可与之言谈的上帝的祈祷与上帝对不可接受的人类的接纳。而正是这种矛盾的、悖论式的概念和现象"驱使人类的宗教意识朝向有神论的上帝之上的上帝"[40]。而走向一种神律式的，具有超越性和临在性统一的上帝，也正是蒂利希始终强调关于上帝断言的象征性的目的所在。

---

39 [美]葛伦斯、奥尔森，《二十世纪神学评介》[M]，刘良淑、任孝琦译，上海：上海三联书店，2014年，第162页。

40 Tillich P. *The Courage to Be* [M]. New Haven: Yale University Press, 1952: 187.

第三节　基督论

一、实存的问题

实存与存在的区分早在前哲学和哲学早期就已经被体验到。泰勒斯（Thales of Miletus）、阿那可西曼德（Anaximander）、阿那可西美尼（Anaximenes）、赫拉克利特（Heraclitus）、毕达哥拉斯（Pythagoras）、巴门尼德（Parmenides）等等早期自然哲学家对万物之本原的探究实质上都已预设着流变着的实存的万物背后还有一个更为实在的本质的存在。只不过只有到了柏拉图那里，两者的对照才成为存在论、认识论、伦理学上重要的问题，前者代表了变化、意见和恶的领域，而后者则代表了永恒、真理和善的领域。因而，实存一方面从其拉丁文词源 existere 上看，表达了一种"站出来"的意思，亦即从非存在之中"站出来"；但另一方面，也表明这样一种"站出来"是一种有限的"站出来"，用柏拉图哲学的术语来讲，存在物只是部分地参与或分有了理念，实存意味本质之失落。而到了文艺复兴和启蒙运动之后，实存与本质之存在之间的鸿沟开始日益被弥合，在一种本质主义的哲学，尤其在黑格尔哲学之中，实存反而变成了本质的表现，成了本质的存在在逻辑上必然呈现的现实性。而 19-20 世纪兴起的实存主义（Existentialism，经常被译为存在主义）则重新以一种卷入的方式，而不是超然的方式去分析实存处境。其基本立场就在于实存与存在之疏离并没有像黑格尔所说的那样被克服，无论是在克尔凯郭尔关注的个体之中，还是在马克思关注的社会之中，抑或是在叔本华和尼采关注的生命之中，这种和解都没有发生。总之，"和解只是预想和期望之事，而不是现实之事。"[41]因而，正如蒂利希在上帝论的讨论中，认为存在的问题迫使人们在理性之外寻求存在本身，亦即上帝一样，其基督论亦从实存的问题出发，在象征性的启示，亦即作为基督（救主）的耶稣之中，寻求实存与存在的和解之道。

根据实存主义的传统，实存的问题就是疏离的问题。对于能够意识到这一问题的人来讲，疏离意味着人虽然在本质上属于他所疏离者，而在事实上则已然与其本质所属者疏离。蒂利希认为疏离虽然并非圣经上使用的概念，但圣经之中实际上已经以象征性的手法和情境描绘了这种人类困境。这种疏离的实

---

41 Tillich P. *Systematic Theology (Vol.2)* [M]. Chicago: University of Chicago Press, 1957: 25.

存处境在人类被逐伊甸园、人与自然的敌对、兄弟反目、各民族因语言不同而疏远、保罗关于人与人之间的敌意等等故事之中得到了清晰的呈现。

蒂利希认为《创世记》1-3 章的内容"最为深刻和丰富地表达了人对于实存的疏离的意识"[42]，说明了人从本质到实存的过渡。首先从可能性上来讲，疏离之所以可能是因为人类具有有限的自由。一方面他有能力进行谋划、抉择与行动，甚至背离自己的本质和人性，但其有限性在于他要受到由之而来的命运的限制。从动力上讲，意识到自身有限性的焦虑构成了疏离的动力。人类有限的自由使之面临未实现自身及其潜在性而丧失自身和在实现自身及其潜在性中丧失自身的双重威胁。这种威胁实际上就是亚当所面临的诱惑状态。这种焦虑、诱惑驱使人们去做出选择，而人选择了自我实现。从事件上来讲，疏离经常被"堕落"所描绘，比如柏拉图哲学所讲的灵魂的堕落，基督教所讲的人类的堕落。但疏离与堕落并非是一个历史事件，而是一种存在论上的状态，并非是孤立的个体的行动，而是有限自由的人类的普遍的悲剧性命运。从结果上来讲，疏离导致了"罪"（Sin）。但"罪"只是以一种人格化的方式去说明疏离，表达了疏离的命运因素。而诸种"罪恶"（sins）则从根本上讲并非来自于对某一条法则的违背，而是来源于"罪"，来源于对上帝，对自然、对他人以及对自身的疏离，是这种疏离的现实表现。

"不信"（unbelief）、"狂妄"（hubris）和"贪欲"（concupiscence）是疏离的三大标识。第一，"不信"并非不相信或者不信从教会的教义，而是出自整个人格的行动，包括认知上的、实践上的和情感上的诸种要素，因为信仰本身就是出自整个人格，而不是出自精神的某种独特功能。"不信"意味着人在实存之中丧失了与其本质的统一，在基督教中，意味着人对上帝的完全背离。因而，"不信"并非认知上的"否认"，因为认识以分离为前提，不论是否认还是肯定都表明人与上帝的分离；"不信"也不是实践上的抗拒，因为不论是抗拒还是服从，都已表明意识与意志之间的分离，否则不会存在另外的意志告诉你应该如何行动；"不信"也不是情感上的"自爱"，因为无论是自爱的自我还是爱神的自我，都已表明人的中心离开了自爱与爱神相统一的中心。总之，"不信"所包含的丧失和背离不是过去、现在或未来要发生在某个领域的历史事件，而是实存的普遍状态。第二，"狂妄"之可能性在于人是唯一充

---

42 Tillich P. *Systematic Theology (Vol.2)* [M]. Chicago: University of Chicago Press, 1957: 31.

分具有中心性的存在物，也就是说他拥有一个充分发展的自我和与之相应的自我的世界。由于这样一种结构的存在，人因而可能将实存中的自己视作自我和世界完全的中心，把自己抬高为神圣，忽视自己作为"必死的存在"的限度。因而"狂妄"是普遍属于人的。"狂妄"不是"骄傲"。骄傲只是某些人的道德品质，其对立的品质是谦卑。但"狂妄"既可能存在于骄傲的行为中，比如将自己视作万物之主宰，任意挞伐，也可能存在于谦卑的行动中，比如将万物视作弱者，爱心泛滥，悉心照料。第三，"贪欲"是那种在自我与世界相分离的基础上，希望将整个实在、整个世界都拉入"自我"的无限制的欲望。这种欲望极端地表现在人对知识、性和权力的无限追求上以及在这些追求中所进行的自我肯定。

在"不信"、"狂妄"和"贪欲"主导的疏离状态下，存在的基本结构，即自我-世界的结构在实存中沦为"毁灭的结构"。"自我"由于"狂妄"和"贪欲"带来的诸多冲动在塑造个人中心的同时，也由于不同冲动之间的冲突和斗争导致了自我的分裂。由之而来的是，自我的世界的丧失，世界沦为碎片，而不再是一个与自我相对应的有意义的整体。而由于自我-世界之平衡结构的打破，存在中的两极性要素也成为冲突的要素。在自由-命运之两极中，当人将自己视作宇宙之中心时，自由不确定地转向自我以外的客体，沦为一种任意性。而与之相应的命运则变成了机械的必然性，看似自由的行动完全由内在的冲动和外部的原因所制约。"人使用他的自由浪费自己的自由，丧失自己的命运成了他的命运。"[43]在动力-形式之两极中，人不断受到新事物的诱惑，动力成为了一种无限制的自我超越，但如果没有形式，任何实在的东西都不可能被创造；与之相应，形式也可能被抽离掉动力而成为一种毫无创造性的外在法则。在人类的个体与社会、文化与宗教的生活中都存在着"一种持续不断地从法则到混沌，再从混沌到法则的逃避，一种持续不断地由形式打破活力，再由活力打破形式的破坏。"[44]对于个体化-参与之两极，在疏离状态下，人将自己束缚在个体之中，同参与切断关联。同时，他自己也将会沦为诸多客体中的一种，淹没于客体之中，"这些客体倾向于将他变为完全没有自我的纯粹客体。"[45]

43 Tillich P. *Systematic Theology (Vol.2)* [M]. Chicago: University of Chicago Press, 1957: 63.

44 Tillich P. *Systematic Theology (Vol.2)* [M]. Chicago: University of Chicago Press, 1957: 64.

45 Tillich P. *Systematic Theology (Vol.2)* [M]. Chicago: University of Chicago Press, 1957: 65.

在实存中，存在论结构及其诸两极要素的张力和平衡被打破，转化为疏离的毁灭性结构，而这种毁灭的结构导致了绝望。虽然绝望是心理学和伦理学关心的重要问题，但它又并非仅仅如此。蒂利希认为"绝望是人类困境的最终指示……是无可逃避的冲突状态。"[46]在冲突的双方中，一方归根结底是人潜在所是，因而也应该是的东西，而另一方归根结底是人现实所是的东西。绝望的痛苦在于，一方面人的现实所是是由其出自自我的自由和命运的结合而达到的结果，自我要为实存之意义的丧失负责，另一方面是自我又无力恢复这种意义。人由之被封闭在自我的冲突之中，而无法逃避。因而实存中的自我寻求一种新的存在，寻求与存在的重新结合。

二、神律式的回答：作为基督的耶稣

蒂利希认为对新存在（New Being）的探寻因宗教和文化的不同而不同，但主要可以划分为两种。一种是非历史的类型，即在历史之上去探寻新的存在；而另一种是历史的类型，即在历史之中去探寻新的存在，将新的存在视作历史的目标。东方多神教以及古希腊对多神教的人文主义反应大多属于非历史的类型。它们认为神圣者之神圣正在于其对历史的超越，因为历史通常被理解为一种循环重复的运动，因而不产生新的事物。作为拯救力量的新存在往往显现在神圣的化身、神谕的宣示以及苦行者或者预言家所展现的精神和灵性上的升华之中，而不是历史进程之中。而且由于这种显现通常只被特定的个体所接受，而对于历史中的群体往往没有相应的效果，所以历史中人类整体的处境并没有被改变，而个人却可以超越实存的困境。因而，在这种非历史的类型中，"为新存在所付出的代价就是否认一切拥有存在的东西。"[47]而在西方宗教和文化中，占主导地位的是历史的类型。犹太教、基督教、伊斯兰教以及各种现代人文主义的世俗形式都认为实在可以在历史的水平维度上得到转化，而这种转化不是发生在个人身上，而是以家族、民族或者具体的教会这样的历史中的群体为载体的。

基督教的独特性在于它是一种认为可以在历史类型中包含非历史类型的普遍类型。一方面，基督教保留了旧约，保留了基督教的历史特性，并认为新

---

46 Tillich P. *Systematic Theology (Vol.2)* [M]. Chicago: University of Chicago Press, 1957: 75.

47 Tillich P. *Systematic Theology (Vol.2)* [M]. Chicago: University of Chicago Press, 1957: 87.

存在要在历史中征服疏离，而且新存在已然呈现在历史之中；另一方面，尤其在新约之中，第四福音书以及保罗的圣灵理论突出强调了救主的超历史性质和普遍性质。总之，在基督教中，这种综合通过"作为基督的耶稣"这一象征得到呈现。这一象征是悖论性的。悖论并不是对技术理性的拒斥，也不是辩证的理性，更不是接受荒谬，而是"违背那些以包括经验的和理性的人类日常的体验整体为基础的意见……它超出了源自人类实存困境的见解以及以这种困境为基底而可能想象到的一切期望。"[48] 通过对耶稣基督诸如"神人二性"的悖论式论断，呈现出在耶稣基督中的新存在同时包含的真正的普遍性（作为基督，作为存在的根基和力量）和真正的具体性（作为耶稣，作为实存的人）。

基督教之存在的根基就在于肯定耶稣基督这一悖论性事件，在于承认拿撒勒人耶稣是基督，是新存在，是带来新的事物状态的人。这一事件包含两个方面：一方面是关于拿撒勒人耶稣的事实，另一方面是接受耶稣是基督的人对这一事实的接受。对前者的强调包含了耶稣作为实存之中的人，同时又没有被实存之条件所征服的事实的肯定。脱离这种肯定，新存在就仍然是一种期望，而不是实在。对后者的强调包含了耶稣基督作为最终启示的肯定，如果信徒没有将耶稣接受为基督并在传统中留存，那么耶稣可能只被当作一个重要的历史或宗教人物而被铭记，因而也只是一种初级的启示。需要强调的是，圣经所记载的耶稣是那个被接受为基督的耶稣，而不是那个曾经被叫做耶稣的拿撒勒人，如果将圣经记载等同于历史记载，那就是混淆了信仰和历史判断。信仰虽然也包含错将某些象征视作终极的象征的风险，但这与历史判断所面临的科学纠错风险并不相同，后者只是人类活动中的一种程序上的风险，而前者则会影响到人类活动的整体，因为信仰是出自整个人格的活动，错误的信仰可以摧毁整个人的生命意义。

耶稣基督作为新存在的普遍力量在"基督的十字架"和"基督的复活"这两个象征中得到了指明。前者象征了基督对实存的服从，而后者象征了基督对实存的克服。这两个象征是相互依存而不可分离的，十字架是那个将要克服实存之疏离者的征服者的十字架，而复活是那个作为基督而又服从实存疏离的死亡者的复活。如果基督不真正地进入实存之中，那他就不可能真正

---

48 Tillich P. *Systematic Theology (Vol.2)* [M]. Chicago: University of Chicago Press, 1957: 92.

地克服它。在这种意义上，作为基督的耶稣如同每一个人一样只具有有限的自由，他同样面临实在的诱惑，受制于其自身被"抛"进其他一切事物之中而具有的偶然性，而且也卷入必死的命运之中，这些都表明他像其他人一样参与着人类实存的困境。同时，若非服从了实存之疏离而又复活，那这种复活也将只能是奇迹故事的一种。因而在耶稣基督的象征性图景之中，耶稣完全服从于有限性，但在这种有限性下，他选择将自己不断地交给上帝，没有不信、狂妄和贪欲，从而克服了自我拔高和自我无法解决冲突的绝望。在这种意义上，复活不是有形论（physical theory）所说的物理身体的复活，也不是唯灵论（spiritualistic theory）所说的灵魂的显现，也不是心理论（psychological theory）所说的只是信徒内心里的一个内在事件，而是应该作一种蒂利希所谓的复归论（restitution theory）的理解，即"复活是作为基督的耶稣的复归，一种根植于耶稣和上帝之间的人格统一性的复归，以及这种统一性对使徒心灵所造成的冲击。"[49]

　　基于对耶稣基督作为处于实存疏离之中的人对一种新的存在的探寻的回答的理解，蒂利希认为应该抛弃传统神学对于基督的人格和事功的区分。在传统神学中，前者通常属于基督论的讨论主题，而后者主要属于救赎论的主题。但是，对于作为新存在的耶稣基督来说，"基督之存在就是他的事功，他的事功就是他的存在……耶稣基督正是通过其作为新存在而存在的普遍意义成为拯救者的。"[50]"拯救"（salvus）从其本义来讲，就是医治、救治。对于身处实存困境的人类来讲，拯救就是要脱离旧的存在，克服人与神、人与世界和人与自身的分裂，而进入到一种新的存在之中。

　　耶稣基督作为新存在所具有的独特性并不在于离开他就毫无拯救可言，而在于基督教中耶稣基督始终表明自身只是一个透明的中介者，因而成为其他拯救的终极标准。其透明的中介性在于"他面对人而代表神，面对神而代表人。"[51]他既反对将自己视作纯粹自律的自我，反对把自我视作自己和万物的法则，而是始终强调自身的有限以及对终极的服从；也反对将自我视作纯粹受他律的力量管控而又与这种他律的力量不存在任何根基上和深层次的关联的

49　Tillich P. *Systematic Theology (Vol.2)* [M]. Chicago: University of Chicago Press, 1957: 157.

50　Tillich P. *Systematic Theology (Vol.2)* [M]. Chicago: University of Chicago Press, 1957: 168.

51　Tillich P. *Systematic Theology (Vol.2)* [M]. Chicago: University of Chicago Press, 1957: 169.

自我，尽管这种他律的力量诱惑他可以逃离实存困境，逃离十字架上的死亡。作为耶稣的基督始终不允许自己通过接受纯粹的自律或者僵化宗教的绝对威权的解决方案来放弃人类实存的边界处境。十字架上的耶稣基督向我们阐明任何有限的事物都不可能不在不被打破的情况下获得无限。从十字架上"是"的一面讲，耶稣基督通过他对于存在之基础即上帝的透明性而克服了自律；从十字架上"否"的一面讲，耶稣基督通过自身被钉十字架之死亡克服了他律。在这样一种包含"是"与"否"的诠释中，耶稣基督得到了神律式的理解，成为了对实存之问题的神学回答。

第四节　圣灵论

一、生命的模糊性问题

　　蒂利希使用存在论上的术语，将生命（life）定义为"存在的实现"（actuality of being），它是"本质的要素和实存的要素的混合体"[52]。一方面，生命表明这种存在具有变为现实的潜质和动力，像几何形式这样的存在则不具有这种力量；另一方面，生命表明它服从于有限性、疏离以及冲突等等实存的条件。由于从潜在走向现实是所有存在物的结构性条件，因而蒂利希认为"生命"的概念可以运用于包括动物和人、无机物和有机物等等在内的所有存在物。

　　从本质方面讲，生命呈现出一种"多维度的整合"（the multi-dimensional unity）。蒂利希认为生命之维度的数量并不固定，在我们遭遇实在的过程中实在的某个部分向我们表现出独特的构造和范围时，我们就有了新的维度。但生命的维度基本上包括无机维度、有机维度、心理维度、灵/精神（spirit）的维度以及作为生命之动态的历史维度。如果像蒂利希那样从潜在到现实的过程来看待生命，那么对于任何一个维度来讲，"所有维度都潜在地存在着，只是它们中的一些成为了现实"[53]，我们正是根据某一种成为现实而占主导地位的维度来将生命划分为无机物、有机物、动植物、人等等领域的。

　　对于人类来说，其独特性在于其灵（精神）的维度以及历史维度成为了现

---

52 Tillich P. *Systematic Theology (Vol.3)* [M]. Chicago: University of Chicago Press, 1966: 12.

53 Tillich P. *Systematic Theology (Vol.3)* [M]. Chicago: University of Chicago Press, 1966: 16.

实，成为了主导。"灵"、"精神"，它从本义上代表了"气息"，代表了生命的力量和意义，"灵/精神可以被定义为力量和意义之统一的实现。"[54]这种统一意味着灵/精神既是感知意义的力量，也是给予力量的意义。因而，在作为生命发展的不同阶段上，人类最为充分地表现了生命对多重维度的整合，这也是人经常被视作"小宇宙"的原因。但这并不意味着人类是最完美的，"次于人只是指向了不同的存有维度，而不是指不同的完善程度。"[55]所有存在物都分有着本质和实存的要素，在这种意义上，所有存在物都是不完善的。

生命作为从潜在到现实的运动过程是一种从自我的中心（自我认同，self-identity）出发，走向自我之外（自我变化，self-alteration），又返回自我（return to one's self）的过程。"只有经由这三者的潜在变为现实的过程，我们才称之为生命。"[56]蒂利希指出这个过程反映出生命的三种机能：自我整合（self-integration）、自我创造（self-creativity）和自我超越（self-transcendence）。自我整合是生命的圆周运动，是存在之个体化-参与两极结构的实现。自我整合遵循中心性原则（principle of centeredness）。每一个希望成为个体的存在物都必须有一个不能被分割而只能被摧毁的中心，这个中心是该个体所有活动的出发点和归属点。而一个存在物的中心愈明确，其愈是成为一个个体，但与此同时它也愈是具有参与的潜能。最个别化的存在物具有最普遍的参与的能力，也最能将宇宙中的其他要素拉入自我之中，形成新的整合。自我创造是生命的水平运动，是存在之动力-形式之两极结构的实现。自我创造遵循生长原则（principle of growth）。生命以中心为起点做一种自我整合，但是它又不停留于这一点。生命总是朝向新的中心开放和成长。生命之成长就在于生命之动力不断突破旧的形式而被赋予新的形式，从而成为一种新的现实的生命。自我超越是生命的垂直运动，是存在之自由-命运之两极结构的实现。自我超越遵循崇高原则（principle of sublimity）。自我超越并非是与其他两项机能相并列的机能，否则它就不是"超越"，它是其他两种机能的一种性质。自我超越表明生命具有将自身从有限性的约束之中解放出来的自由和渴望，虽然这种自由和渴望不可能脱离自我整合和自我创造得到完全的实现。

54 Tillich P. *Systematic Theology (Vol.3)* [M]. Chicago: University of Chicago Press, 1966: 111.
55 Tillich P. *Systematic Theology (Vol.1)* [M]. Chicago: University of Chicago Press, 1951: 260.
56 Tillich P. *Systematic Theology (Vol.3)* [M]. Chicago: University of Chicago Press, 1966: 30.

　　尽管从本质上讲，生命的三种机能统一在自我认同和自我变化的生命过程之中。但是，从实存的角度讲，这种统一将会被实存的疏离所打破。自我整合将遭遇分裂。要么它无法克服一个固定不变的中心，从而生命无法增添新的内容，要么它无法克服多样的分歧，无法整合出一个中心。自我创造将遭遇毁灭。创造就在于突破旧形式，确立新形式，但在"新旧形式之间存在着'混沌'时刻，也就是形式不再具有和形式尚未形成的时刻。"[57]这也就意味着所有创造本身就面临着一种毁灭的危险。比如，对于生物领域来讲，其经由生存斗争努力创造新的形式，但最终难逃死亡之毁灭。而自我超越将遭遇卑俗的力量，实存之中的生命总是受到各种阻碍其自我超越的力量，从而只能进行有限的超越。总之，在蒂利希那里，他既不是在本质的意义上讨论生命，也不是脱离实存的扭曲去讨论生命，而是认为生命的过程包含了本质和实存、肯定和否定的双重混合要素，"生命既不是本质的，也不是实存的，而是模糊的。"[58]

　　对于人类这种灵/精神维度的生命来讲，情况亦是如此。在灵/精神的维度，自我整合表现为道德，在其中，自我的中心化将自己构建成一个"人格"，与其他生命相遇成为人格与人格的相遇。自我创造表现为文化，文化（culture）从其拉丁文词源 *cultura* 讲具有耕耘土地，培育作物成长的意思。蒂利希认为对于人来说，人可以培育其在实在中遭遇的所有东西，其培育的东西并非是固定不变的，而是从中创造出新的形式。比如，在技术层面创造出新的质料形式，在理论层面创造出新的接受形式，在实践层面创造出新的反应形式。自我超越表现为宗教，如前所述，严格来说，宗教本质上不能视作与道德、文化相并列的功能，而是两者的性质。如果没有宗教指向一种无限，那也就没有所谓无条件的道德命令和富有意义的文化形式。但是如同其他维度的生命一样，灵/精神维度的生命在道德上也会面临反对自我整合的力量，比如当一个人作为一个道德人格而与其他人格相遇时，他会遭遇现时之中或者历史之中与之持有不同道德法则的人格，而这种不同甚至冲突都会成为这个人道德人格之整合的阻碍；在文化上也会遭遇毁灭的力量，比如在技术领域，技术工具之生产使用在何种自由和限度之内常常争论不休，技术工具作为手段也常常达不到原初设定的目的，甚至造成反向的后果，甚至自我亦可能在技术时代被视为生产

---

57 Tillich P. *Systematic Theology (Vol.3)* [M]. Chicago: University of Chicago Press, 1966: 50.

58 Tillich P. *Systematic Theology (Vol.3)* [M]. Chicago: University of Chicago Press, 1966: 32.

流程中的工具一环而被泯灭、异化。在宗教中也会遭遇卑俗化或恶魔化，前者比如认为宗教中一些超越的要素可以还原为一种文化的或道德的要素，而后者则主要指的是将一种有限存在拔高到无限的地位，这种情况不仅曾经出现在民族文化上、政治上，更出现在具体的宗教中。总而言之，作为以灵/精神维度为主导的人类生命也逃避不了生命之模糊性的问题。

二、神律式的回答：圣灵临在

生命的模糊性显示在所有维度、过程和领域之中。但因为生命具有自我超越的机能，因而所有受造物都渴望达到其本质上的非模糊性的完满状态。而人作为灵/精神的维度的受造物，其独特之处在于，人类最为普遍地参与了生命的所有维度，体验了生命普遍的模糊性，并且将这种模糊性纳入到自己的意识之中，在自己的灵/精神维度体会到生命的模糊性。因而，可以在灵/精神维度提出对超越自我生命的非模糊性的生命的探求。

由于灵/精神维度的生命的自我超越表现为宗教，因而这种探求既发生在宗教之中，也将由宗教来回答。但是蒂利希在这里所指的宗教并非是具体的宗教，因为具体的宗教作为生命之机能，也同样难逃模糊性，"所有维度的生命都在垂直方向上朝向自我之外。但没有任何维度的生命可以抵达它所朝向的地方，亦即无限。"[59]因而，蒂利希使用了类似于"上帝之上的上帝"这样的概念，认为这种探求的回答将在"宗教之上的宗教"（religion above religion）那里得到回答，只有经由启示和拯救才能被接受，尽管它们一旦被接受也就变成了具体的宗教。

基督教中用以回应表达这种非模糊性的生命的象征是"上帝之灵"（Spirit of God），亦即通常所谓的圣灵（Holy Spirit）。上帝作为"灵"是"对神圣的生命最为包容、直接和不受限制的象征"[60]，它意味着力量和意义的统一。在蒂利希那里，圣灵论其实就是一种上帝论。他认为任何三一论的论断都应以上帝是灵为起点。"上帝是灵"意味将上帝视为一种精神的生命，具有一种动态的生命过程，它不仅仅作为一种至高的力量停留在一种内在的生命之中，它还要"走出"自身，以"道"言说。在这种意义上，上帝不仅是作为万

59　Tillich P. *Systematic Theology (Vol.3)* [M]. Chicago: University of Chicago Press, 1966: 109.

60　Tillich P. *Systematic Theology (Vol.1)* [M]. Chicago: University of Chicago Press, 1951: 249.

物存在的根基和力量的那个隐匿于万物之上的创造者，也是作为万物存在之逻各斯结构和意义的那个显现于万物之中的拯救者。而"灵"的象征则将两者统一起来，它表明上帝是从神圣的基础出发而走出自身的精神，从而万物参与了神圣的生命，神圣的生命亦在万物之中显现。因而，蒂利希认为圣灵临在就是上帝临在，是"神圣生命在受造物生命之中的临在。"[61]

在所谓"出神"的状态和经验中，人的灵被圣灵所把捉，蒂利希称之为圣灵临在（Spiritual Pesence）于人。圣灵临在于人的状态通常被隐喻性地描述为圣灵住在（dwells）人的灵中，并在人的灵中做工。"在……之中"表明了二者的关系，但圣灵住在人的灵之中，并不是说圣灵固定地停留在人的灵之中，而是指它动态的做工，指圣灵驱使人的灵走出自身。

信仰和爱是圣灵临在于人类心灵的结果，显示了"圣灵临在于人的灵中所创造的超越性的联合。这种超越性的联合就是非模糊性的生命的一种性质。"[62]圣灵临在所造就的信仰就是被自我超越所渴望的存在和意义上的终极所把捉的状态。信仰并不来自人，但它在人之中。在信仰之中，人的整全的自我经验到了与其终极相关者的关联，一种"我与你"的关联和统一。任何认为信仰只是人类单独出自认知、意志或情感的行为都只是偶像崇拜，同时任何将低于真正终极的对象视作信仰之对象也同样是偶像崇拜，在其中人类体会到的仍然是生命内部和生命与生命之间的分裂，而不是分裂的克服。蒂利希认为爱是圣灵临在所造就的第二个结果。他从存在论的视角上去分析爱，在他看来，尽管现实之中存在着情爱、欲爱、友爱等等诸种爱，但爱是一体的。爱是疏离者的重新结合，只是由于实存中存在不同程度的疏离和结合，才造就了多种爱。但所有生命都寻求"圣爱"（agape），亦即上帝之爱，寻求一种与其存在的真正根基和本质重新相结合的状态。在圣爱之中，所有其他爱的模糊性被克服。因为圣爱无条件地接受爱的对象，即便在爱的对象变得疏离、世俗或恶魔化时也依然无条件地接受，并且圣爱希望通过被爱的对象对其的接受而重建被爱的对象的神圣性、伟大性和尊严。总之，"圣灵临在，经由信仰和爱将人提升到一种无模糊性的生命的超越性统一。"[63]而这种统一在历史中就显现

61 Tillich P. *Systematic Theology (Vol.3)* [M]. Chicago: University of Chicago Press, 1966: 107.

62 Tillich P. *Systematic Theology (Vol.3)* [M]. Chicago: University of Chicago Press, 1966: 129.

63 Tillich P. *Systematic Theology (Vol.3)* [M]. Chicago: University of Chicago Press, 1966: 138.

为前面所谈及的超越实存和本质的作为基督的耶稣。

圣灵临在是具体并且普遍的。其具体在于它并不是抽象地临在，而是临在于实存当中的人，其普遍在于它不是临在于个别的人，而是临在于共同体之中。圣灵必然临在于属灵的共同体（spiritual community）之中，因为"人的灵的诸多机能——道德的自我整合，文化的自我创造和宗教的自我超越——都是受限于我与你相遇的社会环境条件的。"[64]从本质上讲，属灵的共同体并不等同于具体的宗教和教会，它只是一个被圣灵临在所把捉的理念上的共同体，在其中，生命的模糊性已被克服，"在属灵的共同体之中没有什么宗教象征，因为遭遇的实在整体就是圣灵临在的象征。同时，也没有宗教活动，因为所有的活动都是自我超越的活动。"[65]这样的属灵共同体所信仰的乃是"宗教之上的宗教"，而不是受限于实存生命之模糊性的具体的宗教。因而，在圣灵临在下，具体的教会以属灵名义来压迫文化的情况将遭到拒绝，而将教会与世俗文化相隔绝的尝试也要受到反对。真正的宗教与文化的关系问题不能等同于具体的宗教与文化的关系问题，后者服从于生命的模糊性，而前者在圣灵临在视角下达到了融合和相互归属：世俗文化本质上也是属灵的，因而其无需通过教会，也是向圣灵开放的；世俗文化尽管属于自我创造，但在其自我肯定之中，实际上也反对了那种外在的、排他性地宣称自己代表无限者的个人、团体和机构，因而成为保存真正神圣性的一种矫正剂；同时，宗教如若不借助文化，尽管可以保留超越性，但其只能保持沉默，而只有在文化的形式之中，宗教才得以显现，而文化也获得了其意义和深度。

因此，回到文化神学的论题上，蒂利希认为在圣灵临在下，神律文化被创造。神律文化就是一种圣灵引导的文化。在他看来，文化中的模糊性根本在于主客体的分裂，而圣灵临在使得这种模糊性得以克服。比如，在语言中，主客体的分离使语言成为可能，但也使语言不可避免地具有不确定性，因为语言的主体（不论是个人还是群体）都无法完全把握到作为语言之客体的对象。但是，圣灵临在中的语言是象征的语言，其目的并不是要把握到永远不能把握的客体，而是要象征性地指出主客体之间的合一。又如，在艺术中，主客体的分裂导致我们经常被追问艺术是主观的还是客观的。但在蒂利希所谓具有神律要

64 Tillich P. *Systematic Theology (Vol.3)* [M]. Chicago: University of Chicago Press, 1966: 139.

65 Tillich P. *Systematic Theology (Vol.3)* [M]. Chicago: University of Chicago Press, 1966: 158.

素的表现主义作品中，通过对实存中有限客体的形式的扭曲和打破表达了主体对于终极意义的渴求。因而，圣灵临在通过主客体的统一击碎了主-客体的结构。没有任何物，包括作为人类自我创造的文化创造物，仅仅是物，它们本质上都将能成为形式和意义的承载者。同时，"哪里有圣灵临在，生命就会转向比与众多方向并列的方向之外的更高的地方，也就是所有方向之中那朝向终极的方向。这个方向并不是要替代其他的方向，而是作为终极的目标呈现在它们之中，并因此成为在它们之间进行选择的标准。"[66]作为灵/精神维度的生命的模糊性在这样的目标和标准的指引下得到了克服。

第五节　终末论

一、历史及其模糊性问题

在蒂利希看来，历史维度也是生命的维度之一，但它后于并包含其他维度并为之增添了一种新的要素，这种要素就是生命进程所朝向的目标和意义。虽然生命的一切领域都在时空中呈现出一种过程，但是只有经由作为灵/精神维度的人，时空中出现的事件才可能成为历史。"没有事实的出现，就没有历史，但没有历史意识对这些事实的接受和阐释，也不会有历史。"[67]历史虽然可以类比性地运用到一切事物之上，比如自然史，但其毕竟是灵/精神维度的创造，即便是自然史，也不会是纯粹客观的自然生命进程，而必定是人类视角下的自然生命进程。因而，历史的真正承载者是人，而这个人也并不是个体的人，因为人只有在共同体之中，通过个体化-参与的结构才能真正实现自己，所以"历史的直接承载者是群体而不是个体，个体只是间接的承载者。"[68]

作为生命的维度，历史维度也同其他生命维度一样具有自我整合、自我创造和自我超越三种机能。同时，历史的实存，因而也不可避免地具有模糊性的问题。在自我整合中，历史的模糊性主要体现在帝国与帝国内外的抵抗。帝国的形成是历史之自我整合的典型体现，它通常宣称自己承担独特的历史使命，

---

66 Tillich P. *Systematic Theology (Vol.3)* [M]. Chicago: University of Chicago Press, 1966: 270.

67 Tillich P. *Systematic Theology (Vol.3)* [M]. Chicago: University of Chicago Press, 1966: 302.

68 Tillich P. *Systematic Theology (Vol.3)* [M]. Chicago: University of Chicago Press, 1966: 308.

尽可能地将历史整合为一个目标，比如罗马帝国宣称代表法律，美利坚帝国宣称代表自由，德意志帝国宣称代表基督之体，大英帝国宣称代表基督教文明等等。但是这种自我整合虽然在共同体历史上发挥了极为强大的力量，但它们在外部和内部也遭遇到了抵抗。比如，从外部讲，这种抵抗极端地体现在帝国之间的世界大战；从内部讲，帝国意欲对所有共同体成员的生活形成全面的指导，必然会对具有创造性的人格自由形成压制，因而也可能遭遇共同体内部成员对其压制的反抗。在自我创造上，其模糊性主要体现在政治、艺术、哲学等等领域的革新与反动上。历史之自我创造在新旧更替中持续进行，造成其自我创造上的模糊性的原因归根结底是历史中新事物与旧事物之间的辩证关系被忽略。新事物忽略了它所出自的旧事物的要素，而旧事物也忽略了新事物对自己的保存与改进，从而造成了历史之中新事物极端攻击性的革新和旧事物极端否定性的反动。在自我超越上，其模糊性主要体现在历史中的新旧任何一方宣称自己的终极性时，将会达到一种最具破坏性的阶段，最突出的表现就是宗教历史上的种种迫害和战争。具体来讲，在历史维度宣称自我终极的方式一种是自我绝对化，认为自己已经代表了历史之终极目标的实现。另一种是乌托邦，认为自己将带领人类走向历史之终极目标。前者如罗马教会，它们通过宗教象征表现了神圣，但也将象征等同于神圣而成为一种恶魔化的形式和力量。而后者虽然带来了富有激情的创造性，但也将因为其无法现实化而带来绝望。总之，实存的历史必将陷入模糊性问题之中。

二、神律式的回答：上帝的国

对于历史之模糊性问题的回答，亦即对于历史目标与意义的阐释，主要有两种类型：一种是消极的阐释，另一种是积极的阐释。前者认为历史本身并没有什么目的。这种阐释包括以古希腊循环历史观为代表的悲剧版本，以东方历史观为代表的将历史视为障碍，希望超脱历史轮回的神秘版本，以及近代逐渐兴起的将历史视为人类依靠科学和技术控制自然事件的编年的机械版本。而积极的阐释则承认历史具有目的。这种阐释也包括三种：一种是进步主义版本，认为历史虽然没有确定的目的，但其无限地向前进步就是其目的；第二种是乌托邦版本，它提供了一种有目的的进步主义，而这种目的通常由其设想的特定共同体来完成；第三种是超越的版本，认为历史之目的是一种静态的超自然的安排，只有在拯救的启示发生时，在人死后才能进入。

　　蒂利希认为，消极的阐释本身就不是历史的阐释，而积极的阐释虽然是历史的阐释，但并不充分，因为像进步主义、乌托邦版本的阐释在 20 世纪世界大战等现实面前早已被击破，而超越版本的阐释则将文化排除在历史之目的和拯救之外。

　　因而，蒂利希认为在基督教中，"上帝的国"的象征可以更好地回应历史之模糊性的问题。因为作为一个象征，"上帝的国"综合了"在历史的"（inner-historical）和"超历史的"（trans-historical）两种特征，"作为在历史的，它参与了历史的诸动力；作为超历史的，它回答了蕴含在历史诸动力中的问题。前一种性质通过圣灵临在而显示，后一种性质等同于永生（Eternal Life）。"[69]

　　"上帝的国"这一象征具有四层涵义。第一，它具有政治性的涵义。上帝的国是上帝作为统治者进行统治的领域，在这一点上，这与历史当中的政治领域是一致的。但是这样一个象征通过扩展上帝的力量，从一个政治的象征变成了一个宇宙的象征（cosmic symbol），他要创造新天新地，而不是在地上创造一个具体的政治团体和国家。第二，它具有社会性的涵义。"国"的象征像乌托邦版本的阐释那样，包含了一种对于和平和正义的设想，但同时这个"国"是"上帝的"，"通过这一附加，一种在尘世间实现的不可能性得到了承认。"[70]第三，它具有人格性的涵义。在"上帝的国"中，没有任何人可以等同于终极，但在其中，它又给予每个个体以永恒的意义，使每个人的人格都得到完满的实现。第四，它具有普遍性。"上帝的国"不仅仅是人类的国，它拥抱所有有限的存在物，是所有维度生命的国，体现了生命之多维度的统一。

　　"上帝的国"的四层涵义表明"上帝的国"这一象征同时包含了内蕴性和超越性的要素，因而可以成为历史之意义的问题的积极而又充分的回答。比如，在旧约中，"上帝的国"更侧重于"内在的-政治的"要素，更多地被视为以色列的上帝与敌人争战胜利后的结果，被视为以色列选民的国度。但是，"上帝的国"的超历史要素并没有被掩盖，它通过以色列军事上的挫败和政治上的混乱得到了否定性的显示。而在新约中，"上帝的国"更侧重于"超越

69　Tillich P. *Systematic Theology (Vol.3)* [M]. Chicago: University of Chicago Press, 1966: 357.

70　Tillich P. *Systematic Theology (Vol.3)* [M]. Chicago: University of Chicago Press, 1966: 358.

的-普遍的"要素，"上帝的国"的中介不再是历史中的弥赛亚，而是耶稣基督，耶稣基督并不是要建立一种政治实体，而是作为一种"新存在"，带来新天新地，在这里一种超历史的宇宙愿景超越了历史内的政治愿景。但"上帝的国"的历史要素也始终被强调，因为作为基督的耶稣又具有完全的人性，是实存于历史之中的。

　　"上帝的国"对历史之模糊性的克服，表现在三个方面：第一，对历史之自我整合的模糊性的克服。上帝被视为存在的力量和意义，是一切力量和意义的源泉和基础。通常当一个更高的统一体出现时，之前的统一体所面临的模糊性就会被片段性地克服，就如一个更大帝国的出现会使得之前小帝国之间的争端得到暂时性的解决。因而"上帝的国"意味着以存在的力量和意义的名义所进行的整合，它所进行的整合是终极的整合，在这样一个统一体中，实存历史之整合的模糊性也由之被克服。同时由于上帝是力的基础，而不是一种外在的力，所以共同体内部的个体之力也不会被压制。第二，对历史之自我创造的模糊性的克服。如前所述，"上帝的国""在历史中"的一面象征着活生生的上帝，也就是圣灵在历史中的临在。圣灵是意义和价值的来源，所有历史中的传统也是以圣灵为基础的，不存在完全没有意义和价值的传统。但圣灵亦是动态的，也要求生长和革新。因而，"上帝的国"这一象征反对死气沉沉的保守主义，也反对抛弃过往的革新主义，而指向两者的平衡。第三，对历史之自我超越的模糊性的克服。在蒂利希看来，历史之自我超越的模糊性是由"在历史中实现的上帝的国与期望的国度之间的张力导致的。"[71]而"上帝的国"则保持了这种张力，成为"临在"与"尚未临在"的结合。其"临在"在于当上帝被理解为存在之力量时，"上帝的国"被理解为基于存在之力而进行生命之多维度的整合时，诸如"政治态度上和制度上的民主，只要它们在抵抗力的破坏性上有作用，那它就是上帝的国在历史中的显现。"[72]而其"尚未临在"在于这是"上帝的"国度，作为无限者的国度，它只能被有限承载和显现，而不能被之束缚在具体的历史中间。

　　总之，"上帝的国"作为一种宗教象征，既不能作一种自律的理解，认为是人类在历史文化中的创造，也不能作一种他律的理解，认为是一个完全与世

71　Tillich P. *Systematic Theology (Vol.3)* [M]. Chicago: University of Chicago Press, 1966: 390.

72　Tillich P. *Systematic Theology (Vol.3)* [M]. Chicago: University of Chicago Press, 1966: 385.

俗世界无关的，高于历史而对之进行审判和压制的力量。蒂利希始终强调"上帝的国"是"在历史中"和"超历史的"，"内蕴的"和"超越的"统一，因而是对历史之模糊性问题的神律式回答。

第五章　蒂利希文化神学的评价

　　蒂利希并非是一个传统意义上的神学家。他反对神学在面对世俗文化的壮大时一味地退让，使自己蜷缩在一个独特的领域，比如只保留自己在道德领域的效力而构建一种道德神学，或者企图建立一个独立的王国，比如发展一套新的所谓正统的学说，将基督教信息视作像异物一样落入世俗世界的启示的总和。与这种"退让"相反，他要求一种"进攻的神学"（Theologie des Angriffs）[1]。这种进攻既包含对神学本身的批判，也包括对安于现状的世俗世界的介入，而这构成了其文化神学的基本精神。因此，研究者曼宁也称蒂利希为一个"激进"（radical）的神学家，"文化神学是一种真正激进的神学"[2]。也正是因为这样的神学精神，蒂利希及其思想并没有衍生出一个"蒂利希学派"或一种"蒂利希主义"，因为其神学对于基督教信息的阐释要始终对世俗文化保持开放。因而其理论从积极的角度讲，将会是动态的，从消极的角度讲，将会是多变而不易统一的。因此，这也导致其文化神学经常会收获来自不同角度，甚至是相对立的角度的评价。

　　因此，接下来的章节会从以下几个方面考察对蒂利希文化神学的评价：第一，蒂利希文化神学究竟是神本主义的还是仅仅是一种人本（人文）主义的作品；第二，如果蒂利希文化神学带有人文主义色彩，带有对包括人在内的实存的关注，那这种关注究竟是实存主义的，还是本质主义的；第三，如果其文化神学对实存的关注是实存主义的，神学被认为是对实存问题的回应，宗教象征

1　Tillich P. *Gesammelte Werke (Band XIII)* [M]. Edited by Albrecht R. Stuttgart: Evangelisches Verlagswerk , 1972: 25.

2　Re Manning R. *Retrieving the Radical Tillich: His Legacy and Contemporary Importance* [M]. New York: Palgrave Macmillan, 2015: 2.

的阐释应该伴随世俗文化发展而变化，那其神学是否应被理解为一种自由主义神学，还是带有新正统主义的要素；第四，如果蒂利希强调神学"是"与"否"的辩证性，那其基于基督教立场所建构的文化神学的规范性部分，亦即系统神学是否在被肯定的同时也要接受一种批判，是否可能接受一种建基于其他宗教的文化神学，在基督教与其他诸宗教相遇时，其文化神学最终会承认排他主义还是多元主义。

第一节　神本主义抑或人本主义

蒂利希基于其文化神学的关联法对基督教信息的阐释使其面临是否还是一个神学家的质疑。尽管蒂利希经常宣称自己的立场不可能脱离"神学圈"，但仍然有人认为其文化神学中的存在论分析才是更为重要的部分，而其所阐释的诸如上帝、耶稣基督、圣灵等等宗教象征并不与基督教信徒所信仰的上帝、耶稣基督和圣灵的形象相符。甚至伦纳德·惠特（Leonard Wheat）言辞激烈地称"蒂利希利用圣经和传统炮制出了一种嘲弄神学的'神学'……传统信仰的基本特征被重构为人文主义的（humanistic），也就是说反神学的，比喻性的，只是以庄严的口吻描述所谓的宗教真理。上帝被适时地赞美为我们存在的根基和终极关切……与这种神学的胡话搭档配合的是大量哗众取宠的存在论分析。"[3]显然，惠特在这里所使用的"humanistic"一词实际上更接近于一种对于人文主义的狭义理解，亦即人本主义，或者更激进地说是一种人类中心主义（anthropocentrism）。在他看来，蒂利希以一种人类的视角来随意地阐释宗教，虽然其附和式地使用了上帝、基督、圣灵等等传统宗教形象，但这些形象背后不过是人类自己使用存在论术语对人类言行和价值的指导，在此过程中人类自身被视作唯一的尺度，同时人类的拯救也从自身而来，因而甚至是反神学的。

但这样一种人本主义的评价对于蒂利希文化神学来说并不公平。在 1958 年于波士顿举办的"罗威尔系列讲座"（Lowell Lectures）中，蒂利希就明确反对人本主义，反对一种以人类为中心的神学（man-centered theology），而坚持一种神本主义（theocentrism），一种以神为中心的神学（God-centered theology）。在他看来，前者的错误在于并没有看到人类实存当中的疏离状态。

3　Wheat L F. *Paul Tillich's Dialectical Humanism: Unmasking the God above God* [M]. Baltimore: Johns Hopkins Press, 1970.

这种神学实际上秉持了一种"自足的有限"（self-sufficient finitude）的精神，而其结果将会像这样一个将两个矛盾的方面相关联的概念的结果一样，走向一种自我毁灭。因为这样一种神学只看到了神学之辩证过程的一个方面，因而甚至不可能产生一种神学。但是神本主义在蒂利希看来也不是通过贬低人性来实现的，在其 1958 年被授予德国最高荣誉文学奖项"歌德奖"（Goethe Prize）时发表的演讲中，蒂利希宣称："要谴责一种相信可以通过将人贬低为一种物来服务于神圣荣耀的神学。如果神的荣耀是通过羞辱人换来的，那神的名就真的蒙羞了。"[4]

实际上，在蒂利希文化神学对神律和关联法的强调上，就已经暗含了神本主义的特征。神律作为文化神学追求的目标本身就是建立在对人类自律之后果的失望和对纯粹自律的拒斥之上的。而关联法也意味着人类的拯救不可能从自身获得，必须依赖于来自神的启示。但是，在对基督教象征进行神律式的阐释过程中，蒂利希早已摒弃了对这些象征的字面的因而也常常是超自然的理解，神律并不是要寻求一种他律，并不是要在人类的理性和创造性之外套加一个法则，而是通过存在论上的分析，表明人类的理性和创造性之中的困境和神圣的根基以及由之生发的对终极的价值和意义的关切。通过这样一种架构，人类基于理性的自律并不是被否认，因为理性自身就包含着对启示的寻求，这种寻求的目标也将使理性自身得到补充和完善。因而，人类的尊严得以保存。

简而言之，蒂利希的文化神学是神本主义的，因为承认人类实存的困境以及基于此而产生的人类自救之不可能性是蒂利希在构建其文化神学的目标和方法上始终强调的一点。因此，其文化神学并不是人本主义的。但其文化神学带有人文主义的色彩，正如蒂里希所言，神律只是意识到自己依赖于神的自律，否则自律就仅仅是一种人文主义。神律文化只是强调要在保留文化的人文主义色彩的同时，意识到其中存在的问题以及对终极的寻求和关切。在神律的时期"理性的自律在法律、认知、共处、艺术等领域都保留着……神律时期感觉到的不是分裂，而是整全而有中心。其中心既不是自律的自由，也不是他律的权威，而是出神地经验到的和象征地表达出的理性之深度。"[5]

---

4 Tillich P. *Gesammelte Werke (Band IX)* [M]. Edited by Albrecht R. Stuttgart: Evangelisches Verlagswerk, 1967: 114.

5 Tillich P. *Systematic Theology (Vol.1)* [M]. Chicago: University of Chicago Press, 1951: 148-149.

第二节　本质主义抑或实存主义

实存主义哲学家和神学家的头衔经常被冠于蒂利希头上。比如，威尔·赫伯格（Will Herberg）将具有新教背景的蒂利希与具有天主教背景的雅克·马里顿（Jacques Maritain），具有东正教背景的尼古拉·别尔嘉耶夫（Nicolas Berdyaev）和具有犹太教背景的马丁·布伯（Martin Buber）并列，认为他们是 20 世纪最重要的实存主义神学家，都根据自己的宗教传统对人类实存当中长期存在的问题提供了解答。[6]詹姆斯·利文斯顿（James C. Livingston）则指出："保罗·蒂里希对古典基督教神学的各种主题所作的实存主义的重新解释，是 20 世纪中期几十年中一项纪念碑式的思想成就。"[7]蒂利希甚至认为自己的精神导师谢林，而不是通常所认为的克尔凯郭尔，在对黑格尔哲学的批判中，真正开创了一种实存的哲学。由此可见实存主义在蒂利希思想中的重要地位。在他看来，实存主义以及心理分析可以说是"20 世纪基督教神学的幸运盟友"[8]。

但是，这种定位也并非没有反对者，就连蒂利希自己也拒绝承认自己完全是一个实存主义者，而只是认为自己的神学思想中具有实存主义的要素。他在 1960 年发表的一篇讨论实存主义与心理治疗关系的论文中明确指出，虽然实存主义在自己思想的哲学基础中确实占有一定的地位，但他不能称自己是一个实存主义者。[9]

在蒂利希看来，"实存的"表明了一种与"超然的"相对的态度。在后一种态度中，对象常常是与思考的主体相分离的，而前一种态度则主张主体对对象的卷入或对象对主体的包含。比如，面对一部小说，我们既可以以一种超然的态度去分析小说的结构要素，也可以以实存的态度参与、卷入到小说之中，与小说主人公一起体验人生的跌宕起伏；面对自然现象，我们既可以以一种超然的态度去探寻其中的科学规律，也可以以实存的态度感受自然的

6　参考 Herberg W. *Four Existentialist Theologians: A Reader from the Works of Jacques Maritain, Nicolas Berdyaev, Martin Buber, and Paul Tillich*. Garden City, NY: Doubleday, 1958.

7　[美]詹姆斯·利文斯顿、弗兰西斯·费奥伦查等，《现代基督教思想》（下）[M]，何光沪、高师宁等译，南京：译林出版社，2014 年，第 302 页。

8　蒂利希，《基督教思想史：从其犹太和希腊发端到存在主义》[M]，尹大贻译，北京：东方出版社，2008 年，第 470 页。

9　Tillich, P. Existentialism, Psychotherapy, and the Nature of Man [J]. *Pastoral Psychology*, 1960 (11): 10.

宏伟玄妙。

　　而实存主义作为一种特殊的哲学形式则为这种"实存的"态度增添了内容。首先，实存主义作为一种观点（view）早就潜藏于哲学和神学之中，尽管它们只是在这些作品关于本质的本体论描述中才起一定的对照作用。比如柏拉图在关于灵魂的神话描述中表达了本质与实存的区分，以及人类实存中肉体对灵魂的束缚问题，基督教中的堕落学说也表达人始终受限于实存的冲突，但丁的《神曲》用诗意的表达描绘了人类实存中的绝望与毁灭。而近现代以来，这种实存主义的观点丧失了。从笛卡尔开始，人更多地成为一个思维的、认知的主体，而不是一个实存的主体。在基督新教里，宗教改革者的追随者们开始更加注重教义教规的规范性，特别是在加尔文等教派中，信徒也逐渐成为履行教规的抽象道德主体。在本质主义的高峰黑格尔那里，实存成为作为本质性的存在的必然表现而被"合理化"。由之，实存主义作为一种反抗形式出现在历史之中，它呈现于谢林关注个体的人的"积极哲学"中，在叔本华的唯意志论中，在克尔凯郭尔对黑格尔否定个人的批判中，在尼采对权力意志和创造性的吁求中，在马克思对经济上的异化的反抗中，在塞尚、梵高、蒙克的表现主义作品中，在波德莱尔的诗歌，陀思妥耶夫斯基的小说中。而蒂利希则认为一战的到来，使得这种反抗不再是一种哲学上的反抗，而是成为"被经验到的现实的一种反映"[10]，其现实就在于"二十世纪的人已然失去了一个有意义的世界和一个具有精神中心的有意义的自我。人所创造的对象世界已经把创造它的人拖入其中，创造者在其中丧失了主体性。他将自己牺牲给了他的造物。"[11]

　　尽管蒂利希会承认自己的哲学和神学中带有实存主义的要素，因为他和其他所有实存主义者一样希望揭示人类现实的状况，并且认为其现实状况根本上就是一种与其本质状态和性质相疏离的状态。这一点在他对人类自律和他律的拒斥以及在他以问答关联法为基本架构展开的整个系统神学的"问"的部分得到了充分的体现。

　　但是，他拒绝承认自己是一个纯粹的"实存主义者"。其根本原因在于，在他看来，根本就不存在纯粹的实存主义或者本质主义，"哲学的概念必然地以成对的方式出现，比如主体与客体，理念与现实，理性与非理性。同样地，

10　Tillich P. *The Courage to Be* [M]. New Haven: Yale University Press, 1952: 137.

11　Tillich P. *The Courage to Be* [M]. New Haven: Yale University Press, 1952: 139.

实存主义指向了它的反面，即本质主义。"[12]就本质主义而言，人类自身的有限性使得其不可能把握到世界的真正本质，人类理性永远无法触及到物自体，这是康德在理性的自我批判中反复提醒人类的现实。并且，世界是始终向未来开放的。因而，蒂利希认为如若我们不像黑格尔那样暗示自己坐在上帝的位置上的话，我们永远不可能是纯粹的本质主义者。就实存主义而言，人类对自身参与其中的处境的实存性论断本身就是以一种本质性的论断为参考的。即便像萨特"存在先于本质"这样可以视作实存主义之口号的论断中也潜在承认着"人根本上具有创造自己的力量"这样的本质性论断，而当我们继续追问人如何创造，以什么样的结构创造自己时，也将必然得到一种本质主义的回答。

> 每当实存主义者试图给出答案时，他们都要根据并非源自其实存主义分析的宗教或准宗教传统来回答。帕斯卡的答案来自奥古斯丁传统，克尔凯郭尔的答案来自路德宗传统，马塞尔的答案来自托马斯主义传统，陀思妥耶夫斯基的答案来自希腊东正教传统。或者像马克思、萨特、尼采、海德格尔和雅斯贝尔斯的答案一样，来自人文主义传统……而人文主义者的答案来自其隐秘的宗教来源……尽管披着世俗的长袍。[13]

同时，人类的心灵之中本身就存在着一种本质主义的结构。因为人是能使用语言的动物，而语言的主要功能就是以抽象的普遍概念代替现实的繁杂个体，其功能的实现预设着繁杂的个体背后具有某种一致性的所谓本质的东西，因而语言本身就是本质主义的。所以，除非保持沉默，否则我们对于实存的分析不可能完全抛弃本质主义的思维和言说框架。

正如沃尔特·莱布莱希特（Walter Leibrecht）和威廉·阿内特（William Arnett）对蒂利希思想的精辟总结："就其对存在的意义的探索而言，他是一个存在论者，就其对人关于自身实存的意义的焦虑的分析而言，他是一个实存主义者，就其将人的精神性问题视作是对灵魂从疏离回归真正本质的呼唤而言，他是一个观念论者，就其用创造性的精神重新诠释传统宗教象征，希望焕发这些真理之于困惑之人的意义时，他是一个浪漫主义者。"[14]

12　Tillich P. Existentialism, Psychotherapy, and the Nature of Man [J]. *Pastoral Psychology*, 1960, 11 (5): 10.

13　Tillich P. *Systematic Theology (Vol.2)* [M]. Chicago: University of Chicago Press, 1957: 25-26.

14　该总结直接引自 Arnett 的论文，而 Arnett 的总结则来源于 Walter 撰写的致敬蒂利

也就是说，在蒂利希的文化神学中，就其存在的分析以及神学的回答而言，他更侧重于本质主义，就其实存的分析以及人类实存揭示的问题而言，他更侧重于实存主义。蒂利希的文化神学追求的正是本质主义和实存主义的结合，就像蒂利希自己所言："神学必须看到以下两方面，即在天堂故事中奇妙而象征性地表达出的人的本质，以及在罪、内疚和死亡中表现出的人的实存状况。"[15]

第三节　自由主义抑或新正统主义

神学上的自由主义随着启蒙运动理性精神的扩张和现代知识的增长应运而生，它是基督教信仰适应现代知识的尝试，而其显著的特色就在于"对现代思想最大程度的认同。"[16]由于希望在理性和科学时代重建基督教信仰，因而自由神学家们拒绝将信仰建基于可能与理性和科学发生冲突的传统和权威之上，其中主要包括圣经的权威以及由之而来的教义传统和教会权威。他们更多地将信仰建立在信仰共同体的体验之上，在此意义上，认为信仰是人们在直观中产生的对无限的绝对依赖感的神学家施莱尔马赫确实可以视作是自由主义神学的开创者。基于这样一种立场，普遍的人类体验成为了基督教的唯一权威，而耶稣基督则最为典范性地展示了对上帝的体验。在此之中，耶稣的人性得到了极大的重视，因而在自由神学家之间也兴起了各种对历史之中的耶稣的考察，而耶稣的神性则被主要视作代表了"人类整体可以效法的品质"[17]。而自由主义神学的集大成者利奇尔强调信仰的体验并不是一种神秘的体验，而是一种作为自由的精神存在物的体验。我们在耶稣基督的言行中所应该体验到的是他作为"上帝在道德上对人类的统治权的承担者……（以及作为）上帝之爱的原初的对象……上帝对他的王国的成员之爱，也只有通过他来传

希的文章。具体参见：William M. Existentialism in the Thought of Bultmann and Tillich [J]. *The Asbury Seminarian*, 1996, 20 (2): 29；Leibrecht W. "The Life and Mind of Paul Tillich," in *Religion and Culture: Essays in Honor of Paul Tillich*, ed. by Walter Leibrecht. New York: Harper, 1959: 5-7.

15 Tillich P. *A History of Christian Thought: From Its Judaic and Hellenistic Origins to Existentialism* [M]. Edited by Braaten C E. New York: Simon and Schuster, 1967: 541.

16 Claude W. *Protestant thought in the nineteenth century (vol. 1)* [M]. New Haven and London: Yale University Press, 1972: 142.

17 Mcgrath A E. *Historical Theology: An Introduction to the History of Christian Thought* [M]. Wiley, 2012: 196.

递。"[18]我们应该效法基督的是其基于爱的立场对上帝的顺服，而基督徒在这种精神和道德效法之下通过共同体成员的互爱互助而联结构建作为道德的理想的"上帝的国"。在这种观念的影响下，整个 19 世纪末到 20 世纪初的自由主义神学逐渐形成了关切文化、社会、伦理等等价值领域的特征，它认为基督教首先提供了一种价值判断，而不是存在论判断，"基督教是一种能够克服自然界的力量，并使我们成为有纪律、有道德的人格"[19]的宗教。

由于蒂利希文化神学表现出对现代科学的接纳，对超自然神学的拒斥，对基督教信息的象征性理解，对世俗文化的开放以及对人类现实处境的关切等等特征，所以蒂利希也经常被认为是一个自由主义神学家。比如，曼宁认为蒂利希"可能是当今最为人所知的一位调解的自由主义神学家"[20]，葛伦斯、奥尔森指出，蒂利希"可能是选择以存在主义与神学对话的新自由主义者中，理念最清楚透彻的一个。"[21]

但要注意的是，蒂利希也对与自由主义神学相对的新正统主义持有极大的同情。新正统主义或者说辩证神学、危机神学是经由 20 世纪初世界大战造成的政治、文化动荡而掀起的对自由主义神学的一种神学反抗，其以卡尔·巴特及其追随者为重要的代表。他们强调上帝是全然的他者，并不能通过有限的创造物及其体验来把握上帝，神学的任务就是要始终强调人与神之间的距离，而不是人与神之间的关联。正如巴特所言："假设在艺术、道德、科学抑或宗教中有一条笔直的道路通往上帝，这是情感化和自由化的自欺欺人。"[22]圣经并不提供道德实践上的指导，我们在其中所见证的只是超越性的、不可理解的上帝，"我们在圣经中找到了一个新世界，找到上帝，找到了上帝的主权和荣耀，以及上帝的难以理解的爱。（它）不是关于人的历史，而是神的历史！不

18 转引自[美]詹姆斯·利文斯顿等，《现代基督教思想》（上）[M]，何光沪等译，南京：译林出版社，2014 年，第 568 页。

19 蒂利希，《基督教思想史：从其犹太和希腊发端到存在主义》[M]，尹大贻译，北京：东方出版社，2008 年，第 449 页。

20 Manning, Russell Re. " 'Do not be conformed.' Paul Tillich's revolutionary theology of culture". in *Reformation und Revolution in der Wahrnehmung Paul Tillichs* [M]. Edited by Raymond Asmar, Christian Danz, Martin Leiner and Matthew Lon Weaver. Berlin, Boston: De Gruyter, 2019: 217.

21 [美]葛伦斯、奥尔森，《二十世纪神学评介》[M]，刘良淑、任孝琦译，上海：上海三联书店，2014 年，第 146 页。

22 Barth K. *The Epistle to the Romans (sixth edition)* [M]. Trans. by Hoskyns, E C. Oxford: Oxford University Press, 1933: 337.

是人的美德，而是神的美德……不是人的立场，而是神的立场。"[23]面对这种无限超越于人类的新世界和新秩序，我们首先要做的并不是揣测如何在人类现实中实现它，人类的罪已经使之成为一种不可能，而是接受和承认"一种否定所有人类思想的危机"[24]。蒂利希所同情的就是这样一种巴特式的新正统主义观点。在蒂利希1923年发表的针对巴特思想的批判性文章《批判与积极的悖论》（*Kritisches und Positives Paradox*）中，蒂利希肯定了以巴特为代表的新正统主义或者说辩证神学中否定性的一面，认为"一种直接的、非悖论性的、没有经过不断的彻底的'否'的关系，就不是与无限的关系，而是与一个自称是无限的有限者，也就是与一个偶像的关系。"[25]因而，巴特等新正统主义者对上帝完全的他者性以及神人之间的无限距离的强调可以避免将无限与有限相混淆，从而避免陷入一种偶像崇拜的危机。

但是，蒂利希认为其神学既不是自由主义，也不是新正统主义，而是"希望克服此两种神学类型之间的冲突的一种神学尝试"。[26]在他看来，自由主义神学的问题在于这种神学忽视了神学中所应该具有的"否"的一面，这种否定应该来自于对上帝之超越性和人类生命之模糊性的意识。而巴特式的新正统主义由于过分强调"否"的一面，因而可能陷入一种超自然主义，忽略了神学中所应该具有的"是"的一面。这种忽视来自于过分关注于作为审判者的上帝，而降低了对作为爱和恩典者的上帝关注。

神学应该强调的是在神圣的审判和恩典之间存在着一种积极性的悖论，其之所以是悖论性的就在于强调要意识到人类的有限性，意识到人类是被恩典和拯救的，是"不可被接纳的被接纳者"；其之所以是积极性的就在于强调有限之人类并非本质上就是堕落的，在人类文化之中可能存在着上帝启示的要素。一种消极的否定只会导致无限的倒退，以致这种消极的神学自身也会得到否定而不能自立。因而，蒂利希的文化神学首先承认了人与神的疏离，以及由之导致的实存生命的模糊性，导致的人类自律与他律之间的无法克服的

23 Barth K. *The Word of God and the Word of Man* [M]. Translated by Horton D. New York: Harper & Row, Publishers, 1957: 45.
24 Barth K. *The Word of God and the Word of Man* [M]. Translated by Horton D. New York: Harper & Row, Publishers, 1957: 80.
25 Tillich P. "Kritisches Und Positives Paradox," in *Main Works: Writings in the Philosophy of Religion* [M]. Edited by Clayton J P. Berlin: De Gruyter, 1987: 92.
26 Tillich P. *The Protestant Era* [M]. Translated by Adams J L. Chicago: University of Chicago Press, 1948: xxvi-xxvii.

矛盾以及从两者中都不可能获得一种普遍意义的绝望。但是，人又不是与上帝毫无关联的。人类所创造的文化固然不能等同于启示，不能成为反映神圣的直接知识，"文化只是一种人类的可能性，而启示则是神圣的可能性因而是人类之不可能性……但是，启示确实是对人的启示，如果它不能通过作为人类现象的文化形式而被人接受，那它将是文化之中的一种具有破坏性的异在实质，是人类领域内具有破坏性的'非人的'实在，并没有能力塑造和指导人类历史。"[27]就像研究者陈家富所指出的，"就田立克（蒂利希）而言，人的语言、历史和文化并非一种真空的状态等待上帝的启示从外部突入，上帝的启示……反而是内蕴于历史文化中以致从内部突破而出。"[28]尤其是当人类意识到自己的文化朝向一种错误的方向发展抑或并不具有真正的意义时，一种神圣的、无限的、终极的要素则作为一种潜在的参考和追求显现于其中，"错误的知识并非是彻底的无知，特别是当它开始怀疑自己的准确性并去追问真正的知识之时。"[29]人对存在问题的追问，对自己实存困境的解答的寻求，恰恰表明其与神圣的关联。而神学虽然不是人学（anthropology），"但是神学是人学问题的解决，是人类有限性问题的解答。"[30]

所以，蒂利希文化神学就是要承担起这样双重的任务，既不是要像新正统主义神学一样，过分强调信仰对象的超越性，以致宗教极易滑入一种超自然的、他律的立场，也不像自由主义神学一样，过分强调信仰对象的世俗特征甚至按照世俗文化标准划定信仰内容，以致文化极易陷入一种自我立法的、自律的傲慢。蒂利希的选择是在分析文化形式中所蕴含的宗教实质以及其由于自身的有限性所面临的困境的基础上，并不寄希望于从文化，从问题之中寻求答案，而是基于自身的宗教传统，对之给予创造性的阐释和解答，寻求宗教与文化相和谐而不是对立的神律理念，并且始终以所谓的"新教原则"对落入具体和现实之中的神律保持批判，因为在实存的历史中，这种理念将会再次被扭曲和破坏。通过这种不断的"是"与"否"的进程，真正建构起一种辩证的神学。

27 Tillich P. What Is Wrong with the "Dialectic" Theology? [J]. *The Journal of Religion*, 1935, 15 (2): 140.
28 陈家富，《田立克：边缘上的神学》[M]，香港：基道出版社，2008 年，第 33 页。
29 Tillich P. What Is Wrong with the "Dialectic" Theology? [J]. *The Journal of Religion*, 1935, 15 (2): 138.
30 Tillich P. What Is Wrong with the "Dialectic" Theology? [J]. *The Journal of Religion*, 1935, 15 (2): 141.

第四节　排他主义抑或多元主义

随着文化交流的便捷性和开放度的提高，现代诸宗教已然步入一种宗教对话和宗教比较的时代。但宗教间的对话或比较并不是要各说各话，一旦为之加上一个目的，那其就必然要落入排他主义、兼容主义或多元主义的窠臼之中。排他主义一般认为只有一种宗教是真正的真理，其他宗教存在诸多不足，甚至完全是一种谬误，因而应该受到拒斥。兼容主义同样坚持某一宗教的独一真理，但同时强调这一真理的普遍性，因而可以在不同形式的宗教中得到不同程度的显现。兼容主义实质上是一种更为隐蔽的排他主义，因为它从根本上消解了其他宗教的独立性。多元主义则主张不同宗教只是对终极实在，对神圣的不同经验方式，因而是平等的，并不存在绝对的真假、优劣之分。正如，多元主义的支持者约翰·希克（John Hick）所比喻的那样，如同太阳光经由折射形成彩虹一样，"神圣之光"也经由不同经验的折射形成一道"信仰的彩虹"。

蒂利希的文化神学表面上具有排他主义、兼容主义的倾向。其文化神学一开始就指出其最后的神学步骤在内容上必然是基于具体的宗教立场的，其基于文化神学的理念所构建的系统神学就明确地表现了这一点。而且作为神学建构的形式标准"新教原则"同样是一种带有基督教色彩的标准。甚至从蒂利希的某些表达中，我们似乎也可以寻找到这种倾向的蛛丝马迹。

> 护教神学必须要表明，所有其他宗教和文化中内蕴的趋势都是朝向基督教的回答的……基督教神学是独一（*the* theology）的神学，因为它建基于绝对具体和绝对普遍的张力之上。祭司式的或者先知式的神学尽管可以非常具体，但它们缺乏普遍性。神秘主义的和形而上学的神学尽管可以非常普遍，但它们缺乏具体性……基督教神学具有一个超越宗教历史上所有所谓"神学"基础的基础。[31]

但是，在蒂利希文化神学宗教作为实质，文化作为形式的基本预设下，必须看到蒂利希所持有的是一种"辩证的多元主义"，或者用蒂利希自己的术语讲是一种"有条件的排他主义"（conditional exclusivism）[32]。

如果认为蒂利希文化神学是多元主义的，那这种多元的肯定也是建立在

31　Tillich P. *Systematic Theology (Vol.1)* [M]. Chicago: University of Chicago Press, 1951: 15, 16, 18.

32　Tillich P. *Christianity and the Encounter of the World Religions* [M]. New York: Columbia University Press, 1963: 32.

一种对自己委身的具体宗教的批判和否定之上的。宗教的历史展示了宗教表达的各种动机和类型，"说明了它们是如何从宗教关切的本质出发，而又必然出现在包括基督教在内的所有（具体）宗教中的。"[33]也就是说，诸具体宗教只是终极关切的文化形式，表达了一种实存性的内容。在这种意义上，它们并不具有高低之分，因为无论是何种具体宗教，都因为其实存的缘故而无法把握真正的神圣、无限或终极。在这种状况下，所有宗教之平等实际上并不是因为它们都以某种方式表达了神圣、无限或终极，而是因为它们在这上面都是平等的失败者。

如果说蒂利希文化神学是排他主义的，那这样一种排他的条件实际上也是建立在一种自我否定，而不是自我肯定的基础上的。如果说某一宗教比另一宗教更接近真正的神圣，那就意味着它更加拒斥承认自己作为一种真正的宗教。如果说某一宗教象征比另一宗教象征更充分，那也就意味着它更加放弃自己而甘作一个透明地指向神圣的象征。实质上，在很多宗教之中，都存在着这种自我批判的要素，比如印度教中既非此又非彼的"梵"，道教中"道可道非常道"的"道"，佛教中万物自性中的"空"，这些象征都与基督教"十字架上的基督"的象征一样展示了蒂利希所谓的"新教原则"，尽管它们都不属于"新教"。

因而，蒂利希以基督教立场构建文化神学，一方面是因为他作为一个神学家不可能超脱其神学圈子，这是对人之有限性的承认。另一方面，这种对于基督新教的强调并非是一种内容上的强调，而更多是一种形式上的强调。新教当中所蕴含的"抗议"形式可以被其他宗教视作一种参考和警醒，因为它明确传达了对人与神存在无限距离的事实的意识。

在这种意义上，蒂利希基于基督教立场构建的文化神学从来都不是排他的，它首先应该是"排己"的。在时空中的每一个点上，人类普遍存在的问题总是在不同的文化形式中得到展现，各个时空之中的宗教当然可以对其所处文化中以特定形式呈现的终极问题及其寻求，给予肯定并进行尝试性的回应。一种基于其他宗教立场的文化神学当然是允许的，但神学上的自我感动和自我满足是不允许的。

---

33 Tillich P. *Systematic Theology (Vol.1)* [M]. Chicago: University of Chicago Press, 1951: 39.

结　语

　　宗教与文化在现实中从来都不是断然分开的，就像蒂利希经常举出的例子和做出的追问：教堂弥撒、钟声、哥特式大厅、焚香、鲁本斯的画等等，究竟是宗教还是文化？唤醒灵魂能量的乐曲，废除特权、追求平等、人权与新世界的理念，梵高画里的自然直观等等，究竟是文化还是宗教？在现实当中，我们很难对之给出确切的回答。

　　然而，宗教与文化却常常被抽象地断然分隔，这种分隔来源于有限人类的心理需求，因为人类必须通过事物之间的割裂与对比才能达成对所谓某种东西的体验。因此，只要人们处于反思领域而非直观领域，那么宗教与文化之间的矛盾就不可克服，这是"文化生活中最深刻和最悲剧的矛盾。"[1]在蒂利希看来，值得庆幸的是，这种矛盾在其生活的时代愈来愈被意识到，并从对于这种矛盾的意识中逐渐生发出对真正具有根基性和终极性的意义的思考。而蒂利希的文化神学可以说是对于这种矛盾的接受和直面，他通过对宗教和文化的重新阐释，提出所谓的"文化神学"，强调一种"神律文化"，引入一种"直观"的视角去尝试解决有限人类"反思"领域中的对立与冲突。

　　本书是关于蒂利希对宗教与文化之间矛盾的"解决之道"的整体考察。基于以上从背景、梳理、重构、阐释和评价五个方面对蒂利希文化神学的综合分析，我们的基本立场和结论是：蒂利希的文化神学不仅仅是针对时代危机的应激之作，而且是在其丰富的人生经历浸润下与 19 世纪神学整体态势影响下

1　Tillich P. *Visionary Science: A Translation of Tillich's "on the Idea of a Theology of Culture," with an Interpretive Essay* [M]. Translated by Nuovo V. Wayne State University Press, 1987: 35.

的自然生发；其早期和晚期文化神学虽然侧重不同，但在总体任务和目标上具有一致性；这种一致性就体现在其早晚期文化神学都期望在分析自律文化和他律文化及两者之冲突和危机的基础上寻求一种神律文化；而蒂利希的系统神学则是其基于自身基督新教立场对这种神律文化的一种具体阐释和建构；在此过程中，蒂利希文化神学在整体上呈现出的对宗教与文化的"边界"和"关联"的强调，使得许多片面性的标签并不适合于蒂利希及其文化神学。

正如蒂利希对"边界"处境的体验一样，"事实上，它（边界）不是静止不动的，而是一种跨越和返回，一种返回和跨越的重复，一种往返——其目的是创造一个超越界限的第三区域，一个人们可以站立一段时间而不被紧紧包裹的区域。"[2]蒂利希所强调的文化神学也是一种从现代文化向宗教传统的返回，是宗教传统向现代文化的跨越，这种返回和跨越永不停歇，其目的是要在宗教和文化之间找到一个关联的地方，以支撑两者在一个更为广阔的领域继续进行这种返回和跨越的往返运动。因为人是一种虽然只能有限地创造意义，但却可以无限地追求意义的生物，在自律和他律之间，他可以寻求神律作为一种更为恰当的范导。

---

2 Tillich P. *The Future of Religions* [M]. Edited by Brauer J C. New York: Harper & Row, 1966: 53.

参考文献

一、蒂利希著作

1. Tillich P. *The Interpretation of History* [M]. Translated by Rasetzki N A, et al. New York: C. Scribner's sons, 1936.

2. Tillich P. *The Protestant Era* [M]. Translated by Adams J L. Chicago: University of Chicago Press, 1948.

3. Tillich P. *Christianity and the Problem of Existence* [M]. Washington: Henderson Services, 1951.

4. Tillich P. *Systematic Theology (Vol.1-3)* [M]. Chicago: University of Chicago Press, 1951, 1957, 1966.

5. Tillich P. *The Courage to Be* [M]. New Haven: Yale University Press, 1952.

6. Tillich P. *The Shaking of the Foundations* [M]. New York: Charles Scribner's Sons, 1953.

7. Tillich P. *Love, Power, and Justice* [M]. New York: Oxford University Press, 1954.

8. Tillich P. *Biblical Religion and the Search for Ultimate Reality* [M]. Chicago: University of Chicago Press, 1955.

9. Tillich P. *The New Being* [M]. New York: Charles Scribner's Sons, 1955.

10. Tillich P. *The Religious Situation* [M]. New York: Meridian Books, 1956.

11. Tillich P. *Dynamics of Faith* [M]. New York: Harper, 1958.

12. Tillich P. *Theology of Culture* [M]. Edited by Kimball R C. New York: Oxford

University Press, 1959.

13. Tillich P. *Christianity and the Encounter of the World Religions* [M]. New York: Columbia University Press, 1963.

14. Tillich P. *The Eternal Now* [M]. New York: Charles Scribner's Sons, 1963.

15. Tillich P. *Morality and Beyond* [M]. New York: Harper & Row, 1963.

16. Tillich P. *Ultimate Concern: Tillich in Dialogue* [M]. Edited by Brown D M. New York: Harper & Row, 1965.

17. Tillich P. *The World Situation* [M]. Edited by Sherman F. Philadelphia: Fortress Press, 1965.

18. Tillich P. *The Future of Religions* [M]. Edited by Brauer J C. New York: Harper & Row, 1966.

19. Tillich P. *On the Boundary: An Autobiographical Sketch* [M]. New York: Charles Scribner's Sons, 1966.

20. Tillich P. *A History of Christian Thought: From Its Judaic and Hellenistic Origins to Existentialism* [M]. Edited by Braaten C E. New York: Simon and Schuster, 1967.

21. Tillich P. *My Search for Absolutes* [M]. New York: Simon and Schuster, 1967.

22. Tillich P. *The Intellectual Legacy of Paul Tillich* [M]. Edited by Lyons J R. Detroit: Wayne State University Press, 1969.

23. Tillich P. *Political Expectation* [M]. New York: Harper & Row, 1971.

24. Tillich P, Tinsley E J. *Paul Tillich 1886-1965* [M]. London: Epworth Press, 1973.

25. Tillich P. *The Construction of the History of Religion in Schelling's Positive Philosophy: Its Presuppositions and Principles* [M]. Lewisburg: Bucknell University Press, 1974.

26. Tillich P. *The Socialist Decision* [M]. New York: Harper & Row, 1977.

27. Tillich P. *The System of the Sciences According to Objects and Methods* [M]. Lewisburg: Bucknell University Press, 1981.

28. Tillich P, Lefevre P D. *The Meaning of Health: Essays in Existentialism, Psychoanalysis, and Religion* [M]. Chicago: Exploration Press, 1984.

29. Tillich P. *Paul Tillich: Theologian of the Boundaries* [M]. Edited by Taylor M

L. London / San Francisco: Collins, 1987.

30. Tillich P. *On Art and Architecture* [M]. Edited by Dillenberger J, et al. New York: Crossroad, 1987.

31. Tillich P. *Visionary Science: A Translation of Tillich's "on the Idea of a Theology of Culture," with an Interpretive Essay* [M]. Translated by Nuovo V. Wayne State University Press, 1987.

32. Tillich P. *Main Works: Writings in the Philosophy of Religion* [M]. Edited by Clayton J P. Berlin: De Gruyter, 1987.

33. Tillich P. *Main Works: Writings on Religion* [M]. Edited by Scharlemann R P. Berlin: De Gruyter 1988.

34. Tillich P, Thomas J M. *The Spiritual Situation in Our Technical Society* [M]. Macon, Ga.: Mercer, 1988.

35. Tillich P. *Main Works: Philosophical Writings* [M]. Edited by Wenz G. Berlin: De Gruyter, 1989.

36. Tillich P. *Main Works: Writings in the Philosophy of Culture* [M]. Edited by Palmer M. Berlin: De Gruyter, 1990.

37. Tillich P, Stone R H. *Theology of Peace* [M]. Louisville, Ky.: Westminster / John Knox Press, 1990.

38. Tillich P, Thomas T. *The Encounter of Religions and Quasi-Religions* [M]. Lewiston: E. Mellen Press, 1990.

39. Tillich P. *Main Works: Theological Writings* [M]. Edited by Hummel G. Berlin: De Gruyter, 1992.

40. Tillich P. *The Irrelevance and Relevance of the Christian Message* [M]. Edited by Foster D. Cleveland, Ohio: Pilgrim Press, 1996.

41. Tillich P. *Against the Third Reich: Paul Tillich's Wartime Addresses to Nazi Germany* [M].

42. Translated by Weaver M L. Edited by Stone R H, et al. Louisville, Ky.: Westminster John Knox Press, 1998.

43. Tillich P. *Main Works: Writings in the Social Philosophy and Ethics* [M]. Edited by Sturm E. Berlin: De Gruyter, 1998.

44. Tillich P, Church F F. *The Essential Tillich: An Anthology of the Writings of*

Paul Tillich [M]. Edited by Church F F. Chicago: University of Chicago Press, 1999.

45. Tillich P. *Paul Tillich - Journey to Japan in 1960* [M]. Edited by Danz C, et al. Boston: De Gruyter, 2013.

46. Tillich P. *Advanced Problems in Systematic Theology: Courses at Union Theological Seminary, New York, 1936-1938* [M]. Edited by Sturm E. Berlin: De Gruyter, 2016.

47. Tillich P. *Gesammelte Werke (14 vols.)*[M]. Edited by Renate Albrecht. Berlin: De Gruyter, 1959-1990.

48. Tillich P. *Ergänzungs- und Nachlaßbände zu den Gesammelten Werken von Paul Tillich (21 vols.)* [M], Berlin: De Gruyter, 1968-2022.

49. 田立克，《系统神学》（第一、二、三卷）[M]，戴书森、尤隆文、郑华志、卢恩盛译，台南：东南亚神学院协会，1971、1971、1988 年。

50. 蒂利希，《存在的勇气》[M]，成显聪、王作虹译，贵阳：贵州人民出版社，1988 年。

51. 蒂利希，《文化神学》[M]，陈新权、王平译，北京：工人出版社，1988 年。

52. 蒂里希，《政治期望》[M]，徐钧尧译，成都：四川人民出版社，1989 年。

53. 蒂里希、何光沪编，《蒂里希选集》（上下）[M]，上海：上海三联书店，1999 年。

54. 蒂利希，《基督教思想史：从其犹太和希腊发端到存在主义》[M]，尹大贻译，北京：东方出版社，2008 年。

55. 蒂利希，《蒂利希论谢林选集》[M]，杨俊杰译，香港：道风书社，2011 年。

56. 蒂利希，《存在的勇气》[M]，钱雪松译，北京：中国轻工业出版社，2018 年。

57. 蒂利希，《信仰的动力》[M]，钱雪松译，北京：中国轻工业出版社，2019 年。

58. 蒂利希，《存在的勇气》[M]，成穷、王作虹译，北京：商务印书馆，2019 年。

59. 蒂利希，《信仰的动力学》[M]，成穷译，北京：商务印书馆，2019 年。

二、蒂利希研究著作

1. Mclean G F. *Man's Knowledge of God According to Paul Tillich: a Thomistic Critique* [M]. Columbia: Catholic University of America Press, 1958.

2. Kegley C W. *The Theology of Paul Tillich* [M]. Edited by Bretall R W, et al. New York: Macmillan, 1961.

3. Armbruster C J. *The Vision of Paul Tillich* [M]. New York: Sheed and Ward, 1967.

4. Carey J J. *Kairos and Logos: Studies in the Roots and Implications of Tillich's Theology* [M]. Cambridge: North American Paul Tillich Society, 1978.

5. Clayton J P. *The Concept of Correlation: Paul Tillich and the Possibility of a Mediating Theology* [M]. Berlin/Boston: De Gruyter, 1980.

6. Pauck W, Adams J L, Shinn R L, et al. *The Thought of Paul Tillich* [M]. San Francisco: Harper & Row, 1985.

7. Stone R H. *Paul Tillich's Radical Social Thought* [M]. Lanham, MD: University Press of America, 1986.

8. Hummel G. *God and Being: The Problem of Ontology in the Philosophical Theology of Paul Tillich* [M]. Berlin / Boston: De Gruyter, 1990.

9. Frei H W. *Types of Christian Theology* [M]. Edited by Hunsinger G, et al. New Haven: Yale University Press, 1992.

10. Hummel G. *Natural Theology Versus Theology of Nature?: Tillich's Thinking as Impetus for a Discourse among Theology, Philosophy, and Natural Sciences: The 4th International Paul Tillich Symposium, Held in Frankfurt/Main, 1992* [M]. Berlin/New York: De Gruyter, 1994.

11. Scharf U C. *The Paradoxical Breakthrough of Revelation: Interpreting the Divine-Human Interplay in Paul Tillich's Work 1913-1964* [M]. Berlin/Boston: De Gruyter, 1999.

12. Tillich P. *The Essential Tillich: An Anthology of the Writings of Paul Tillich* [M]. Edited by Church F F. Chicago: University of Chicago Press, 1999.

13. Carey, J. *Paulus, Then and Now: A Study of Paul Tillich's Theological World and the Continuing Relevance of His Work* [M]. Mercer University Press, 2002.

14. Vahanian G. Paul Tillich and the New Religious Paradigm [M]. Aurora: The

Davies Group, 2004.

15. Dourley J P. *Paul Tillich, Carl Jung and the Recovery of Religion* [M]. London: Routledge Taylor & Francis Group, 2008.

16. Finstuen A S. *Original Sin and Everyday Protestants: The Theology of Reinhold Niebuhr, Billy Graham, and Paul Tillich in an Age of Anxiety* [M]. Chapel Hill: The University of North Carolina Press, 2009.

17. Manning R R. *The Cambridge Companion to Paul Tillich* [M]. London: Cambridge University Press, 2009.

18. Graf F W, Fukai T, Dumas M. *Paul Tillich in Japan* [M]. Berlin / Boston: De Gruyter, 2013.

19. Osborne K B. *New Being: A Study on the Relationship between Conditioned and Unconditioned Being According to Paul Tillich* [M]. Dordrecht: Springer Netherlands, 2013.

20. Pattison G. *Paul Tillich's Philosophical Theology: A Fifty-Year Reappraisal* [M]. London: Palgrave Macmillan UK Palgrave Pivot, 2014.

21. Losee J. *Theology on Trial: Kierkegaard and Tillich on the Status of Theology* [M]. Piscataway: Routledge Taylor & Francis Group, 2015.

22. Mathot B. *The Apologetic in the Thought of Paul Tillich* [M]. Berlin / Boston: De Gruyter, 2015.

23. Nimi W, Amos Y. *Paul Tillich and Pentecostal Theology: Spiritual Presence and Spiritual Power* [M]. Bloomington: Indiana University Press, 2015.

24. Re Manning R. *Retrieving the Radical Tillich: His Legacy and Contemporary Importance* [M]. New York: Palgrave Macmillan, 2015.

25. Gudmarsdottir S. *Tillich and the Abyss: Foundations, Feminism, and Theology of Praxis* [M]. Cham: Springer International Publishing, 2016.

26. Meditz R E. *The Dialectic of the Holy: Paul Tillich's Idea of Judaism within the History of Religion* [M]. Berlin/Boston: De Gruyter, 2016.

27. Meszaros J T. *Selfless Love and Human Flourishing in Paul Tillich and Iris Murdoch* [M]. Oxford: Oxford University Press, 2016.

28. Chan K F. *Paul Tillich and Asian Religions* [M]. Berlin / Boston: De Gruyter, 2017.

29. Macleod A M. *Paul Tillich (1973): An Essay on the Role of Ontology in His Philosophical Theology* [M]. Routledge, 2017.

30. Re Manning R, Shearn S A. *Returning to Tillich: Theology and Legacy in Transition* [M]. Berlin / Boston: De Gruyter, 2017.

31. Smith A-A. *Animals in Tillich's Philosophical Theology* [M]. Cham: Springer International Publishing, 2017.

32. Pattison G, Kirkpatrick K. "Tillich: From Being to Love," In *The Mystical Sources of Existentialist Thought* [M]. London: Routledge, 2019: 192-211.

33. Daniel J P. *Tillich: A Brief Overview of the Life and Writings of Paul Tillich* [M]. Minneapolis: Lutheran University Press, 2020.

34. 游冠辉，《欲爱与圣爱——基督教思想史上两种爱的关系类型研究》[D]，北京：北京大学，2001 年。

35. 车桂，《"真光已经照耀"——保罗．蒂利希《系统神学》评论》[D]，武汉：武汉大学，2001 年。

36. 陈家富，《蒂利希思想中人与自然的关系：一个生态神学的研究》[D]，香港：香港中文大学，2002 年。

37. 陈树林，《人类困境与终极关怀》[D]，哈尔滨：黑龙江大学，2004 年。

38. 赖品超，《开放与委身：田立克的神学与宗教对话》[M]，香港：基督教中国宗教文化研究社，2000 年。

39. 王珉，《终极关怀：蒂里希思想引论》[M]，北京：新华出版社，2000 年。

40. 王珉，《爱的存在与勇气：保罗．蒂里希》[M]，保定：河北大学出版社，2005 年。

41. 陈家富编，《蒂利希与汉语神学》[M]，香港：道风书社，2006 年。

42. 潘能伯格，《近代德国新教神学问题史：从施莱尔马赫到巴特和蒂利希》[M]，李秋零译，香港：道风书社，2010 年。

43. 叔斯勒，《蒂利希：生命的诠释者》[M]，开封：河南大学出版社，2011 年。

三、蒂利希文化神学研究作品

1. Dillenberger J. Paul Tillich: Theologian of Culture [J]. *Religion in Life*, 1966, 35 (5): 686-696.

2. Cobb K. Reconsidering the Status of Popular Culture in Tillich's Theology of

Culture [J]. *Journal of the American Academy of Religion*, 1995, 63 (1): 53-84.

3. Gross D. The Religious Critique of Culture: Paul Tillich and Hans Urs Von Balthasar [J]. *Philosophy Today*, 2010, 54 (4): 392-400.

4. Re Manning R. The Religious Meaning of Culture: Paul Tillich and Beyond [J]. *International journal of systematic theology*, 2013, 15 (4): 437-452.

5. Moe D T. Nat-Worship and Paul Tillich: Contextualizing a Correlational Theology of Religion and Culture in Myanmar [J]. *Toronto journal of theology*, 2015, 31 (1): 123-136.

6. Sablon Leiva E. Towards Paul Tillich's Theology of Culture: A Problem of Demarcation of "Sacred" and "Secular" [J]. *Theological Reflections: Euro-Asian Journal of Theology*, 2017 (18): 97-110.

7. Green W B. The Concept of Culture in the Theology of Paul Tillich, with Incidental Reference to the Positions of Reinhold Niebuhr and Karl Barth [D]. Edinburgh: University of Edinburgh, 1955.

8. Dyal R A. The Function of Spiritual Presence in Paul Tillich's Theology of Culture [D]. Boston: Boston University Graduate School, 1968.

9. Jensen C E. Theology and Culture [D]. Claremont: Claremont School of Theology, 1974.

10. Thomas J M. Toward a Theonomous Technology: An Inquiry into the Social Ethics of Technology in Parsons, Marcuse, and Heidegger Based on Paul Tillich's Theology of Culture [D]. 1983.

11. Cobb K A. Theology of Culture: Reflections on the Ethics of Tillich, Troeltsch, and Ricoeur [D]. Lowa: The University of Iowa, 1994.

12. Wennemyr S E. Envisioning Theology of Culture after Modernity: A Critical Comparison of Paul Tillich and Mark C. Taylor [D]. Chicago: The University of Chicago, 1995.

13. Abshire W E. A Typological Consideration of Theology and Culture in Early Dialectical or Krisis Theology [D]. Charlottesville: University of Virginia, 1996.

14. Lynch A C. In the Eye of the Beholder: The Theology of Culture of Paul Tillich

as Related to the Visual Arts [D]. Ontario: St. Stephen's College (Canada), 1998.

15. Yoon D C. The Protestant Principle: A Study on Paul Tillich [D]. Madison: Drew University, 1998.

16. Manning R R. Theology at the End of Culture: Paul Tillich's Theology of Culture and Art [D]. Cambridge: University of Cambridge (United Kingdom), 2004.

17. Hwang M. The Church as a Paradoxical "Spiritual Community": A Study of Paul Tillich's Theology of the Church in Terms of His Theology of Culture [D]. New York: Union Theological Seminary & Presbyterian School of Christian Education, 2007.

18. Brant J. On the Possibility of Revelation through Film: Paul Tillich's Theology of Revelation through Culture in Light of Original Research into the Experiences of a Group of Filmgoers [D]. Trinity College, Oxford: Oxford University, 2009.

19. Adams J L. *Paul Tillich's Philosophy of Culture, Science, and Religion* [M]. New York: Harper & Row, 1965.

20. Leibrecht W. *Religion and Culture: Essays in Honor of Paul Tillich* [M]. Edited by Tillich P. Freeport, N.Y.: Books for Libraries Press, 1972.

21. Bulman R F. *A Blueprint for Humanity: Paul Tillich's Theology of Culture* [M]. Edited by Adams J L. Lewisburg: Bucknell University Press, 1981.

22. Carey J J. *Theonomy and Autonomy: Studies in Paul Tillich's Engagement with Modern Culture* [M]. Macon, GA: Mercer, 1984.

23. Ihuoma S I. *Paul Tillich's Theology of Culture in Dialogue with African Theology: A Contextual Analysis* [M]. Münster: Piscataway, NJ Lit; Distributed in North America by Transaction Publishers, 2004.

24. Reimer A J. *Paul Tillich: Theologian of Nature, Culture and Politics* [M]. Münster: Lit, 2004. Oxford: Blackwell Publishing Ltd, 2005: 72-100.

25. Cobb K. "Theology and Culture," In *The Blackwell Guide to Theology and Popular Culture* [M].

26. Long D S. *Theology and Culture: A Guide to the Discussion* [M]. Eugene:

Cascade Books, 2008.

27. Danz C, Schüßler W. *Paul Tillichs Theologie Der Kultur: Aspekte, Probleme, Perspektiven* [M]. Berlin, Boston: De Gruyter, 2011.

28. Brant J. *Paul Tillich and the Possibility of Revelation through Film* [M]. Oxford: Oxford University Press, 2012.

29. Morales J L B: "Science and Religion from Paul Tillich's Theology of Culture and Philosophy of Religion," In *Latin American Perspectives on Science and Religion* [M]. London: Routledge, 2014: 19-30.

30. Vahanian G. "Tillich's Theology of Culture in the Encounter between East and West: Ontology and Utopia" In *God and Being* [M]. Berlin, Boston: De Gruyter, 2015: 156-164.

31. Palmer M. *Paul Tillich's Philosophy of Art* [M]. Berlin / Boston: De Gruyter, 2017.

32. 张志刚，〈蒂利希"文化神学"批判〉[J]，《北京大学学报》（哲学社会科学版），1991 年第 1 期，第 64-71 页。

33. 邹广文、刘宗坤，〈当代西方文化哲学中的宗教问题〉[J]，《山东大学学报》（哲学社会科学版），1992 年第 3 期，第 91-98 页。

34. 王珉，〈蒂里希艺术观述评〉[J]，《浙江师大学报》，2000 年第 6 期，第 52-56 页。

35. 王珉，〈人与神的融合与距离——蒂里希的宗教艺术论〉[J]，《艺术探索》，2000 年 1 期，第 34-37 页。

36. 王珉，〈宗教艺术是人类生存的神圣表现——论蒂里希的艺术观〉[J]，《艺术广角》，2001 年第 1 期，第 61-64 页。

37. 谭敏，〈蒂利希论现代艺术的宗教精神〉[J]，《求索》，2003 年第 4 期，第 223-225 页。

38. 刘新军，〈蒂里希的文化神学思想解析〉[J]，《山东师范大学学报》（人文社会科学版），2005 年第 3 期，第 82-85 页。

39. 陈树林，《危机与拯救：蒂利希文化神学导论》[M]，北京：人民出版社，2004 年。

40. 陈家富，《田立克：边缘上的神学》[M]，香港：基道出版社，2008 年。

41. 区建铭，《保罗.蒂里希与朱熹：关于人类困境问题的比较研究》[M]，唐清涛译，厦门：厦门大学出版社，2012 年。

42. 陈树林，《20 世纪西方文化危机宗教哲学批判》[M]，北京：人民出版社，
    2013 年。

43. 陈家富，〈作为神律体系的神学：论蒂利希神学的延续性〉[J]，《道风：基
    督教文化评论》，2015 年第 43 期，第 33-86 页。

44. 陈家富，《生命之灵：田立克生态圣灵论的研究〉[M]，新北：台湾基督教
    文艺出版社，2020 年。

四、其他参考作品

1. Tillich H. *From Time to Time* [M]. New York: Stein and Day, 1973.

2. Tillich H. *From Place to Place: Travels with Paul Tillich, Travels without Paul Tillich* [M]. New York: Stein and Day, 1976.

3. Philo. *The Works of Philo: Complete and Unabridged* [M] Translated by Charles Duke Yonge. Peabody, Massachusetts: Hendrickson Publishers, 1993.

4. Okafor B. *The Theory of Knowledge in Clement of Alexandria* [D]. Pamplona: University of Navarra, 1993.

5. Calí G. *Paul Tillich, First-Hand: A Memoir of the Harvard Years* [M]. Chicago: Exploration Press, 1996.

6. 赵林，《黑格尔的宗教哲学》[M]，武汉：武汉大学出版社，1996 年。

7. 奥利金，《论首要原理》[M]，石敏敏译，香港：道风书社，2002 年。

8. 赵林，〈古典主义与启蒙运动〉[J]，《法国研究》，2004 年第 1 期，第 1-15 页。

9. [德]马丁．路德，《路德文集》（第一、二卷）[M]，上海：上海三联书店，
   2005 年。

10. [德]康德，《道德形而上学奠基》//《康德著作全集》第 4 卷[M]，李秋零
    译，北京：中国人民大学出版社，2005 年。

11. [英]马修．廷得尔，《基督教与创世同龄》[M]，李斯译，武汉：武汉大学
    出版社，2006 年。

12. [美]格雷汉姆．沃林，《自然神论和自然宗教原著选读》[M]，李斯、许敏
    译，武汉：武汉大学出版社，2007 年。

13. [英]阿利斯特．麦格拉思，《宗教改革运动思潮》[M]，北京：中国社会科
    学出版社，2009 年。

14. 赵紫宸，《赵紫宸文集》（第四卷）[M]，燕京研究院编，北京：商务印书馆，2010 年。

15. [德]施莱尔马赫，《论宗教》[M]，邓安庆译，北京：人民出版社，2011 年。

16. 刘小枫，《走向十字架上的真》[M]，上海：华东师范大学出版社，2011 年。

17. [英] J. B. 施尼温德，《自律的发明：近代道德哲学史》[M]，张志平译，上海：上海三联书店，2012 年。

18. [美]葛伦斯、奥尔森，《二十世纪神学评介》[M]，刘良淑、任孝琦译，上海：上海三联书店，2014 年。

19. [美]詹姆斯. 利文斯顿、弗兰西斯. 费奥伦查等，《现代基督教思想》[M]，何光沪、高师宁等译，南京：译林出版社，2014 年。

20. [德]尼采，《瞧，这个人》[M]，//《尼采著作全集》第六卷，孙周兴译，北京：商务印书馆，2015 年。

21. [美]罗杰. 奥尔森，《基督教神学思想史》[M]，吴瑞诚等译，上海：上海人民出版社，2014 年。

22. [德]特洛尔奇，《克服历史主义》[M]，刘小枫编，陈湛等译，北京：华夏出版社，2021 年。

23. [英]拉里. 西登托普，《发明个体：人在古典时代与中世纪的地位》[M]，贺晴川译，广西：广西师范大学出版社，2021 年。

后　记

　　本书是在我的博士论文基础上修改而成的。

　　2022 年在撰写完博士论文初稿后，我走在校园的路上，脑子里冷不丁地出现这样一个问题：生命是一场趋于完满的旅程吗？那是 3 月份的一天，刚刚下过一场大雨，武汉大学最为出名的樱花大道上铺满了散落的樱花花瓣，旁边不时有人对此发出"好美"的赞叹。迎着不再寒冷的春风，呼吸着雨后清新的空气，再欣赏着粉色花瓣片片飘落，在此之中如若不像其他人一样欢喜地评价一声"好美"，似乎显得很不合时宜。但自己心中终究没有发出这声赞美，遗憾地结束了在校的最后一个樱花季。因为自己心里一直盘旋着前面那个问题，并且给出了否定的答案。生命并不是愈来愈趋于完满，而是相反不断走向不完满。如同这条大道上的樱花树，在一年轮回中也只有十几天被驻足欣赏，而余下三百多个日夜则常常被人视而不见，仅多偶尔被人惊讶地说一句："哦！这就是樱花树呀！"

　　不完满似乎是人类这种有限存在者无法逃避但又被人类自我意识到的现实处境。之所以撰写这部作品也始于某种"不完满"的意识。蒂利希这样一个西方人，对于大陆学者和普通人来讲，似乎并不是一个熟人，尽管他是 20 世纪最重要的神学家和哲学家之一，尽管很多人在日常生活中有意无意地使用甚至滥用、误用蒂利希发明的诸如"终极关怀（关切）"这样的术语。作为一个"文化神学家"，蒂利希的文化神学获得过一定程度的关注，毕竟在上个世纪 80 年代中国大陆文化界还出现过"文化基督徒"这样类似的身份界定，但在我们这样一个无神论占据主导地位的国家和社会，文化神学所关注的宗教与文化的关系问题毕竟不是一个十分重要的议题。因而汉语学界尤其是大陆地区，对于蒂利希文化神学的研究也比较零散，甚至有些研究由于受到社会主流思想的影响而对蒂利希文化神学缺乏客观的理解和评价。这种对于研究上的"不完满"的意识，是促使我开展相关研究的最直接因素。我一开始也为自己的研究定下了两个非常务实的目标：第一，尽可能全面地看待蒂利希的文化神学思想，不将蒂利希文化神学视作一种时代应激之作，而要将之视作宗教与文化关系这一大问题视域之下的一个普遍方案，同时将之视作一条贯穿蒂利希整个思想的理路；第二，尽可能同情地还原蒂利希的文化神学思想，让蒂利希多说话，让自己少评价。我认为这才是我们在面对一个相对不太熟悉的神学家和哲学家时所应秉持的基本态度和所应做的基本工作。

当然，在写作和回看这部作品时，我也意识到它亦难逃"不完满"的命运。由于自己知识、能力所限，以及与蒂利希生活环境、信仰底色和时代背景等诸多方面的隔阂，本书中难免存在错误和不当之处，在此也恳请诸位读者老师不吝赐教。

如果问如何在这种"不完满"的处境中自处，那我们的主角蒂利希可能会要求大家勇敢地承认这种有限性和不完满，要有一种带有"不顾"（in spite of）之因素的"存在的勇气"。虽然这种勇气最终需要自己确立，但他人对你的有限性和不完满的承认、接纳、指导和帮助无疑会成为这种勇气的一大来源，因为我们毕竟生活在共同体之中。

因此，在这里我必须感谢那些无私地接纳和帮助过我的老师、朋友和亲人！感谢我尊敬的导师赵林老师，在整个博士生涯中，面对我这个并不优秀的学生以及学生并不成熟的想法时，赵老师总是能对学生给予鼓励和肯定，这些来自老师的鼓励和肯定给我这个有时甚至感到自卑的学生完成学业提供了莫大的动力，成为我攻读博士、撰写论文过程中的重要支撑。感谢武汉大学的张云涛老师、苏德超老师、郝长墀老师、曾晓平老师、黄超老师、杨云飞老师和包向飞老师以及北京师范大学的戴茂堂老师和中南财经政法大学的朱松峰老师，感谢你们在我求学道路上的帮助，特别是当年对我博士论文提出的修订建议。感谢我的诸多朋友，尤其是侯少龙兄弟，在我写作过程中与我一直保持沟通，对这部作品始终保持热情和关切。感谢我的父母和姐姐对我这个三十多岁的儿子和小弟的支持和包容。特别要感谢的是刚刚从我的女朋友转变成妻子的安萍，感谢你十几年来的陪伴，感谢你目睹了我生命中大大小小的不足和缺陷，却依然选择接纳和支持我，并为这部作品的顺利完成付出了许多不为人知的心血。

最后，要郑重感谢花木兰文化事业有限公司及相关老师，让这部作品有机会与大家见面。

纸短情长，我深知自己在这里会漏掉许多曾经接纳和帮助过我的人。感谢你们所有人，因为是你们的爱填补了我生命的不完满。也希望大家能够感受到这部作品中所倾注和传递的爱。

胡宗超
2023 年 7 月于武汉黄家湖畔

《基督教文化研究丛书》

主编：何光沪、高师宁

（1-10 编书目）

初 编 （2015 年 3 月出版）

ISBN：978-986-404-209-8　　　　　　定价（台币）$28,000 元

册 次	作 者	书 名	学科别（／表示跨学科）
第 1 册	刘 平	灵殇：基督教与中国现代性危机	社会学／神学
第 2 册	刘 平	道在瓦器：裸露的公共广场上的呼告——书评自选集	综合
第 3 册	吕绍勋	查尔斯·泰勒与世俗化理论	历史／宗教学
第 4 册	陈 果	黑格尔"辩证法"的真正起点和秘密——青年时期黑格尔哲学思想的发展（1785 年至 1800 年）	哲学
第 5 册	冷 欣	启示与历史——潘能伯格系统神学的哲理根基	哲学／神学
第 6 册	徐 凯	信仰下的生活与认知——伊洛地区农村基督教信徒的文化社会心理研究（上）	社会学
第 7 册	徐 凯	信仰下的生活与认知——伊洛地区农村基督教信徒的文化社会心理研究（下）	
第 8 册	孙晨荟	谷中百合——傈僳族与大花苗基督教音乐文化研究（上）	基督教音乐
第 9 册	孙晨荟	谷中百合——傈僳族与大花苗基督教音乐文化研究（下）	

册次	作者	书名	学科别
第 10 册	王媛	附魔、驱魔与皈信——乡村天主教与民间信仰关系研究	社会学
	蔡圣晗	神谕的再造，一个城市天主教群体中的个体信仰和实践	社会学
	孙晓舒 王修晓	基督徒的内群分化：分类主客体的互动	社会学
第 11 册	秦和平	20 世纪 50－90 年代川滇黔民族地区基督教调适与发展研究（上）	历史
第 12 册	秦和平	20 世纪 50－90 年代川滇黔民族地区基督教调适与发展研究（下）	
第 13 册	侯朝阳	论陀思妥耶夫斯基小说的罪与救赎思想	基督教文学
第 14 册	余亮	《传道书》的时间观研究	圣经研究
第 15 册	汪正飞	圣约传统与美国宪政的宗教起源	历史／法学

二 编　　　（2016 年 3 月出版）

ISBN：978-986-404-521-1　　　　定价（台币）$20,000 元

册次	作者	书名	学科别 （／表示跨学科）
第 1 册	方耀	灵魂与自然——汤玛斯·阿奎那自然法思想新探	神学／法学
第 2 册	刘光顺	趋向至善——汤玛斯·阿奎那的伦理思想初探	神学／伦理学
第 3 册	潘明德	索洛维约夫宗教哲学思想研究	宗教哲学
第 4 册	孙毅	转向：走在成圣的路上——加尔文《基督教要义》解读	神学
第 5 册	柏斯丁	追随论证：有神信念的知识辩护	宗教哲学
第 6 册	李向平	宗教交往与公共秩序——中国当代耶佛交往关系的社会学研究	社会学
第 7 册	张文举	基督教文化论略	综合
第 8 册	赵文娟	侯活士品格伦理与赵紫宸人格伦理的批判性比较	神学伦理学
第 9 册	孙晨薈	雪域圣咏——滇藏川交界地区天主教仪式与音乐研究（增订版）（上）	基督教音乐
第 10 册	孙晨薈	雪域圣咏——滇藏川交界地区天主教仪式与音乐研究（增订版）（下）	
第 11 册	张欣	天地之间一出戏——20 世纪英国天主教小说	基督教文学

三　编　（2017 年 9 月出版）

ISBN：978-986-485-132-4　　　　　　　定价（台币）$11,000 元

册　次	作　者	书　名	学科别（／表示跨学科）
第 1 册	赵　琦	回归本真的交往方式——托马斯·阿奎那论友谊	神学／哲学
第 2 册	周兰兰	论维护人性尊严——教宗若望保禄二世的神学人类学研究	神学人类学
第 3 册	熊径知	黑格尔神学思想研究	神学／哲学
第 4 册	邢　梅	《圣经》官话和合本句法研究	圣经研究
第 5 册	肖　超	早期基督教史学探析（西元 1~4 世纪初期）	史学史
第 6 册	段知壮	宗教自由的界定性研究	宗教学／法学

四　编　（2018 年 9 月出版）

ISBN：978-986-485-490-5　　　　　　　定价（台币）$18,000 元

册　次	作　者	书　名	学科别（／表示跨学科）
第 1 册	陈卫真　高　山	基督、圣灵、人——加尔文神学中的思辨与修辞	神学
第 2 册	林庆华	当代西方天主教相称主义伦理学研究	神学／伦理学
第 3 册	田燕妮	同为异国传教人：近代在华新教传教士与天主教传教士关系研究（1807～1941）	历史
第 4 册	张德明	基督教与华北社会研究（1927～1937）（上）	社会学
第 5 册	张德明	基督教与华北社会研究（1927～1937）（下）	
第 6 册	孙晨荟	天音北韵——华北地区天主教音乐研究（上）	基督教音乐
第 7 册	孙晨荟	天音北韵——华北地区天主教音乐研究（下）	
第 8 册	董丽慧	西洋图像的中式转译：十六十七世纪中国基督教图像研究	基督教艺术
第 9 册	张　欣	耶稣作为明镜——20 世纪欧美耶稣小说	基督教文学

五 编 （2019 年 9 月出版）

ISBN：978-986-485-809-5　　　　　　　　定价（台币）$20,000 元

册　　次	作　　者	书　　名	学科别（／表示跨学科）
第 1 册	王玉鹏	纽曼的启示理解（上）	神学
第 2 册	王玉鹏	纽曼的启示理解（下）	
第 3 册	原海成	历史、理性与信仰——克尔凯郭尔的绝对悖论思想研究	哲学
第 4 册	郭世聪	儒耶价值教育比较研究——以香港为语境	宗教比较
第 5 册	刘念业	近代在华新教传教士早期的圣经汉译活动研究（1807～1862）	历史
第 6 册	鲁静如王宜强编著	溺女、育婴与晚清教案研究资料汇编（上）	资料汇编
第 7 册	鲁静如王宜强编著	溺女、育婴与晚清教案研究资料汇编（下）	
第 8 册	翟风俭	中国基督宗教音乐史（1949 年前）（上）	基督教音乐
第 9 册	翟风俭	中国基督宗教音乐史（1949 年前）（下）	

六 编 （2020 年 3 月出版）

ISBN：978-986-518-085-0　　　　　　　　定价（台币）$20,000 元

册　　次	作　　者	书　　名	学科别（／表示跨学科）
第 1 册	陈倩	《大乘起信论》与佛耶对话	哲学
第 2 册	陈丰盛	近代温州基督教史（上）	历史
第 3 册	陈丰盛	近代温州基督教史（下）	
第 4 册	赵罗英	创造共同的善：中国城市宗教团体的社会资本研究——以 B 市 J 教会为例	人类学
第 5 册	梁振华	灵验与拯救：乡村基督徒的信仰与生活（上）	人类学
第 6 册	梁振华	灵验与拯救：乡村基督徒的信仰与生活（下）	
第 7 册	唐代虎	四川基督教社会服务研究（1877～1949）	人类学
第 8 册	薛媛元	上帝与缪斯的共舞——中国新诗中的基督性（1917～1949）	基督教文学

七 编 （2021 年 3 月出版）

ISBN：978-986-518-381-3　　　　　　　　定价（台币）$22,000 元

册　次	作　者	书　名	学科别（／表示跨学科）
第 1 册	刘锦玲	爱德华兹的基督教德性观研究	基督教伦理学
第 2 册	黄冠乔	保尔. 克洛岱尔天主教戏剧中的佛教影响研究	宗教比较
第 3 册	宾静	清代禁教时期华籍天主教徒的传教活动（1721～1846）（上）	基督教历史
第 4 册	宾静	清代禁教时期华籍天主教徒的传教活动（1721～1846）（下）	
第 5 册	赵建玲	基督教"山东复兴"运动研究（1927～1937）（上）	基督教历史
第 6 册	赵建玲	基督教"山东复兴"运动研究（1927～1937）（下）	
第 7 册	周浪	由俗入圣：教会权力实践视角下乡村基督徒的宗教虔诚及成长	基督教社会学
第 8 册	查常平	人文学的文化逻辑——形上、艺术、宗教、美学之比较（修订本）（上）	基督教艺术
第 9 册	查常平	人文学的文化逻辑——形上、艺术、宗教、美学之比较（修订本）（下）	

八 编 （2022 年 3 月出版）

ISBN：978-986-404-209-8　　　　　　　　定价（台币）$45,000 元

册　次	作　者	书　名	学科别（／表示跨学科）
第 1 册	查常平	历史与逻辑：逻辑历史学引论（修订本）（上）	历史学
第 2 册	查常平	历史与逻辑：逻辑历史学引论（修订本）（下）	
第 3 册	王澤偉	17～18 世纪初在華耶穌會士的漢字收編：以馬若瑟《六書實義》為例（上）	语言学
第 4 册	王澤偉	17～18 世纪初在華耶穌會士的漢字收編：以馬若瑟《六書實義》為例（下）	
第 5 册	刘海玲	沙勿略：天主教东传与东西方文化交流	历史
第 6 册	郑媛元	冠西东来——咸同之际丁韪良在华活动研究	历史

册次	作者	书名	学科别
第 7 册	刘影	基督教慈善与资源动员——以一个城市教会为中心的考察	社会学
第 8 册	陈静	改变与认同：瑞华浸信会与山东地方社会	社会学
第 9 册	孙晨荟	众灵的雅歌——基督宗教音乐研究文集	基督教音乐
第 10 册	曲艺	默默存想，与神同游——基督教艺术研究论文集（上）	基督教艺术
第 11 册	曲艺	默默存想，与神同游——基督教艺术研究论文集（下）	
第 12 册	利瑪竇著、梅謙立漢注 孫旭義、奧覓德、格萊博基譯	《天主實義》漢意英三語對觀（上）	经典译注
第 13 册	利瑪竇著、梅謙立漢注 孫旭義、奧覓德、格萊博基譯	《天主實義》漢意英三語對觀（中）	
第 14 册	利瑪竇著、梅謙立漢注 孫旭義、奧覓德、格萊博基譯	《天主實義》漢意英三語對觀（下）	
第 15 册	刘平	明清民初基督教高等教育空间叙事研究——中国教会大学遗存考（第一卷）（上）	资料汇编
第 16 册	刘平	明清民初基督教高等教育空间叙事研究——中国教会大学遗存考（第一卷）（下）	

九　编 　（2023 年 3 月出版）

ISBN：978-626-344-236-8 　　　　　　定价（台币）$56,000 元

册　　次	作　　者	书　　名	学科别（／表示跨学科）
第 1 册	郑松	麦格拉思福音派神学思想研究	神学
第 2 册	任一超	心灵改变如何可能？——从康德到齐克果	基督教哲学
第 3 册	劉沐比	論趙雅博基本倫理學和特殊倫理學之串連	基督教伦理学
第 4 册	王务梅	论马丁·布伯的上帝观	基督教与犹太教
第 5 册	肖音	明末吕宋之中西文化交流（上）	教会史

册次	作者	书名	
第 6 册	肖音	明末吕宋之中西文化交流（下）	
第 7 册	张德明	基督教五年运动与民国社会（上）	教会史
第 8 册	张德明	基督教五年运动与民国社会（下）	
第 9 册	陈铃	落幕：美国新教在华传教事业的终结（1945～1952）	教会史
第 10 册	黄畅	全球史视角下基督教在英国殖民统治中的作用——以 1841～1914 年的香港和约鲁巴兰为例	教会史
第 11 册	杨道圣	言像之辩：基督教的图像与图像中的基督教	基督教艺术
第 12 册	張雅斐	晚清聖經人物漢語傳記研究——以聖經在華接受史的视角	基督教艺术
第 13 册	包兆会	缪斯与上帝的相遇——基督宗教文艺研究论文集	基督教文学
第 14 册	张欣	浪漫的神学：英国基督教浪漫主义略论	基督教文学
第 15 册	刘平	明清民初基督教高等教育空间叙事研究——中国教会大学遗存考（第二卷：福建协和神学院）	资料汇编
第 16 册	刘平、赵曰北主编	传真道于中国——赫士及华北神学院百年纪念文集（第一册）	
第 17 册	刘平、赵曰北主编	传真道于中国——赫士及华北神学院百年纪念文集（第二册）	
第 18 册	刘平、赵曰北主编	传真道于中国——赫士及华北神学院百年纪念文集（第三册）	论文集
第 19 册	刘平、赵曰北主编	传真道于中国——赫士及华北神学院百年纪念文集（第四册）	
第 20 册	刘平、赵曰北主编	传真道于中国——赫士及华北神学院百年纪念文集（第五册）	

十　编　（2024 年 3 月出版）

ISBN：978-626-344-629-8　　　　　　定价（台币）$40,000 元

册次	作者	书名	学科别（／表示跨学科）
第 1 册	李思凡	奥古斯丁人学思想研究	神学研究
第 2 册	胡宗超	自律、他律到神律：蒂利希文化神学研究	神学研究
第 3 册	毕聪聪	以信行事：后现代语境的宗教信仰含义（上）	基督教与宗教学
第 4 册	毕聪聪	以信行事：后现代语境的宗教信仰含义（下）	

第 5 册	毕聪聪	基督教与近代中国变局	基督教与社会学
第 6 册	张德明	法国巴黎外方西藏传教会进藏活动研究（1844～1864）（上）	基督教与历史
第 7 册	张德明	法国巴黎外方西藏传教会进藏活动研究（1844～1864）（下）	
第 8 册	刘瑞云	我你他：通向圣灵文学之途（上）	基督教与文学
第 9 册	刘瑞云	我你他：通向圣灵文学之途（中）	
第 10 册	刘光耀	我你他：通向圣灵文学之途（下）	
第 11 册	〔英〕法思远 主编 郭大松、杜学霞 译	近代山东基督教历史资料译丛——中国圣省山东（上）	基督教史料
第 12 册	〔英〕法思远 主编 郭大松、杜学霞 译	近代山东基督教历史资料译丛——中国圣省山东（下）	
第 13 册	〔英〕令约翰、白多加 著 郭大松 译	近代山东基督教历史资料译丛——近代中国亲历记：瑞典浸信会山东宣教事工纪实	基督教史料
第 14 册	〔美〕奚尔恩 著 郭大松 译	近代山东基督教历史资料译丛——在山东前线：美国北长老会山东差会史（1861～1940）（上）	基督教史料
第 15 册	〔美〕奚尔恩 著 郭大松 译	近代山东基督教历史资料译丛——在山东前线：美国北长老会山东差会史（1861～1940）（下）